BÉAT DE MURALT

Lettres sur les Anglais et les Français

(1725)

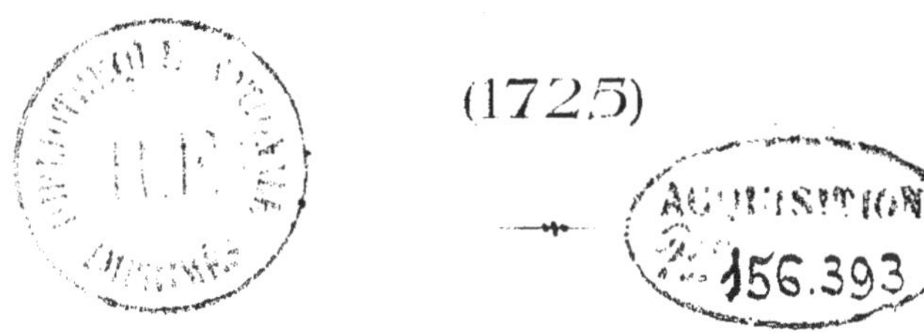

Publiées avec une notice sur l'auteur

par **Eugène Ritter**

professeur à l'Université de Genève

Berne
STEIGER & CIE.

Paris
Librairie LE SOUDIER
1897.

NOTICE

SUR

BÉAT DE MURALT.

„Maintenant qu'on réimprime tout, on devrait bien réimprimer ces Lettres de M. de Muralt; elles le méritent. Il a dit le premier bien des choses qu'on a répétées depuis avec moins de netteté et de franchise."

Ce vœu que Sainte-Beuve exprimait en 1861 est enfin rempli. Les lettres de Muralt, écrites dans les dernières années du 17e siècle, étaient longtemps demeurées manuscrites, et ne furent publiées qu'en 1725. Le succès en fut très vif; et si ce succès, comme il était naturel, se ralentit bientôt, il se poursuivit néanmoins et se prolongea longtemps; la dernière édition qu'on a de ces Lettres est datée de l'an VIII.

Après cent ans écoulés, cet ouvrage reparaît au jour. L'auteur est à peine connu; ses autres

IV

livres ne le sont pas du tout. Une esquisse de sa longue vie, et des idées qui l'ont dominée, sera utile pour orienter le lecteur.

I.

Gentilhomme bernois, officier dans les troupes suisses au service de Louis XIV, Béat de Muralt, né en janvier 1665, a passé sa jeunesse en France. En 1693 ou 1694, il fit en Angleterre un séjour de quelques mois. Son esprit réfléchi avait été frappé de la lecture d'un ouvrage du chevalier Temple : les *Remarques sur l'état des Provinces-unies des Pays-Bas.* Ce petit livre substantiel et plein de vues, encore aujourd'hui intéressant à lire, est un des premiers ouvrages anglais dont la traduction ait été goûtée du public français. Muralt l'avait lu avec fruit ; en écrivant à un ami de longues lettres, il imita — je ne sais s'il le fit avec intention, ou comme instinctivement — le tour philosophique des considérations de l'auteur anglais.

Observateur et méditatif, ce n'est pas le paysage ou les monuments qu'il examine, ce sont les mœurs, c'est l'âme même du peuple anglais ; il cherche à se rendre compte de ses inclinations, des ressorts et de la trempe de son caractère.

Ces lettres écrites d'Angleterre firent plaisir à l'ami qui les recevait. Il ne les garda pas pour lui seul; elles passèrent de main en main et furent justement appréciées. Ce succès de société engagea Muralt, lors de son retour à Paris, à donner un pendant à son premier tableau, et à faire le portrait des Français après celui de leurs voisins, toujours sous forme de lettres. Toute cette correspondance dont il se fit alors des copies demeura manuscrite chez ceux qui en avaient la confidence, et resta longtemps sans sortir de leurs portefeuilles.

Muralt ensuite quitta la France et rentra au pays natal; il s'y maria (décembre 1698) avec Marguerite de Wattenwyl, qui appartenait comme lui à une famille patricienne; il s'établit à la campagne. Il aimait la retraite; je citerai une page où il a dépeint sa vie et ses goûts:

Vous m'avez vu, Monsieur, de retour de mes voyages, et vous vous en êtes réjoui avec moi. Je vous offre de quoi vous réjouir encore, en vous donnant des nouvelles de mon état présent, de la vie agréable que je mène à la campagne, et que le souvenir des voyages qui l'ont précédée achève de rendre délicieuse pour moi. La campagne seule nous met dans notre situation naturelle; elle nous tire de la dépendance et nous met en liberté, sans quoi nous ne saurions vivre heureux. Ici se trouvent les sentiers qui nous dérobent à la foule, et nous font faire agréablement le passage de la vie. Ici nos desseins diminuent et notre train de vie devient simple. Un peu de retraite, et les réflexions qu'elle produit, viennent parfaitement ensuite de quelques années de voyage. La campagne renferme tous les avantages, pour qui songe à jouir de la vie et à en faire un bon usage; c'est notre première patrie; c'est où je souhaite de vivre et de mourir.

Mais que j'y viens tard, à mon gré, et que je dois me hâter d'en tirer parti! La moitié de ma vie doit être à peu près passée, et le temps doit redoubler de prix pour moi. Je dois désormais le ménager, comme on ménage le reste de son bien, quand on en a perdu une bonne partie; et c'est ce qui fait le sujet de mon économie d'à présent. Connaissance de beaucoup de gens, inutiles visites, lecture de toutes sortes de livres, ou même beaucoup de lecture, agréables commerces de lettres, voilà les dépenses que j'évite.

On le voit: c'était une nature élevée et contemplative que celle de Muralt. Au moment où il revint en Suisse, un mouvement religieux y naissait, qui fut durable et profond. Le piétisme était venu d'Allemagne, et gagnait des adhérents dans les cités helvétiques. Il y avait comme un éveil des âmes. Dans les églises protestantes, enraidies ou assoupies, en face d'un clergé satisfait de lui-même, l'originalité religieuse avait beau jeu et se donnait carrière. Quelques hommes de cœur et de foi faisaient écouter leur parole. Muralt fut un de leurs adeptes, et les idées mystiques qui s'emparèrent alors de lui, dirigèrent sa conduite pendant tout le reste de sa vie.

Le gouvernement des villes suisses, étroitement conservateur, était hostile à toute nouveauté;

il s'empressa de sévir contre les sectaires qui délaissaient le culte officiel. Muralt, entre autres, fut frappé d'une sentence de bannissement (février 1701).

La patrie du gentilhomme bernois n'était point une Athènes ou un Paris; et l'exil ne fut pas pour lui une peine trop dure. Il passa une année à Genève, où il avait déjà fait un séjour dans son adolescence; mais on le pria de quitter la ville, où ses idées étaient en train de se propager, ce qui inquiétait les autorités. Il se rendit alors près de Soleure; et s'établit enfin (1706) dans la principauté de Neuchâtel, au village de Colombier, où il passa le reste de sa vie, plus de quarante ans, dans une tranquille retraite.

Vous savez, Monsieur, écrivait-il à l'un de ses cousins, les circonstances où je me trouve, et qu'il ne dépend pas entièrement de moi de me choisir les lieux de mon séjour; on me bannit des villes quand j'y entre ou que j'en approche de trop près, et on me souffre plus volontiers en quelque endroit solitaire et écarté.

Revenons aux Lettres sur les Anglais et les Français. L'ami à qui elles avaient été adressées, les avait rendues à l'auteur, qui dans un accès de renoncement austère, avait jeté au feu et ce manuscrit, et quelques-unes des copies qu'on en avait faites et qu'il avait redemandées à leurs possesseurs.

VIII

D'autres amis heureusement avaient gardé leurs copies, et connaissaient le prix de ces lettres. Un jour, on envoya à un journal de Hollande, les *Nouvelles littéraires* de la Haye, celle qui contient la critique d'une des satires de Boileau: *Les Embarras de Paris;* elle y fut publiée en 1718. Elle fut bien accueillie du public et fit désirer les autres. C'est à grand'peine qu'on obtint de Muralt son consentement à une entière publication. Les lettres sur les Anglais avaient été bien conservées, et l'auteur n'y toucha presque pas. Mais on n'avait, des lettres sur les Français, que des copies incomplètes et fautives; Muralt les reprit et les refit en partie: elles ont perdu peut-être à ce remaniement. L'auteur avait vieilli, et il a gâté son ouvrage en le retouchant. Le lecteur attentif saura distinguer çà et là les traces de cette révision, par exemple, dans la lettre V, sur le bel-esprit, qui est devenue la plus longue de toutes.

La librairie Fabri et Barillot, à Genève, publia en 1725 la première édition des Lettres de Muralt; c'est celle que nous avons reproduite. Elle fut bientôt suivie de plusieurs autres. Dans celle qui fut publiée à Zurich en 1728, Muralt a repris encore une fois les Lettres sur les Français, et les a beaucoup développées.

II.

Ces lettres, au moment où elles parurent, étaient déjà vieilles de trente ans; mais avec ce retard, elles avaient fait qu'attendre le jour où elles pouvaient le mieux réussir. Elles se trouvèrent paraître à un moment propice, où l'Angleterre était à la mode. L'influence de l'Italie et celle de l'Espagne s'étaient exercées en France, pendant un long temps, avant Louis XIV. Quand vinrent les belles années du règne du grand roi, la France était trop fière d'elle-même, elle était trop attentive à développer les ressources de son propre génie, pour s'occuper de l'étranger; l'esprit français s'absorbait en lui-même, et se déployait dans toute son originalité. Quand ce temps d'éblouissement fut passé; quand, au commencement du règne de Louis XV, la France tourna de nouveau les yeux autour d'elle, l'Espagne et l'Italie étaient des pays éteints; c'est sur l'Angleterre que se portaient les regards. Les succès politiques et militaires de l'Angleterre sous le roi Guillaume et la reine Anne, la science et la philosophie anglaises avec Newton, Locke, Clarke: tout concourait à attirer l'attention sur ce pays. La révocation de l'Edit de Nantes avait amené beaucoup de Français dans les îles britanniques; quelques-uns d'entre eux étaient des hommes d'étude, et employèrent leurs loisirs à traduire en français des livres anglais. En 1725, Temple, Locke, Addison, Clarke, Steele, De Foë, avaient déjà été traduits; Pope et Swift allaient l'être. Peu après, on vit Montesquieu étudier la constitution britannique, et faire dans ce but un séjour à Londres, où Voltaire l'avait précédé. Les premiers ouvrages de Buffon furent des traductions de l'anglais.

Les Lettres de Muralt sur les Anglais, qui présentaient un tableau frappant, où le caractère d'un grand peuple était rendu avec une netteté fidèle; les Lettres sur les Français, d'une médisance piquante, eurent beaucoup de succès et de débit. Les gazettes littéraires du temps en parlèrent avec faveur, et l'abbé Desfontaines écrivit sur elles un petit volume: *Apologie du caractère des Anglais et des Français* (Paris, 1726) qui est un bon spécimen de l'ancienne critique.

Dès que les *Lettres sur les Anglais et les Français* parurent, dit-il, je les lus avec une attention curieuse, et je fus bien aise de voir un Suisse penser. Il faut avouer que nous avons, au sujet de quelques nations, des préjugés ridicules. Je commence donc à me figurer aisément des philosophes sur la cime des Alpes.

Ce Suisse à tête pensante n'est pas, s'il vous plaît, un Français déguisé: c'est un vrai Suisse, mais un Suisse anglais et français en même temps, c'est-à-dire, qui s'est formé l'esprit dans le commerce des deux nations. Comme Suisse, il a du bon sens et de la sim-

plicité; comme Anglais, assez de profondeur et de péné-
tration; comme Français, de la vivacité et quelque délicatesse. Au reste, l'auteur est un vrai Timon. Il ne
serait pas agréable, ce me semble, de vivre avec un tel
homme; mais il l'est toujours de lire ce qu'il écrit,
parce qu'il dit souvent la vérité.

Si l'auteur juge du mérite de ses réflexions par
l'heureux débit de son livre, il a lieu d'en faire quelque
cas, et de se savoir bon gré de les avoir mises au jour.
Quelques traits heureux semés dans ces Lettres, la
peinture fidèle de certains hommes ridicules que nous
avons devant les yeux, la critique bonne ou mauvaise
de quelques-uns de nos auteurs, la censure hardie d'un
aussi grand homme que Bayle, une application continuelle à tourner l'esprit du lecteur du mauvais côté:
tout cela a paru neuf et a plu. Il y a d'ailleurs de l'esprit presque partout; on y aperçoit au moins une imagination féconde et brillante, et un style singulier et vif
qui fait plaisir, principalement dans un auteur suisse.
C'est en mille endroits une métaphysique sensible, une
morale délicate, une satire maligne, piquante et neuve.

Ce sont de justes éloges. Il est vrai que
l'abbé Desfontaines, en d'autres endroits de son
livre, redevient ce qu'il était volontiers, acerbe
et méprisant: „C'est un philosophe piétiste, dit-
il de Muralt, qui ne goûte que les livres de
morale, et rien autre chose." Et ailleurs:

Moquons-nous, dit-il, d'un Suisse méditatif et pen-
sif, qui du haut des Alpes et du haut de son esprit,
regarde les Français comme des atomes, exhale sa mauvaise humeur dans des Lettres pleines de sophismes,
et qui insinue que toutes nos vertus viennent de nos
vices, comme il insinue que tous les vices des Anglais
viennent de leurs vertus.

Voltaire a parlé de Muralt deux ou trois fois, et toujours en termes flatteurs. Il l'avait lu avant son départ pour l'Angleterre, qui eut lieu au mois de mai 1726. Je ne sais si l'idée de prendre ce pays pour son asile lui est venue de cette lecture; mais sans doute c'est à l'imitation de Muralt qu'il a écrit ses propres *Lettres sur les Anglais*. Quand il eut sa querelle avec l'abbé Desfontaines, Voltaire publia (1739) un mémoire où on le voit prendre en passant la défense de l'auteur bernois, critiqué dans l'*Apologie du caractère des Anglais et des Français*:

Imprime-t-on, dit Voltaire, un livre sage et ingénieux de M. de Muralt, qui fait tant d'honneur à la Suisse, et qui peint si bien les Anglais chez lesquels il a voyagé? L'abbé Desfontaines prend la plume, déchire M. de Muralt qu'il ne connaît pas, et décide sur l'Angleterre, qu'il n'a jamais vue ...

Jean - Jacques Rousseau, lui aussi, a lu Muralt, et l'a cité maintes fois; à deux reprises dans la Lettre à d'Alembert, plus souvent encore dans la Nouvelle Héloïse. Dans la seconde partie de ce roman, dans une série de lettres que Saint-Preux écrit de Paris à Julie, Rousseau a repris, pour le traiter à sa manière, le sujet des Lettres de Muralt sur les Français; et il se plaît à mettre en parallèle la peinture qu'il fait des mœurs des Parisiens, avec le tableau que Muralt en avait tracé.

Les lecteurs d'aujourd'hui, cent cinquante ans après Voltaire et Rousseau, trouveront-ils le livre de notre Muralt aussi intéressant que le jugeaient ces grands esprits? Comme le caractère d'un peuple, aussi bien que celui d'un homme, est quelque chose de très persistant, et que notre auteur s'est appliqué, et a vraiment réussi à peindre le caractère des Anglais et des Français, on peut espérer que son ouvrage n'aura vieilli qu'à moitié. Nous voyons chez lui l'Angleterre du temps du règne de Guillaume et Marie; la France encore prospère sous Louis XIV, au temps des victoires de Steinkerque et de Nerwinde. La race anglaise a gardé son tempérament énergique, la race française ses qualités aimables. A l'heure qu'il est, elles n'ont rien perdu de leur vitalité puissante et de leur génie fécond. L'esquisse que Muralt a dessinée paraîtra incomplète certainement; elle est ressemblante néanmoins; et le lointain où elle apparaît ne fait que lui donner plus de prix.

Dans un seul chapitre, les traits qu'a retracés la plume de Muralt sont ceux d'une époque précise, dont la date est bien marquée. La cinquième lettre sur les Français est une revue de la littérature, à la fin du règne de Louis XIV. On peut s'étonner d'y voir donner à Voiture, à Sarasin, plus de place qu'à Racine; d'y trouver une page pour Scarron, et pas un mot sur Bossuet. Muralt a des goûts très personnels; il nous parle de ses lectures en amateur, sans prétendre à être complet. Dans l'ensemble, il a jugé la littérature française avec une sympathie éclairée. Il est le premier en date de ces critiques suisses, comme Vinet, Rambert, et tel de nos contemporains, qui ont su apprécier les écrivains français en connaissance de cause, en bons amis et voisins, sans se laisser éblouir, et sans avoir cette veine hostile qu'on regrette de trouver chez notre Töpffer.

III.

Muralt avait attendu la soixantaine pour débuter dans la littérature, et débuter brillamment, en laissant publier une œuvre de sa jeunesse. Les libraires s'empressèrent à lui demander d'autres ouvrages; il en écrivit quelques-uns; je n'en citerai que deux.

L'Instinct divin recommandé aux hommes est daté de 1727. C'est là que Muralt a développé les idées religieuses qui lui étaient chères. „Vous lisez Muralt, écrivait Saint-Preux à son amie; je le lis aussi; mais je choisis ses *Lettres,* et vous choisissez son *Instinct divin.* Voyez comme il a fini; déplorez les égarements de cet homme sage..."

Jean-Jacques Rousseau s'est mépris, je le crois, quand il a fait si peu de cas de l'*Instinct divin,* le plus beau livre mystique qu'un auteur protestant ait écrit en langue française. Aucun de ceux qu'on pourrait citer à côté de lui, n'est d'un souffle aussi pur, et ne rend, pour ainsi dire, un son aussi argentin. Sainte Thérèse sans doute, et saint François de Sales, quand ils ont entendu les appels divins, ont été saisis plus fortement par l'extase; elle les a soulevés plus haut; et Muralt est resté près de terre, aux plus bas degrés de l'échelle mystique. L'auréole ne couronne pas sa tête. Il y avait chez lui une prud'homie, une réserve, quelque chose de contenu, qui nous le fait voir vrai fils de la vieille Suisse, d'une race éclairée et sage, qui ne va sur les hauts sommets que le bâton ferré à la main, et ne s'y transporte pas sur les ailes de l'imagination.

Assurément, l'*Instinct divin* ne saurait plaire qu'à des lecteurs déjà gagnés à ce genre de considérations élevées et mystérieuses, et tout prêt à se laisser conduire dans ces vagues promenades où les plaines de l'avenir se déroulent sous un regard prophétique. Ceux qui n'entendent pas de cette oreille reprocheront à Muralt ses longueurs de Nestor, ses lents développements et ses phrases traînantes. Afin que notre lecteur ait au moins quelque idée de cet écrit si peu connu, nous en détacherons une page, où se déploient les vues de Muralt. Il faut savoir que l'approche des derniers temps du monde est une des idées maîtresses de l'ouvrage : dans la longue histoire de l'Eglise chrétienne, combien de fois cette idée n'a-t-elle pas reparu !

Les temps changent, et se montrent plus favorables. La religion entre dans une nouvelle période, semblable au printemps, où le soleil dissipe les brouillards. Elle se choisit pour témoins des hommes libres, animés de l'amour qu'ils ont pour elle.

Dans les temps où nous entrons, la fausse science, les vaines imaginations vont se cacher dans la tête des savants, comme les chauves-souris, lorsque la nuit est passée, vont se cacher dans les masures d'où elles étaient sorties. Si dans ce temps-là, un docteur osait paraître avec son orthodoxie, il serait en spectacle aux hommes, et on rirait de lui comme on rirait à la rencontre d'un guet, d'un crieur d'heures, qui, dans le temps qu'il serait déjà jour, paraîtrait dans son attirail de nuit, armé de son bâton ferré et éclairé de sa lanterne.

Les derniers temps vont faire de la terre le théâtre des merveilles de l'économie divine. Il y a plaisir de parler du paradis qui va s'ouvrir. Le paradis est le jardin de Dieu et un lieu de délices pour les hommes, pour ceux qui sont hommes véritablement, formés de sa main et rendus une âme vivante.

Mille et mille connaissances naîtront dans le cœur où j'habite, dit la Sagesse ; elles le couvriront comme l'herbe fleurie couvre au printemps les prés qui reverdissent. Le jeu même, ce qui peut réjouir l'homme descendu du trône de sa gravité, et rentré dans l'humanité amie de la douce enfance, trouvera sa place chez lui, et contribuera à le rendre heureux. Le bon génie qui le conduit, se plaira à le faire jouer aussi bien qu'à le faire agir sérieusement, et il ne dédaignera pas de le diriger dans ses jeux: comme le vent favorable à un vaisseau qui navigue, non seulement en enfle les voiles et le fait avancer, mais il se joue aussi dans ses pavillons arborés pour cela...

A 74 ans, en 1739, Muralt publia les *Lettres fanatiques,* dont le titre, dit-il, n'est pas tout à fait une ironie. Le fait est que cette œuvre d'un vieillard est difficile à classer. On y trouve d'interminables chapitres qui ne sont que le développement d'idées bizarres, comme la *lettre sur les influences que les savants ne veulent pas accorder à la lune;* et tout à côté, on remarque des pages qui ont leur place dans l'histoire de la philosophie religieuse, et qui jettent du jour sur la marche singulière que suivent quelquefois les idées et les esprits: la *lettre sur la religion naturelle,* par exemple, où l'on voit un piétiste qui prend parti pour les déistes contre les docteurs orthodoxes:

Dans la diversité des voies de Dieu, dit Muralt, il se peut bien qu'il doive y avoir aussi des gens qui cultivent simplement une religion naturelle; et que tous ceux de cet ordre, en qui la conscience fait son office, et qui ne se sentent pas appelés à aller plus loin, ne font pas mal de demeurer ce qu'ils sont.

La lettre qui suit est sur la *Parole intérieure,* autre nom de l'Instinct divin. Muralt

y revient sur les caractères et l'autorité de cette
voix qui parle au fond de l'âme fidèle. Il lui
attribue une souveraineté qui n'est pas sans
danger: une étude impartiale et même sym-
pathique de la vie intime des cercles piétistes
d'alors, le montre assez à ceux qui ont su y
pénétrer. Un des épisodes de la vieillesse de
Muralt, son pélerinage à Solingen, suffirait au
besoin à l'établir.

Tacite a parlé de cette intuition des anciens
Germains qui croyaient à une inspiration divine
chez des femmes d'élite, et qui reconnaissaient
en elles de saintes Voyantes. Le piétisme suisse,
au siècle dernier, possédait quelques-unes de ces
prophétesses, et Muralt se soumettait à leurs
ordres.

Une de ces inspirées lui commanda un jour
d'aller en Westphalie, où se trouvait à Solingen
un groupe de personnes pieuses, qu'elle connaissait à peine, que Muralt ne connaissait pas du
tout, et avec qui il n'avait rien à faire. Ces
gens furent ébahis de voir arriver dans leur
petite ville ce vieillard, et toute une caravane
avec lui. Le voyage avait eu lieu en bateau,
des bords du lac de Neuchâtel jusqu'à Cologne.
Nous avons un récit de cette aventure, dans une
lettre ingénue et charmante, écrite par la jeune
femme que Muralt, devenu veuf, avait épousée

sur ses vieux jours: le cocasse et le touchant s'y côtoient; mais on y aime surtout l'exquise peinture de la gracieuse femme qui nous raconte cette malheureuse équipée, et le portrait original de la prophétesse Dorothée, qu'elle a tracé d'une main fine et spirituelle.

Cette vue juste et nette des choses et des gens, très compatible avec l'illusion mystique qui crée un éblouissement tout à côté, M. de Muralt l'avait comme sa femme, et comme elle, il l'exprimait avec esprit. Ses derniers ouvrages contiennent quelques railleries sans fiel contre le clergé qui l'avait persécuté. On y retrouve la touche ferme de son premier livre, où déjà, en quelques coups de crayon, il avait dessiné de plaisants croquis des chapelains anglais et de certains abbés mondains qu'il avait rencontrés à Paris. Muralt était un de ces laïques pieux, à côté de qui MM. les ecclésiastiques ont à se bien tenir. Il atteignit un âge avancé. Quand il mourut au mois de novembre 1749, ce départ passa inaperçu. Muralt était un sage; il avait caché sa vie: *sine me, liber, ibis in urbem.* Toujours est-il que notre Suisse romande perdait le seul de ses écrivains qui eût fait parler de lui depuis le 14e siècle, depuis le temps où l'on disait d'Oton de Granson qu'il était „la fleur de ceux qui font des vers en France.“

Au moment même où mourait le philosophe chrétien de Colombier, un autre enfant de nos républiques ébauchait à Paris quelques pages, en réponse à une question posée par l'académie de Dijon : *Si le rétablissement des sciences et des arts a contribué à épurer les mœurs.* Pendant quarante ans, de 1750 à 1788, les livres de Jean-Jacques Rousseau parurent les uns après les autres, et firent évènement. Depuis lors, Bonstetten et Sismondi, Vinet et Töpffer, quelques autres plus récemment, tous nés au pied de notre Jura ou de nos Alpes, ont su se faire un nom en France : c'est une chaîne qui se poursuit ininterrompue : Muralt en a été le premier anneau.

Genève, novembre 1896.

Eugène Ritter.

Lettres sur les Anglais.

Première lettre.

Pendant que je suis en Angleterre, je veux, Monsieur, vous dire quelque chose des mœurs et du caractère des Anglais, autant par amusement, que par un dessein sérieux de faire un portrait de cette nation, qui vous la fasse bien connaître. Je vous informerai de tout ce que je verrai, mais je n'irai pas bien loin pour voir; vous saurez les choses exactement, mais ce sera comme je les concevrai; c'est-à-dire, qu'avec toute mon exactitude, nous pourrons quelquefois être trompés tous deux. En un mot, en tout ce que je vous écrirai, j'aurai la vérité pour but, mais je ne vous réponds pas de la rencontrer toujours, et il y aurait, à mon avis, de la témérité à en répondre.

Les endroits par où les Anglais sont principalement connus dans le monde, sont ceux mêmes qui se font remarquer quand on arrive chez eux; de la prospérité, de la magnificence chez les grands, et de l'abondance chez les petits. On y aperçoit aussi les fruits ordinaires de la prospérité ; la corruption et une espèce de fierté, que les gens qui en sont incommodés appellent volontiers insolence. La corruption y est montée à un tel point, que même on ne s'en cache plus. J'en ai quelquefois entendu attribuer la cause au roi Charles II, qu'on dit avoir donné des exemples continuels d'excès et de débauches ; mais il me paraît que les Anglais n'ont pas besoin d'être incités par des exemples extraordinaires, pour être tels que nous les voyons : généralement parlant, ils ont peu d'éducation, beaucoup d'argent à dépenser, et toutes les occasions possibles de s'adonner au vice ; ainsi les gens vicieux doivent nécessairement se trouver parmi eux en grand nombre. Ajoutez à cela, que l'Angleterre est un pays de liberté et d'impunité : chacun y est ce qu'il a envie d'être, et de là viennent, sans doute, tant de caractères extraordinaires, tant de héros en mal comme en bien, qu'on voit parmi les Anglais. C'est aussi ce qui leur donne une certaine liberté de pensées et de sentiments, qui ne contribue pas peu au bon sens qui se trouve chez eux, et qui s'y trouve assez généralement, pour mettre quelque différence entre cette nation et la plupart des autres.

Leur fierté, ou, si j'ose me servir du terme établi, leur insolence, n'est ni si grande, ni si

générale qu'on la fait: quelques personnes en
trouveront peut-être à ce peuple, en ce qu'il n'a
pas beaucoup d'égard pour les grands, et qu'il
n'est pas prêt à leur céder aussi facilement qu'on
fait partout ailleurs. On en remarque aussi dans
l'extrême sensibilité qu'il témoigne sur tout ce
qui touche sa liberté, et dans la manière violente
et emportée, dont il prend quelques-uns de ses
plaisirs. A l'égard des étrangers, je ne lui trouve
rien de fort insolent, au moins dans l'ordinaire
de la vie, et je ne vois pas sur quoi est
fondée la grande différence qu'on met à cet
égard entre ce peuple et quelques autres. Généralement, il s'en faut beaucoup que les Anglais
aient pour nous des manières aussi dures et
choquantes, que la plupart des gens se l'imaginent:
ils ne se soucient pas fort de nous, quand ils
ne nous connaissent pas; et lorsqu'ils nous connaissent, ils nous font sentir quelquefois qu'ils
s'estiment plus que nous: voilà tout. Ils ont
une forte prévention pour l'excellence de leur
nation, et cette prévention influe dans leurs discours et dans leurs manières; c'est ce qui donne
lieu aux étrangers de se plaindre d'eux. Il y a
de l'apparence qu'une même prévention fait la
folie de la plupart des peuples; mais comme
ils ont besoin les uns des autres, ils la cachent
pour entretenir la société. Les Anglais ne sont
pas retenus par cette considération: assez riches
pour se pouvoir passer des autres, et séparés

d'eux par la mer, ils se contraignent moins là-dessus; nous devons nous en scandaliser d'autant moins, qu'il leur est ordinaire de ne se contraindre en rien.

Outre les grandes richesses et le mépris des étrangers, il me semble qu'il entre dans l'idée ordinaire qu'on a de l'Angleterre, que les hommes y sont braves et les femmes belles; je vous dirai ce qui m'en paraît. La bravoure des Anglais est établie partout, et sans doute avec raison: ils en donnent une preuve convaincante, qui est de ne guère craindre la mort. Cependant peu d'entre eux courent chercher la guerre dans les pays étrangers, par la même raison apparemment que peu vont à la cour: c'est parce qu'ils ont du bien et du bon sens. Non seulement ils ne vont pas à la guerre, mais ils ne font même pas grand cas des gens qui y vont: le titre de *capitaine* est un fort petit titre chez eux: ils appellent ainsi tout fainéant qui leur est inconnu, et qui porte l'épée, comme en France on appelle *abbé* tout fainéant qui porte le manteau et le petit collet. Leur bravoure ne dégénère pas non plus en duels: on n'entend guère parler ici de cette sorte de combats; cependant ils s'en tirent bien lorsqu'ils s'y trouvent engagés. Il me semble que le vrai courage, au défaut duquel ces autres espèces se sont introduites parmi les hommes, se trouve ici: je veux dire de faire hardiment une bonne action, d'oser suivre la raison contre la coutume. Ils ont même de ces braves en assez grand nombre, comme vous le verrez par plusieurs choses que j'aurai lieu de vous dire sur leur sujet.

Comme les grands tiennent peu à la cour, les petits tiennent peu aux grands; il semble que personne n'ait pour eux cette crainte, ni cette admiration si ordinaires chez les autres peuples. On voit ici, au contraire, un esprit de liberté que le gouvernement favorise. Si tout ce que j'entends dire de ce gouvernement est vrai, c'est en Angleterre que chacun est maître de ses biens; c'est où l'on peut passer la vie sans souffrir de la part des grands, et, si l'on veut, sans les connaître. Ils sont considérés à proportion du bien qu'ils font: s'ils en font beaucoup, comme plusieurs d'eux se distinguent par là, ils deviennent véritablement grands seigneurs, par la cour nombreuse qu'ils ont, et par la complaisance et les égards qu'on a pour eux: ce sont des rois à leur campagne. S'ils en font peu, ils se trouvent bientôt seuls; on les laisse jouir tristement de leurs prérogatives, et il leur arrive à peu près ce que disait un d'entre eux: „On ne peut pas, „dit-il, nous arrêter pour dettes, mais aussi ne „trouvons-nous point de crédit; pour tout serment, „nous ne sommes obligés de jurer que sur notre „honneur, mais peu de gens nous en croient; il „y a une loi qui défend de mal parler de nous, „mais il nous arrive, comme à d'autres, d'être

„battus dans les rues.“ Il pouvait ajouter, que leur naissance leur donne entrée au parlement, mais que ce n'est pas tout-à-fait leur Chambre qui gouverne: vous savez que c'est principalement la Chambre basse qui détermine les affaires de conséquence. Que je vous dise un mot de cette Chambre.

C'est en partie par ses soins que l'Angleterre est demeurée libre sous ses rois; cela suffit, sans doute, pour en faire cas, et sur ce pied-là on ne saurait presque avoir une idée trop grande de cette Chambre; mais du reste on pourrait aisément se tromper sur son sujet. Il semble que dans ce pays de bon sens, quatre ou cinq cents hommes choisis entre tous les autres, doivent faire une assemblée de gens extraordinaires; mais ce n'est pas tout-à-fait cela; du moins à en juger par le détail de leurs délibérations, et par les grands débats qu'ils ont quelquefois sur d'assez petites choses. Je croirais presque que toute assemblée trop nombreuse devient foule, et qu'il n'y faut pas chercher une habileté soutenue. Aussi voit-on arriver ici ce qui arrive d'ordinaire dans la foule: quelques-uns des plus sensés, ou des plus hardis, s'érigent en chefs et mènent les autres. Souvent aussi il s'en trouve parmi ces autres, qui, las d'être menés, veulent marcher seuls et s'aventurent jusques à haranguer, et c'est alors qu'on entend des choses merveilleuses: en 1693, un de ces hommes choisis conclut sa harangue, en disant qu'il espérait de voir, avant la fin de l'année, le roi de France se présenter à la barre, et demander à genoux la paix au parlement.

Au reste, la noblesse dont cette Chambre est composée, semble être ce qu'il y a au monde de plus heureux : j'entends cette espèce de noblesse qu'ils appellent *gentry*, à qui le titre de noble ne convient pas entièrement, selon l'idée ordinaire qu'on en a, comme aussi leur genre de vie ne répond pas tout-à-fait à celui de la noblesse des autres pays. Ce sont des gens riches, que leur naissance n'oblige à aucun scrupule incommode, et qui peuvent gagner du bien par le négoce, lorsqu'ils en manquent : roturiers par là. Mais, d'un autre côté, la débauche et la chasse font leurs occupations les plus ordinaires ; en cela autant gentilshommes qu'on l'est ailleurs. Pour ce qui est des autres exercices, le manège, la danse, les armes, ils les négligent assez ; ils négligent de même certaines manières honnêtes et polies, qui, en d'autres pays, sont particulières à la noblesse. Ce que je vous dis là, regarde principalement les jeunes gens qui n'ont pas voyagé, et ce n'est pas une chose si généralement vraie, qu'elle ne souffre de grandes exceptions, comme il en est de tous les caractères généraux qu'on donne aux nations. Passons au clergé.

On est surpris d'abord de voir l'air de santé et de prospérité de la plupart de ceux qui le composent, et on considère agréablement tous ces chapelains gras et vermeils. Ces messieurs sont accusés d'être un peu paresseux, et ce grand embonpoint fait soupçonner qu'il en est quelque chose. D'ailleurs on en trouve dans les cafés, la pipe à la main, et souvent aussi dans les cabarets. D'abord un étranger en conçoit un peu mauvaise opinion, mais comme c'est la coutume du pays et que personne n'en paraît scandalisé, il s'accoutume enfin à les voir là comme les autres. Ils ont cela de commun avec le clergé des autres nations, que leurs sermons sont plus respectables que leurs personnes : outre qu'ils les font courts, et que par là, déjà, ils sont préférables aux nôtres, ils les lisent, au lieu de les réciter par cœur, ou, pour mieux dire, en les prononçant ils s'aident de leur papier, sur lequel ils jettent les yeux de temps en temps, et je crois que leur manière ne vous déplairait pas : non seulement ils sont empêchés par là de donner dans cette action de déclamateur, dans cet emportement contrefait, et dans ces gesticulations outrées, si peu convenables à la dignité de la religion ; mais, ce qui n'est pas moins considérable, ils peuvent employer tout leur temps à donner de la force à leurs sermons, sans en perdre une partie à les apprendre par cœur. Aussi ne les entend-on guère débiter des bagatelles, qui ne vaudraient pas, ce semble, la peine d'être écrites, et qu'ils auraient mauvaise grâce de lire. Il semble que leur dessein soit sérieusement de réformer l'homme, et leurs sermons tendent, par de bonnes raisons, à le rendre sociable et homme de bien; en quoi, s'ils ne réussissent pas autant qu'il serait à souhaiter, ils ne donnent pas lieu, du moins par de longues et insipides harangues, aux uns à se moquer du prédicateur et aux autres à se moquer de la religion.

J'ai considéré quelquefois la différence qui paraît entre les prédicateurs anglais et d'autres qu'on voit dans le monde, les français, par exemple. L'Anglais monte en chaire d'un air modeste et timide, vous diriez qu'il ose à peine regarder l'assemblée, à laquelle ensuite, d'un ton posé, il fait un raisonnement court, simple, et où, pour l'ordinaire, il y a du bon sens. Le Français, au contraire, semble monter sur un trône, et en y montant, on voit redoubler en lui l'orgueil ecclésiastique: il commence par tourner la tête de tous côtés, et regarder fièrement ses auditeurs, comme voulant leur inspirer du respect pour sa présence. Le sermon qu'il leur fait ensuite ne manque guère d'être long et ennuyeux, rempli d'imagination et de fleurs de rhétorique; le prédicateur s'y démène beaucoup, et crie comme un homme qui manque de bonnes raisons pour persuader, ou de dignité pour donner du poids à ce qu'il avance.

Je ne dois pas oublier de vous dire que les Anglais réussissent dans les sciences, et que sur toutes sortes de sujets il y a de bons écrivains parmi eux. Cela ne me paraît pas surprenant: ils se sentent libres; ils sont à leur aise; ils aiment à faire usage de leur raison, ils négligent cette politesse dans le discours, et cette attention aux manières, qui dissipe et rend l'esprit petit; et enfin, leur langue est riche et claire, difficilement un rien y paraît-il quelque chose. Quoi qu'il en soit, ils prétendent avoir devancé les autres nations dans les sciences, de pas moins d'un siècle; prétention si propre à troubler le Parnasse, et à mettre aux prises le peuple colère des savants, qu'en prononçant ces mots, je crois sonner la charge et les voir courir aux armes. Une autre de leurs prétentions, c'est qu'il doit se trouver chez eux plus d'esprit, ou de l'esprit d'une meilleure sorte que partout ailleurs. Je crois que ce qu'il y a de vrai en cela, c'est que parmi les Anglais il y a des gens qui pensent plus fortement, et qui ont de ces pensées fortes en plus grand nombre que les gens d'esprit des autres nations. Mais il me paraît que d'ordinaire le délicat et le naïf leur manquent, et je crois que vous trouveriez leurs ouvrages d'esprit surchargés de pensées. Dans la suite j'aurai occasion d'examiner cet article plus au long. Je passe aux marchands.

Ils me paraissent différents des autres marchands en plusieurs choses : ils n'ont ni l'empressement des Français pour amasser, ni la mesquinerie des Hollandais pour ménager. Leurs maisons sont richement meublées, et leurs tables très bien servies ; il ne faut pas que personne entreprenne d'emporter un bon morceau sur un marchand qui en a envie, et c'est sans doute cette manière de vivre somptueuse qui les oblige à vendre chèrement comme ils font ; étant accoutumés à faire grande dépense, ils dédaignent les petits profits. Quelque chose de plus singulier, et qui, je pense, les distingue davantage des autres marchands, c'est que souvent, après avoir amassé un fonds, ils abandonnent le trafic et se font gentilshommes de campagne, c'est-à-dire, qu'il y a parmi eux des gens qui savent s'arrêter, et jouir de leur travail. Il faut même qu'ils soient en grand nombre, car il paraît un livre depuis peu, où l'auteur, qui est un marchand, se plaint d'eux, et les accuse d'affaiblir le négoce.

Les ouvriers anglais ont acquis beaucoup de réputation dans le monde, et en plusieurs choses avec raison : ils excellent en horlogerie, en menuiserie, à faire des selles, toute sorte d'outils, et plusieurs autres choses dont je ne me souviens pas à présent. Il y en a aussi où leur réputation est fausse : c'est peu de chose, par exemple, que leurs petits ouvrages d'acier, dont ils font beaucoup de cas, et qu'ils vendent fort cher: vous en estimeriez la trempe qui est bonne; du reste, vous y trouveriez beaucoup de travail mal placé et mal fini. Généralement, pour tous ces bijoux, ces petites nippes plus curieuses que nécessaires, ils sont surpassés par les Français, et leurs meilleurs maîtres leur viennent de Paris. La raison du peu d'habilité de ceux du pays, c'est apparemment le peu de goût des Anglais pour la bagatelle, et leur trop de facilité à bien payer tout ce qu'ils achètent: la plupart ne jugent d'un ouvrage que par le prix qu'on y met; vous croyez bien que l'ouvrier n'ayant pas de peine à les contenter, et pouvant s'enrichir à son aise, se souciera peu de s'appliquer à son métier, et n'y excellera jamais.

Je ne connais les paysans anglais que par un endroit: je les vois tous à cheval, en juste-au-corps de drap, et en culottes de peluche, bottés et éperonnés, et toujours au galop. Il n'y a que les charretiers qui, montés tristement à côté de leurs chariots, sont obligés de laisser aller le pas aux chevaux qu'ils montent. On prétend que les paysans anglais soient moins grossiers et moins ignorants que ceux des autres nations.

Le peuple, en général, est ici bien habillé, et c'est une marque assurée qu'il est à son aise, car les habits ne vont en Angleterre qu'après la table. Au reste, le petit peuple n'a guère besoin

d'une description particulière ; dans la plupart des
choses, il me paraît confondu avec toute la nation : il a à peu près les mêmes plaisirs que les
nobles, les marchands et le clergé, les mêmes
vertus et les mêmes vices. Comme il y en a peu
entre ceux-là qui aient sur lui l'avantage de l'éducation, il vaut comme eux par son bon sens naturel. Les grands ne lui imposent guère, et il
est si peu peuple à leur égard, que, comme je
vous ai dit, il ne tient à eux que par le bien
qu'ils lui font. Voilà ce que j'avais à vous dire
des hommes pour cette fois ; que je vous dise
un mot des femmes.

Je vous avoue que la beauté des femmes
anglaises ne me touche pas beaucoup : elles sont
toutes blondes et blanches ; mais ce sont de beaux
visages que rien n'anime ; je vois ici cent belles
femmes, et je n'y en vois pas dix qui soient
jolies. Il faut vous dire pourtant qu'il y a des
gens qui voient autrement, et à qui les femmes
anglaises paraissent plus jolies que belles. Le
grand agrément que je leur trouve, c'est une
modestie, une douce timidité, qui les fait rougir
de peu de chose, et baisser les yeux à tout moment. La plupart ont de la taille, c'est par où
elles frappent principalement. On leur trouve l'air
noble et qui surprend ; elles sont grandes et
menues, et, ce qui n'est pas un petit avantage,
elles sont richement habillées. J'ai vu des gens
les accuser de manquer un peu d'épaules et de

hanches, défaut qu'elles attribuent en partie à leur habillement serré, et dont elles commencent à revenir. Un plus grand défaut que je leur trouve, c'est de ne pas prendre soin de leurs dents, ce qui serait d'autant plus nécessaire, que, selon l'usage du pays, elles mangent beaucoup de viande et peu de pain, autre mauvaise coutume qui ne manque guère d'avoir ses inconvénients. C'est dommage que les femmes anglaises n'aient pas cette propreté, elles qui d'ailleurs paraissent si propres et qui le sont en effet. Elles aiment à se couvrir le visage de mouches, dont elles n'ont pas besoin, et qui ne servent qu'à les faire passer pour plus coquettes qu'elles ne sont. Il se trouvent même des femmes âgées qui ne les quittent point : j'ai vu des mouches au visage d'une vieille, à travers les lunettes dont elle se servait. Quant à leur humeur, elles passent pour être douces, franches et naïves ; d'abord réservées, mais se familiarisant bientôt et venant aisément jusqu'au badinage ; emportées dans leurs passions ; à cela près, paresseuses et assez accoutumées à ne rien faire. Chez les gens du commun, il est ordinaire aux maris de leur épargner toute sorte de travail ; et pour les femmes de qualité, elles ne s'amusent guère aux ouvrages, si ce n'est celles qui sont chez la Reine, qui est, je crois, elle-même la plus grande ouvrière de son royaume, et qui peut-être y fera venir la mode de travailler. De là vient qu'elles s'ennuient, qu'elles sont curieuses de l'avenir, avides de prédictions et crédules. Ce caractère des femmes anglaises fit naître un plaisant dessein au fameux comte de Rochester, l'homme de son temps le plus débauché, qui avait le plus d'esprit, et qui connaissait le mieux les femmes : ce courtisan, se trouvant de loisir pendant une petite disgrâce, s'avisa de monter sur un théâtre, déguisé en charlatan, se dit grand astrologue, et se vanta d'avoir des secrets assurés pour embellir le teint. Son dessein réussit comme il l'avait prévu : les belles accoururent chez lui en foule, et l'on dit qu'il débita ses secrets à quelques-unes, et leur apprit à sa mode de jouir du présent, sans se mettre si fort en peine de l'avenir.

Je reviens au général des Anglais, et ce sont principalement ces réflexions générales que je ne vous garantis pour véritables que par rapport à l'effet que les Anglais font sur moi. Il me semble que, pour l'ordinaire, ils ont de grandes vertus ou de grands défauts, et assez souvent l'un et l'autre : on leur trouve beaucoup de bon sens, mais il est entremêlé de boutades. Ils ont le cœur grand, et leurs inégalités les mettent aussi souvent au-dessus des autres nations qu'au-dessous. La plupart ont de l'imagination, mais dont le feu ressemble à celui de leur charbon de pierre, en ce qu'il a plus de force que de lueur. Ils parlent peu, et presque tout ce qu'ils disent est sentiment. Ils font des réflexions, et connaissent d'autant mieux le prix des choses, qu'ils les regardent par leurs propres yeux, et osent s'en rapporter à eux-mêmes pour en juger. Contents de leur condition, pour peu qu'elle soit bonne, ils ne font pas de grands efforts pour la rendre meilleure: peu d'Anglais vont chercher fortune; et peut-être pourrait-on dire, à l'honneur de ce petit nombre, que pas un ne réussit. Ils jouissent de ce qu'ils ont, et vivent selon leur inclination, blâmables seulement en ce que quelquefois ils n'en ont pas de fort belles. Du reste, ils sont assez raisonnables dans leur dépense, pour tâcher moins de paraître heureux que de l'être en effet. C'est ainsi qu'en beaucoup de choses on les voit faire dépendre leur bonheur d'eux-mêmes: ils se mettent peu en peine des jugements que les autres font d'eux, et ne font guère d'attention aux actions des autres. Ils vont hardiment contre un usage, quelque établi qu'il soit, lorsque leur raisonnement ou leur inclination les en éloigne. La plupart négligent les manières et les agréments; mais ils cultivent leur raison; et dans l'essentiel de la vie, aussi bien qu'en autre chose, ils osent s'en servir: ce n'est pas une chose rare parmi eux de renoncer aux emplois, et de préférer une vie privée et obscure, aux honneurs et à l'éclat. - Comme ils jouissent mieux de la vie qu'on ne fait ailleurs, on dirait qu'ils s'en rassasient plus aisément et l'abandonnent avec moins de peine. Voilà l'Anglais homme de mérite, ou l'Anglais lorsqu'il n'est pas ému : un mélange de paresse et de bon sens fait son heureux caractère.

Il y a pourtant des occasions où il semble que la paresse le domine : il hait les difficultés et le travail ; il est malheureux quand il s'y trouve engagé ; les longueurs le rebutent, et il est bientôt tenté de couper ce qu'il a de la peine à dénouer. En ce qui ne lui importe pas, il est crédule, et, pour s'épargner la peine d'examiner, il ajoute aisément foi à ce qu'on lui rapporte : c'est de là, je crois, qu'on entend si souvent parler ici d'apparitions d'esprits. J'aurai lieu, dans la suite de mes lettres, de vous marquer plusieurs traits de la paresse des Anglais, comme il s'en trouvera aussi qui marquent leur bon sens. Lorsqu'ils en sortent, ce qui leur arrive quelquefois, ils s'en éloignent beaucoup, et alors ce sont les moins raisonnables de tous les hommes : violents dans leurs désirs, supportant impatiemment un mauvais succès, peu capables d'y remédier, furieux dans leur colère, jusqu'à se donner des coups de poing au visage, ce qui leur arrive même dans les petits sujets de chagrin ; dans de plus grands, ils se portent souvent à des résolutions plus violentes. En un mot, dans le mal comme dans le bien, les Anglais me paraissent des gens extrêmes.

En matière de religion, vous diriez presque, que chaque Anglais a pris son parti pour en avoir tout de bon, du moins à sa mode, ou pour n'en point avoir du tout, et que leur pays, à la distinction de tous les autres, est sans hypocrites. Si cela n'est pas tout-à-fait ainsi, du moins le nombre des libertins de profession est-il plus grand ici qu'ailleurs, chose qui ne doit pas faire déshonneur à cette nation, puisqu'il n'y a que ceux-là même qui seraient ailleurs hypocrites, qui sont libertins ici; il est assez décidé laquelle des deux espèces est la plus mauvaise. On trouve dans ce pays quantité de fanatiques, ou de gens appelés ainsi, ce qui est encore une forte preuve que les Anglais prennent parti, et le prennent fortement. Parmi ceux-là, il y en a qui forment des religions tout-à-fait extravagantes. D'autre côté l'Angleterre a, je crois, beaucoup de gens de bien dont la piété est solide et raisonnable: cela paraît par le nombre de leurs bons livres de dé-votion: c'est sans doute des gens de bien qu'ils nous viennent; ils contiennent une morale trop simple et trop saine pour n'être que des compositions de savants, outre qu'il y a de ces livres qui sont universellement applaudis, et dont néanmoins l'auteur demeure inconnu; ce qui encore s'éloigne du but que les savants se proposent.

Les Anglais supportent assez bien la grandeur et n'en paraissent guère entêtés; jamais, je crois, on n'en entendit s'écrier, *un homme de ma qualité! une personne de mon rang!* de même ils supportent assez bien les richesses; il ne leur arrive guère de faire mal à propos parade de leur dépense: jamais l'Anglais ne m'a fatigué à me parler de son carrosse et de son train. Ils ont toujours bonne table; c'est **la première** chose qu'ils établissent chez eux, et la dernière qu'ils réforment. Après la table, suit la maîtresse, qu'ils entretiennent avec des frais extraordinaires. S'il n'y en a pas là assez pour vous faire voir que l'avarice n'est pas le vice des Anglais, et qu'ils donnent plus volontiers dans l'excès opposé, ajoutez-y les médecins, les avocats, les astrologues, qui sont en vogue chez eux et font très bien leurs affaires. Ajoutez la folie des modes, celle des monuments et des pompes funèbres, où se consument de grandes sommes d'argent. On y voit entre autres choses des pleureuses, à ce qu'on me dit, mais qui semblent être ici mieux en leur place que chez les anciens qui s'en servaient; car comme les Anglais le plus souvent ont peu de véritable tristesse dans le deuil, et que cependant la cérémonie en demande, il leur doit être permis d'y en montrer une contrefaite. J'entends qu'ils sont un peu durs, lorsqu'ils ne se rencontre pas quelque passion extraordinaire; car en ce cas-là ils vont assez souvent dans l'extrémité opposée.

On fait entrer dans leur caractère le défaut d'être fort changeants, et on prétend que c'est l'air changeant du pays qui les entraine. Pour moi, je suis persuadé qu'ils ne paraissent plus changeants que d'autres, que parce qu'ils se donnent moins la peine de se contraindre, et qu'ils osent se laisser voir tels qu'ils sont: c'est paresse et courage. Si on veut dire qu'ils changent souvent de conduite à l'égard de leurs princes, c'est peut-être qu'ils ont des princes qui, après s'être contenus dans les bornes réglées, viennent à changer de conduite, et qui par là les obligent à en changer à leur tour: de cette manière, ce pourrait quelquefois être bon sens. Une preuve encore que les Anglais ne changent pas si aisément qu'on se l'imagine, c'est que les conseils ne peuvent rien sur eux; ils ont déjà pris leur parti. Ils le prennent brusquement et l'exécutent de même: cela paraît par la quantité de gens qui se tuent eux-mêmes, et par le grand nombre de mariages inégaux qui se font parmi eux. Cette brusque résolution fait si bien le caractère de ce peuple, qu'on voit des filles faire vœu d'épouser le premier homme qu'elles rencontreront dans les rues, et l'épouser en effet. On entrevoit en tout cela un petit reste de férocité, qui est le fond de leur ancien caractère; du reste, il me paraît qu'ils tiennent quelque chose des différentes nations qui les ont subjugués; ils boivent comme les Saxons; ils aiment la chasse comme les Danois; les Normands leur ont laissé la chicane et les faux témoins; ils ont retenu des Romains l'inclination pour les spectacles sanglants et le mépris de la mort; si vous n'aimez mieux envisager ces deux choses comme une suite de leur propre naturel. On leur trouve des caractères qui semblent se contredire ; ils sont charitables et ils sont cruels ; quoiqu'ils soient paresseux dans leurs actions, il leur est ordinaire d'aller vite en marchant ; ils méprisent trop les étrangers, et quelquefois ils les admirent trop. On croirait qu'ils sont tous libertins ou dévots ; cependant ils sont toujours prêts à se faire la guerre pour quelque frivole cérémonie du culte, ce qui ne convient ni à des dévots, ni à des libertins. Vous pourrez trouver ici plusieurs autres contrariétés, qui au fond ne doivent pas vous surprendre : elles signifient que ce sont des hommes que je décris. Adieu, monsieur, vous savez que je suis bien à vous.

Seconde lettre.

Je continue, monsieur, à vous rendre compte de ce que je pense des Anglais, et je continue d'autant plus volontiers, que vous m'assurez que ma lettre vous a diverti. Celle-ci vous apprendra quels sont leurs plaisirs, ou du moins quel est celui du théâtre, qui est le plus considérable.

Les Anglais prétendent y exceller : ils trouvent dans la diversité des manières de vivre de leur nation, et dans l'imagination singulière de leurs poètes, de quoi surpasser les anciens et les modernes; c'est ainsi que s'en expliquent quelques-uns d'entre eux. La vérité est qu'on aime beaucoup à lire leurs écrits, quand ils parlent d'autre chose que de ce qui les regarde eux-mêmes; mais un Anglais, sur sa nation, et sur tout ce où il croit qu'elle excelle, ne manque guère d'outrer les choses et de fatiguer le lecteur. Je n'entreprendrai pas ici la cause des anciens; je dirai seulement que toute personne qui a du goût et qui aime ce qui est naturel, toute personne accoutumée à Molière, ne se plaira pas beaucoup aux comédies anglaises, qui le plus souvent sont remplies de pointes d'esprit et d'ordures, bien plus que de traits fins qui fassent plaisir et qui soient de quelque usage. Cependant c'est à Molière surtout qu'ils aiment à se préférer, et c'est lui qu'ils maltraitent. Pour le venger en quelque sorte, autant que pour vous faire connaître le théâtre anglais, je vous parlerai ici de leurs comédies; et si j'y emploie toute une lettre, vous vous souviendrez, que la comédie est une bagatelle privilégiée, et que de tout temps on a vu même des gens graves, non seulement s'y amuser mais en parler aussi sérieusement que si c'était une affaire importante.

L'Angleterre, aussi bien que la France, a eu son plus haut période pour la comédie. Ben Johnson, qui vivait au commencement de ce siècle, est le poète qui l'a portée le plus loin.

Que ce soit lui que les Anglais préfèrent à Molière, à la bonne heure ; puisque sur toutes sortes de sujets il faut qu'ils se préfèrent au reste du monde, on leur est bien obligé lors qu'ils choisissent les habiles d'entre eux pour emporter cette préférence. Si pourtant il était permis de ne se pas soumettre à la décision de ces messieurs., et que sans trop m'aventurer, j'osasse dire mon sentiment sur ce sujet, je dirais que Ben Johnson, quoique véritablement grand poète à certains égards, est inférieur à Molière en beaucoup de choses. Il me paraît qu'il n'en a ni l'esprit ni l'heureuse naïveté ; il n'a connu absolument aucune galanterie ; il introduit beaucoup de personnages mécaniques ; parmi le grand nombre de pièces qu'il a faites, on n'en trouve que trois ou quatre qui soient fort bonnes ; c'est dans la meilleure de toutes qu'il oblige un homme à se cacher sous une grande écaille de tortue, et à vouloir passer pour cet animal ; au lieu que le sac qu'on reproche à Molière, n'est du moins que dans une espèce de farce qui l'assortit. Enfin il n'a pas osé former l'héroïque dessein d'attaquer les défauts de sa nation ; et on peut dire de lui, qu'il a fait beaucoup de bien à la comédie anglaise, **sans en faire aucun aux Anglais.** Il est **vrai** qu'il y aurait une chose à ajouter pour sa justification : c'est que Molière avait plus de matière que lui, ou du moins de la matière plus propre pour le théâtre : les caractères en France sont généraux et comprennent toute une espèce de gens, au lieu qu'en Angleterre, chacun vivant à sa fantaisie, le poète ne trouve presque que des caractères particuliers, qui sont en grand nombre, mais qui ne sauraient faire un grand effet. Après tout, il faut avouer que Ben Johnson est un poète judicieux, admirable à distinguer et à soutenir les caractères qu'il entreprend, et dont les bonnes pièces sont excellentes dans leur espèce. Mais laissons là leurs bons poètes; ce ne sont guère ceux-là qu'on oppose à Molière C'est contre les poètes du temps, contre la préférence qu'ils osent prétendre sur lui, qu'il s'agit de le défendre; c'est-à-dire, qu'il faut vous faire connaître le théâtre anglais tel qu'il est aujourd'hui.

On y voit un grand nombre de pièces nouvelles, que trois ou quatre auteurs ont soin de fournir successivement. La troisième représentation est au profit de l'auteur, et il semble que cette circonstance seule ait plus d'influence sur la comédie, que ni la diversité de leurs manières de vivre, ni l'imagination singulière du poète: dès là, son plus grand soin est de plaire à la foule, et de trouver des sottises si grandes et en si grand nombre, que les laquais mêmes donnent leur argent pour les entendre; et c'est ce qu'il fait si bien, que par cette raison, entre autres, je ne crains pas d'assurer, que la comédie est une des sources de la corruption de Londres:

c'est où les femmes apprennent à ne se pas effrayer d'une intrigue, et même à la bien conduire; c'est où généralement la jeunesse se familiarise avec le vice, qui est toujours représenté comme une chose indifférente, et jamais comme vice. On joue, on jure, on boit, on débauche une femme, on se bat; c'est l'honnête homme de la pièce, indifféremment avec les autres, qui fait tout cela; ou, pour mieux dire, la pièce n'a point d'honnête homme distingué des autres par ce caractère; et celui qui en vaut le mieux n'est que moins grossièrement corrompu que les autres. Je sais bien que la comédie doit être un tableau de la vie, et que toutes ces choses peuvent y être représentées; mais je sais aussi que la peinture des mœurs a cet avantage, qu'elle peut faire approuver ou rejeter une chose, par la manière même dont elle la représente, et que tout poète qui ne sait pas se servir de cet avantage, ou qui le néglige, doit n'être que médiocrement habile, ou n'avoir que de l'indifférence pour la vertu. On trouve à la vérité quelques folies tournées en ridicule dans les comédies anglaises; mais d'ordinaire le poète va chercher ces folies hors d'Angleterre, et celui dont il se moque est un Français, ou un Anglais qui veut avoir les manières françaises. S'ils attaquent quelques défauts pris chez eux, ce sont des défauts singuliers et si extravagants, qu'ils ne sont connus que pour avoir été vus sur le théâtre. Ainsi la comédie anglaise n'est d'aucune utilité. Voyons si elle a davantage de quoi plaire, et s'il est vrai que ce véritable esprit, ce génie anglais, comme leurs auteurs l'appellent, l'emporte si fort sur la bagatelle française. Ne riez-vous pas, monsieur, de me voir prendre la chose si sérieusement, et traiter cette matière comme si elle importait beaucoup? C'est que les Anglais y font voir beaucoup de présomption, et que la présomption fait venir le sérieux, même dans la bagatelle. D'ailleurs cette matière me plaît, par cela même qu'elle n'est pas importante. Quand je vous aurai persuadé que les Anglais n'excellent pas à faire des comédies autant qu'ils se l'imaginent, je ne leur aurai pas fait grand mal.

Une des choses le plus nécessaires pour le plaisir du théâtre, c'est, si je ne me trompe, que la nature soit si bien imitée que l'art ne paraisse point, qu'on oublie le poète, et que le spectateur, tout occupé des personnages, rapporte à eux-mêmes tout ce qu'ils disent et qu'ils font. Les comédies anglaises sont bien éloignées de cette perfection : le poète s'y fait toujours entendre par-dessus l'acteur. Si jamais vous avez vu jouer des marionettes, représentez-vous un maître mal habile, qui, en les faisant parler, ne saurait tenir longtemps sa voix proportionnée à ces petites figures, mais qui la laisse échapper de temps en temps et se fait entendre dans son ton naturel ; tout l'artifice est découvert par là, tout l'enchantement rompu. C'est là le poète anglais : il

détrompe le spectateur à tout moment par ses
pensées recherchées, et l'oblige malgré lui à
s'apercevoir qu'il assiste à une comédie. Les
Anglais s'applaudissent pourtant beaucoup de cette
abondance d'imagination : ils disent qu'un poète
français étendrait dans toute une pièce les pensées qui leur suffisent à peine pour un acte, et
ils ont raison de le dire; mais peut-être aussi
les Français ont-ils raison de les étendre. Du
reste, il est bien vrai qu'aux endroits où il ne
faut pas du ménagement, les Anglais excellent :
ce sont des conversations soutenues, des pensées
heureuses et fortes, dont le grand nombre ne
s'est, je crois, trouvé jusques ici que chez eux.
Mais ce n'est pas seulement le trop d'imagination
qui empêche que leurs comédies ne plaisent; on
y trouve encore d'autres défauts qui ne sont pas
moindres. Je pourrais vous en faire connaître
quelques-uns à l'occasion d'une traduction de
l'*Avare* de Molière, qu'un de leurs plus fameux
poètes a faite, et dont je vais vous divertir un
moment. Voici le commencement de sa préface.

„Le fondement de ma pièce est pris de l'*Avare*
„de Molière; mais comme il y a trop peu de
„personnages et d'action pour un théâtre anglais,
„j'ai ajouté à l'un et à l'autre assez pour pouvoir
„réclamer plus de la moitié de la pièce. Je crois
„pouvoir dire sans vanité que Molière n'a rien
„perdu entre mes mains. Aussi jamais pièce
„française n'a été maniée par un de nos poètes,

„quelque méchant qu'il fût, qu'elle n'ait été
„rendue meilleure. Ce n'est ni faute d'invention,
„ni faute d'esprit, que nous empruntons des
„Français, mais c'est par paresse; aussi est-ce
„par paresse que je me suis servi de l'*Avare* de
„Molière, etc." Ces nouveaux personnages dont
il parle, jouent une espèce de farce entre eux,
qui se passe à enivrer un jeune homme, à le
filouter, et à lui faire épouser une fille de joie.
C'est la moitié de la pièce que l'auteur réclame
si modestement, et que jamais personne ne con-
fondra, je crois, avec l'autre moitié. Du reste je
ne pensais pas que la simplicité et l'unité du
sujet fussent des défauts dans une pièce, et que
le grand nombre de personnages en fît la beauté;
je m'en rapporte aux connaisseurs.

Le prologue est du même dessein et à peu
près de la même force que la préface. En voici un
morceau: „Il est aussi rare de trouver du véritable
„esprit dans les pièces françaises, qu'il est rare
„de trouver des mines d'argent dans le terroir
„d'Angleterre. Un marquis ridicule, un fourbe de
„valet, ou enfin quelque misérable bouffon, est
„tout ce qu'ils peuvent produire de meilleur, etc."
Croirait-on jamais que ce fût là la réflexion d'un
traducteur, et qu'une pièce de *Molière* eût donné
lieu à la faire? S'il s'agissait de quelqu'une des
fades comédies françaises d'aujourd'hui, c'est tout
ce qu'on en pourrait dire. Mais vous êtes peut-
être dans l'impatience de voir de ce véritable

esprit. L'auteur qui a prévu que ces grands préparatifs feraient cet effet sur le lecteur, a songé à le contenter; il commence par lui présenter une scène qui est entièrement de sa façon, et puisque nous sommes allés si loin sur ce sujet, vous en aurez ici une traduction.

ACTE PREMIER.

SCÈNE PREMIÈRE.

Rant, Hazard et Cléante.

„*Rant.* Que diable est-ce qui te met de si
„méchante humeur? Tu est aussi sot qu'un homme
„qui s'est enivré de bière pendant toute la nuit,
„et qui n'a fait autre chose le matin que de
„prendre du café, parler de politique et lire les
„gazettes.

„*Hazard.* As-tu perdu ton argent ou ta
„garce?

„*Rant.* Ma foi, Hazard, s'il a perdu son ar-
„gent, je suis sûr qu'il a perdu aussi sa garce,
„en dépit de la noble vertu de Constance.

„*Hazard.* Viens, Cléante, un ou deux coups
„heureux à l'académie te feront avoir une aussi
„brave maîtresse qu'aucune qui soit dans la ville.

„*Rant.* La peste les étouffe! Elles sont mises
„à un si haut prix par les sots aînés qui les
„entretiennent, qu'un pauvre cadet désespère de
„les approcher.

„*Hazard.* Tu te trompes, Rant, les aînés sont
„si charitables qu'ils les entretiennent pour les

„pauvres cadets, qui ne sauraient fournir eux-
„mêmes à la dépense. Elles font plaisir aux uns
„pour de l'argent, et aux autres par amour.

„*Rant.* Je ne suis pas de ton avis, jamais il
„n'y eut tant d'argent comptant et si peu de
„tendresse.

„*Hazard.* Ma foi! si cela est, il faut que nous
„autres qui avons la bourse mal garnie, nous nous
„joignions trois ou quatre pour contribuer à
„payer une maîtresse. De la manière que nous
„buvons, elle nous servira à tous. Ça, Cléante,
„point de mélancolie, si tu as perdu ta maîtresse,
„je serai de moitié avec toi pour en avoir une
„autre.

„*Cléante.* Fort bien, messieurs! de la manière
„aisée dont votre dialogue se passe, il faut que
„vous en ayez déjà fait une répétition; mais je
„crains que vous ne vous ressentiez de la dé-
„bauche de la nuit passée, et que vous n'ayez
„la migraine ce matin; il n'y a que cela qui
„puisse vous faire croire que je sois mélancolique.

„*Rant.* Va, va, ma foi! tu l'es.

„*Cléante.* J'avoue, messieurs, que je ne suis
„pas assez gai pour sauter par-dessus des chaises,
„ou par-dessus un bâton, à l'honneur du roi, ou
„pour faire quelque autre de ces gentillesses;
„mais pour du chagrin, je n'en ai pas, à moins
„que vous ne vouliez m'en donner.

„*Hazard.* J'en suis si éloigné, que je te veux
„dire des nouvelles qui te réjouiront le cœur,

„fusses-tu triste comme un cadet à qui on vient
„de refuser une perruque blonde à crédit.

„*Cléante.* Qu'est-ce que c'est, je te prie?

„*Rant.* Quelque chose qui sera de ton goût,
j'en suis sûr.

„*Hazard.* Il est venu loger, vis-à-vis de chez
„nous, la plus charmante créature, le plus déli-
„cieux morceau du monde; elle a l'air de se
„dissoudre comme un anchois dans le vinaigre.

„*Rant.* Elle serait de meilleur goût pour un
„homme qui a son accès de chaleur, que de la
„petite bière dans la fièvre.

„*Hazard.* Que de la petite bière? La peste
„de ta petite bière! La belle serait mieux venue
„chez toi qu'un délai d'exécution, si tu étais à
„chanter le psaume sur l'échelle.

„*Cléante.* Vous êtes assurément des gens
„d'esprit et remplis de comparaisons; mais où
„diable est-elle donc, cette incomparable?

„*Rant.* La peste! Tu es aussi rébarbatif qu'un
„vieux juge affamé qui est encore sur son siège
„entre onze heures et midi, etc."

Ce n'est pas là encore la moitié de la scène.
Le véritable esprit coûte si peu à cet auteur,
qu'il en remplit des pages sans peine. Pour moi
qui le trouve un peu long, et qui n'aime pas
beaucoup à traduire, je ne saurais le suivre davantage. Voilà donc, à peu près, le tour de la
comédie anglaise d'aujourd'hui. Souvent les pensées valent mieux, mais toujours y a-t-il des

jurements, des sottises, et des comparaisons, en grand nombre. Les comparaisons leur plaisent surtout. Dans cette pièce, la profusion en est telle, qu'il n'y a pas jusques à *Brin d'Avoine* et *la Merluche* à qui on n'en donne quelques-unes à dire. *Maître Jacques* a la sienne. Pour *Elise,* la fille de la maison, il y a tel endroit où elle n'en fait pas moins qu'une demi-douzaine de suite. Par ce vous venez de lire, vous savez déjà assez ce que c'est que leurs comparaisons, je crois vous faire plaisir de n'en pas mettre ici davantage. Mais il faut vous montrer quelques-uns des changements, ou corrections, qui font dire à cet auteur, que Molière n'a rien perdu entre ses mains : manière de parler modeste, qui signifie, qu'il a gagné beaucoup.

Quand le fils de l'*Avare* apprend que c'est sa maîtresse que son père veut épouser, il dit qu'il se trouve mal. Dans Molière, le père l'envoie à la cuisine boire un grand verre d'eau fraîche. Nous croyons, nous autres, que c'était là parler en avare, et que le trait était des meilleurs. Ici ce n'est pas cela ; l'eau n'est guère du goût des Anglais, pas même dans une comédie : et leur poète, bien plus fin que Molière, au lieu de ce fade verre d'eau, met ingénieusement un verre de brandevin.

Lorsque *Frosine* veut faire valoir la frugalité de *Marianne* et la faire passer pour une dot, *Harpagon* lui dit, que ce ne sont pas là des effets solides, et qu'il serait bien aise de toucher quelque chose. Dans le français, *Frosine* répond : *Eh! vous toucherez assez,* et puis se hâte de lui dire, qu'il y a un certain pays où sa maîtresse a du bien dont il sera le maître. Un poète anglais ne saurait laisser aller ce *toucher* si vite; eux qui vont amener une sottise de bien loin, n'ont garde d'en négliger une qui se présente. Voici donc ce que Molière gagne entre les mains de celui-ci : *Frosine* répond : *Toucher! comment, vous la toucherez certes, et vous la toucherez partout, et tant que vous voudrez; c'est là une jolie créature à toucher, c'est là une touche pour vous.* Par ces deux changements vous pouvez juger des autres.

Il y a mille petits agréments répandus dans Molière que les personnes qui manquent de goût ne sauraient sentir; cependant ce sont ces agréments qui font que Molière est Molière. Si cela ne nous menait trop loin, je pourrais vous faire voir aisément que l'auteur anglais en rejette une grande partie dans sa traduction, soit qu'il les dédaigne, ou qu'il ne les sente pas; soit que, par de bonnes raisons, il évite d'en faire venir le goût aux Anglais; et quand il n'y aurait que cela, il s'en faut bien que cette comédie vaille en anglais ce qu'elle vaut dans l'original. La vérité est que la plupart des poètes anglais ne sauraient se servir agréablement d'une bagatelle : ils entassent pensées sur pensées, le plus souvent

sans choix ni délicatesse ; presque toutes les circonstances tant soit peu déliées leur échappent,
aussi bien qu'un certain langage familier qui est
dans la nature, et que Molière a su employer si
agréablement.

Mais de vouloir prouver sérieusement, que les
comédies anglaises d'aujourd'hui ne valent pas
les comédies de Molière, c'est, ce me semble,
commettre celles-ci : ces messieurs, au prix qu'ils
mettent leurs pièces, les surfont, nous surprennent,
et se font donner plus que nous ne voulions. Ils
ont ce qu'ils appellent *Humour,* qu'ils prétendent
leur être singulier, et qu'on pourrait leur abandonner, sans que pour cela ils en fussent là où
ils croient. Cette *Humour* est à peu près, ce que
fait le diseur de bons mots chez les Français, et
précisément ce que nous appelons *Einfall.* Mais,
sans nous arrêter à la signification du mot, il me
paraît qu'ils entendent par là, une certaine fé-
condité d'imagination, qui d'ordinaire tend à ren-
verser les idées des choses, tournant la vertu en
ridicule, et rendant le vice agréable. Je suis fort
trompé si c'est là ce qui fait une bonne pièce
de théâtre, c'est-à-dire, qui corrige autant qu'elle
divertit ; je crois toujours que l'un et l'autre ensemble font le but de la comédie, et partout où
je la vois établie, je m'attends à trouver les
gens un peu moins fous, du moins à certains
égards, et un peu plus polis. J'envisage le théâtre
comme quelque chose qui enlève le ridicule au-

tour de soi, et je souffre quand je vois que la comédie le répand. Molière a été le fléau du ridicule de son pays; c'est là son grand éloge, et il n'y a personne qui ne sache les obligations que la France lui a là-dessus. Si l'Angleterre avait eu son Molière à la place de tous ces poètes avec leur *Humour*, peut-être s'y serait-on corrigé de quelque grand ridicule; par exemple du peu de peine qu'ils se font de laisser voir leur mépris pour le reste du monde; car de les corriger de ce mépris même, je ne pense pas que la comédie puisse aller jusque-là; mais pour leurs manières méprisantes, je suis persuadé que si un habile homme les avait entrepris là-dessus, on ne reprocherait pas ce ridicule à plusieurs honnêtes gens parmi eux, et qu'ils sentiraient enfin que leur nation a ses défauts comme toutes les autres. Que je vous dise un mot de leurs tragédies, et j'aurai fait.

Si les Anglais pouvaient se résoudre à y être plus simples, et à étudier davantage le langage de la nature, ils excelleraient sans doute dans le tragique par-dessus tous les peuples de l'Europe. L'Angleterre est un pays de passions et de catastrophes, jusque-là que Shakespeare, un de leurs meilleurs anciens poètes, a mis une grande partie de leur histoire en tragédies. D'ailleurs le génie de la nation est pour le sérieux; leur langue est forte et succincte, telle qu'il la faut pour exprimer les passions. Ainsi leurs tragédies ont d'excellents endroits, et en grand nombre ; mais elles ont les mêmes défauts que leurs comédies, et je pense quelques autres de plus. Les héros de l'antiquité y sont travestis comme en France ; on y voit *Hannibal* avec une longue perruque poudrée sous son casque, des rubans sur sa cotte d'armes, et tenant son épée avec un gant à franges. Les pièces, de même que les personnages, sont un mélange de comique et de sérieux ; on y voit les évènements les plus tristes et les farces les plus risibles se succéder tour à tour ; ce qui me paraît non seulement très mal entendu, mais tout-à-fait contraire au dessein que naturellement on doit se proposer dans la tragédie. Enfin la plupart des exécutions, qui sont représentées dans leurs tragédies, se font sur le théâtre même, qui se trouve quelquefois tout jonché de corps morts. On me dit qu'*Oedipe* y paraît avec les yeux crevés, et j'y ai vu tenailler un homme en croix pendant une demi-heure. Il me semble que des poètes qui ont le vrai génie, et qui savent émouvoir, ne doivent pas avoir recours à des tenailles. Et qu'ils ne prétendent pas s'excuser sur le goût du pays pour ces sortes de spectacles ; il y a des siècles qu'ils travaillent ; le moindre bien qu'ils doivent avoir fait aux Anglais, c'est de leur former le goût pour le théâtre.

Une chose où je les trouve encore moins excusables dans leurs tragédies, c'est d'attaquer toujours les auteurs français qui ne leur font

d'autre mal que de les surpasser. Le plus fameux
d'entre leurs poètes tragiques d'aujourd'hui traite
Corneille à peu près comme Shadwell traite
Molière, c'est-à-dire qu'il le pille, et fait des préfaces pour en dire du mal. Je ne m'engagerai
pas dans un nouveau détail sur ce sujet, et je
pense qu'il n'en est pas besoin; ce caractère dit
assez. Ces messieurs les poètes, qui donnent à leurs
héros des sentiments si élevés, en ont eux-mêmes
de bien bas; et dans leurs pièces, où ils font
parler des étrangers, ils tiennent un langage bien
différent de celui de leurs préfaces, où ils parlent
eux-mêmes: on dirait qu'ils sont accoutumés à
faire un jeu de l'honnêteté et de la vertu, et
qu'ils ne la croient en sa place que sur le
théâtre.

Troisième lettre.

Nous en sommes, Monsieur, aux plaisirs des
Anglais, et vous sauriez déjà ce que j'ai à vous
dire sur ce sujet, si Molière maltraité ne s'était
rencontré sur notre chemin.

Les Anglais ont leur opéra, dont ils ne font
pas grand bruit; je n'en dirai que peu de chose
non plus: la musique m'en paraît médiocre; les
machines y valent à peu près celles de Paris;
les décorations en sont belles; surtout ils en ont
une de satin toute transparente, qui est tout-à-

fait magnifique. Ils dansent moins bien que les Français; mais en échange ils dansent moins souvent, et peut-être plus à propos. On en peut dire autant de leur chant: ils ne chantent que les airs, et récitent le reste. Ces airs ont quelque chose de singulier et d'agréable; mais qui est, je crois, plutôt du goût des personnes mélancoliques que des autres.

Ils ont des concerts établis pour certains jours de la semaine, qu'on va entendre pour de l'argent, et dont la musique vaut mieux, ce me semble, que celle de leur opéra; peut-être parce que les musiciens ne sont pas gênés dans leurs compositions par le poète. Les gens de qualité de l'un et de l'autre sexe ne manquent guère de s'y trouver, et ils y portent un goût qui leur est particulier: ils sont charmés du bruit des trompettes et des timbales. Du moins les musiciens se justifient par là, quand on leur demande pourquoi ils se servent de ces instruments retentissants dans des lieux enfermés et étroits. Ce qui m'a diverti quelquefois à ces concerts, c'est l'embarras de la plupart des hommes, qui paraissent tout étonnés de se voir dans un lieu où on ne peut ni jouer, ni boire, et où il n'y a que d'honnêtes femmes, avec qui ils n'oseraient prendre des libertés, et à qui ils ne trouvent rien à dire. Les femmes, de leur côté, n'étant accoutumées à rien de meilleur, se contentent du plaisir de s'attirer du respect, et de se regarder les unes les autres. Il résulte un bien de tout cela : on écoute le concert avec silence.

Les jeunes hommes de qualité ont des rendez-vous entre eux, où tout se passe à peu près de même, sans gaieté, et sans beaucoup de conversation, ou du moins sans rien de fort poli ni de fort suivi. Ces rendez-vous sont d'ordinaire dans les maisons à chocolat, qu'ils regardent comme quelque chose de moins commun et de plus important que les cafés. On y voit entre autres ceux que les Anglais appellent des *Beaux,* espèce de copie des marquis français, mais moins incommodes, en ce qu'ils ne cherchent pas tant à se faire écouter qu'à se faire regarder. Il y a de l'apparence qu'ils ne prospéreront pas dans ce pays de bon sens, où une contenance et des manières extravagantes, une façon d'habit nouvelle et recherchée, n'attirent l'attention que de peu de gens, et l'estime de personne, et où un homme tout extérieur et visiblement occupé de soi-même, court risque de passer pour un fou, plutôt que pour un joli homme.

Les plaisirs les plus ordinaires des Anglais sont le vin, les femmes et les dés, la débauche en un mot. Ils n'y cherchent pas de finesse, du moins, pas à l'égard du vin et des femmes, qu'ils aiment à joindre ensemble, mais sans délicatesse ni agrément : on dirait qu'ils ne boivent précisément que pour boire. Ils veulent que leurs courtisannes boivent de même, et ils sont charmés quand ils en trouvent qui leur tiennent tête. Ils font durer très longtemps ces débauches, et les poussent fort loin : on a vu des gens y devenir si extravagants, qu'ils ont fait vœu de tuer le premier homme qu'ils rencontreraient dans les rues, et l'ont tué en effet. On vient de pendre deux jeunes hommes pour cela : n'ayant rencontré personne, parce qu'il était deux heures après minuit, ils heurtèrent à une maison et tuèrent l'homme qui leur vint ouvrir la porte. J'ai vu un homme de qualité, qui a eu sa grâce pour un semblable meurtre. Mais leurs plaisirs seraient dangereux, quand même ils n'y feraient pas de ces extravagances : les courtisanes, avec qui ils se divertissent, sont souvent si gâtées, que, sans en faire vœu, elles tuent le premier homme qu'elles rencontrent, lors qu'il est assez fou pour s'amuser avec elles. On prétend que c'est la quantité de vin sec et de rossolis qu'elles boivent, qui rend certaines maladies si fréquentes à Londres et si difficiles à guérir. Le nombre de ces créatures n'est pas croyable, non plus que le peu de honte que les hommes ont d'être vus en leur compagnie : elles sont publiques de toutes manières. Ces excès trop fréquents contribuent sans doute beaucoup à rendre les Anglais sombres et emportés dans leurs passions, comme nous le voyons ; ce que je ne prétends pourtant pas étendre plus loin qu'il ne doit aller. Si plusieurs d'entre eux sont faits comme je vous les dépeins, il s'en trouve un grand nombre qui ne leur ressemblent pas, et qui, sans doute, méritent l'éloge ordinaire de *civil and sobre Gentlemen,* que le public leur donne.

Les Anglais aiment à se promener, et ils ont cela de particulier en se promenant, qu'ils marchent toujours vite. Aussi est-il difficile de se bien porter en Angleterre sans agir beaucoup; l'air y est assez épais, et un exercice modéré n'y suffit pas. C'est à quoi je crois bien que la plupart ne font pas attention, mais cela n'empêche pas que l'habitude de marcher vite ne leur puisse être venue de là. La promenade est aussi un des grands plaisirs des dames, et leur manière de se promener est une des choses qui marquent leur caractère : contentes d'être vues, elles marchent ensemble, le plus souvent sans se parler ; toujours parées et toujours gênées, elles vont constamment en avant, sans que rien les puisse amuser, ni les détourner de leur chemin. Je ne sais si elles se baisseraient pour cueillir une fleur qui se trouverait sous leurs pas. Jamais je n'en ai vu se coucher sur l'herbe, ni entendu la moindre petite chanson leur échapper. Elles ne savent ce que c'est que de se promener à la fraîcheur de la nuit; on dirait que dès qu'elles ne sont plus vues, elles n'ont plus de plaisir, et qu'elles ne sont sensibles à celui d'un beau jour, que parce que la parure y éclate davantage, et qu'elles y trouvent mieux à qui se montrer; s'il

est vrai que ce soit là une particularité des
femmes anglaises, et non pas des femmes en
général. Cependant, avec tout ce qu'elles font
pour se faire voir, elles ne paraissent guère coquettes. On ne leur voit point de ridicules affec-
tations, ni de manières hardies qui déplaisent.
Leur air est si modeste, au moins à leur quantité
de mouches près, qu'on se sent tenté quelquefois
de dire à une femme, qu'elle est belle, pour avoir
le plaisir de le lui apprendre.

Leur promenade en carrosse se passe à décrire
en pleine campagne un cercle assez petit, et qui
est marqué par des barrières : les carrosses roulent
doucement autour de ce rond, les uns d'un sens,
les autres de l'autre : ce qui, d'un peu loin, fait
un plaisant manège, et de près, dit clairement
qu'on n'est venu là que pour voir et pour être
vu : aussi cette promenade, au plus fort de l'été
même, ne dure-t-elle que jusqu'au moment que
le jour commence à baisser, c'est-à-dire, jusqu'au
temps qu'il y aurait du plaisir à se promener ;
alors tout le monde se retire, comme n'ayant
plus rien à faire. Ajoutez à cela la comédie et
les concerts, dont je vous ai déjà parlé, et où
elles vont se faire contempler arrêtées et à la
chandelle, et vous avez exactement l'extérieur
de la vie des dames de Londres.

J'ai été curieux de savoir si toute leur sensibilité était tournée de ce côté-là, et si elles
n'avaient pas des plaisirs particuliers qui valussent

mieux que des spectacles ou des promenades, et je m'en suis informé des Anglais de ma connaissance. Si vous eussiez été en ma place, vous vous seriez, sans doute, adressé aux Anglaises mêmes, et vous sauriez au juste ce qui en est: vous autres bruns, êtes les chéris en Angleterre; les blondins y sont trop communs. Ce que j'ai pu découvrir sur ce sujet, c'est que les femmes se laissent aller aisément à la tendresse, qu'elles ne se mettent pas beaucoup en peine de la cacher, et qu'elles sont capables d'une grande résolution en faveur d'un amant; douces avec cela, presque sans finesse et sans art, naturelles dans la conversation, et peu gâtées par les douceurs des hommes, qui ne leur donnent que la moindre partie de leur temps. En effet, la plupart leur préfèrent le vin et le jeu, en cela d'autant plus à blâmer, que les femmes sont plus aimables en Angleterre que le vin n'y est bon. Il est bien vrai que lorsqu'ils deviennent amoureux, c'est avec violence: l'amour n'est pas chez eux une faiblesse dont ils aient honte; c'est une affaire sérieuse et importante, dans laquelle il s'agit assez souvent de réussir, ou de laisser la raison ou la vie. Mais, pour l'ordinaire, quand ils cherchent les belles, ce n'est pas à des soins qu'ils veulent devoir les faveurs qu'ils en ont. Paresseux jusqu'en amour, ils ne demandent que des plaisirs aisés; chez eux une bonne fortune est celle qu'ils ont sans peine. La vérité

est que Londres est la ville du monde où les
débauchés paresseux trouvent le mieux de quoi
se contenter. Mais quand cela ne serait pas, les
Anglais ne paraissent guère faits pour d'autre
galanterie : ils ne connaissent presque pas de
milieu entre une entière familiarité et un res-
pectueux silence, et ils ont assez de bon sens,
pour ne s'embarrasser de ce dernier que le moins
qu'ils peuvent. J'ai vu, chez des gens de qualité,
servir des pipes et du tabac à la fin du repas,
les femmes se retirer, et les hommes les voir
partir tranquillement, en remplissant leurs pipes.

Un plus grand désagrément pour les femmes
anglaises, c'est que la plupart des maris ont des
maîtresses en chambre. Il s'en est vu qui les
ont prises chez eux, et qui les ont fait manger
à une même table avec leur femme, sans qu'il
en soit rien arrivé de fâcheux. Je crois que
s'il leur en prenait envie, ils les feraient coucher
dans un même lit, et je ne sais s'il n'y en a
pas eu qui s'en soient avisés. Que les Anglais
se vantent, après cela, d'avoir les meilleures femmes
du monde, cela sera sans réplique, et sans doute
que la plupart des hommes ne les leur envieront
pas moins que lorsqu'ils les vantent par leur
beauté. Ce que je trouve encore d'assez extraordinaire, et qui n'est pas une petite preuve de
la bonté merveilleuse des femmes anglaises, c'est
que ces maîtresses ne paraissent pas fort décré-
ditées dans le monde. On les voit même quel-

quefois en commerce avec les femmes mariées, et si quelque chose les en distingue, c'est que, d'ordinaire, elles sont plus jolies, mieux mises, et moins gênées. Ailleurs, ce serait assez pour les faire éviter avec soin; ici, tous les sujets de jalousie joints ensemble ne produisent rien; chose si prodigieuse, pour qui connaît l'humeur des femmes, que si vous ne m'en croyez pas sur ma parole, je ne saurais le trouver mauvais. Je crois bien que c'est par pure bonté que la plupart des femmes souffrent ces maîtresses; cependant il n'est pas impossible que quelques-unes n'y joignent un autre motif, et ne craignent, en dédaignant ces autres, d'établir quelque méchant usage, dont ensuite elles pourraient pâtir elles-mêmes; car, quoique le grand penchant des Anglais soit pour la galanterie facile, il s'en trouve pourtant aussi d'une autre sorte, et les intrigues sont assez ordinaires à Londres. Tout semble y porter ses habitants: l'impunité, la grandeur de la ville, les maris commodes, l'oisiveté des femmes, leur grand penchant à lire des choses passionnées, ou des sottises, et à ne lire que cela. Tels sont les ouvrages du comte de Rochester, sottises par le sale qui s'y trouve mêlé, mais qui d'ailleurs sont très ingénieux. Deux fois je les ai eus, et deux fois ils se sont perdus dans des maisons où des femmes se trouvaient logées avec moi. On peut ajouter à tout cela la comédie trop libre, et le peu de conversation qui se trouve entre les hommes et les femmes.

Les plaisirs du peuple sont en assez grand nombre, et ils peuvent servir à le faire connaître. Quelques-uns semblent mêlés d'un peu de férocité : un de ses jeux, par exemple, c'est d'assommer avec des bâtons un coq, à quelques pas de distance. Un autre grand plaisir pour ce peuple, c'est de voir des combats, soit d'hommes, soit de bêtes; des combats où il y ait du sang répandu. Quelquefois il se divertit d'une manière incommode, et où il y a de l'insolence mêlée; comme lorsqu'il pousse le ballon à coups de pieds par les rues, et se plaît à casser les vitres des maisons et les glaces des carrosses qu'il rencontre sur son chemin; ou quand, à l'occasion de certaines réjouissances, il se range en haie et ballotte les passants, en se les poussant l'un à l'autre. Plusieurs de ses plaisirs marquent combien sa condition est douce et heureuse, puisque les grands mêmes ne dédaignent pas de les prendre en commun avec lui. On voit des cordons-bleus et des artisans passer la journée à jouer à la boule, et cela mêlés dans un même lieu; ce qui fait voir non seulement que la grandeur, chez les Anglais, n'est pas un obstacle aux plaisirs, mais aussi qu'ils ne la font pas consister principalement à dédaigner les petits et à s'éloigner d'eux, comme cela arrive chez d'autres nations, et qu'ils ne croient pas commettre leur grandeur, lorsque, par des plaisirs ordinaires, la dignité de l'homme, qui est plus grande encore, ne se trouve pas commise. De même, dans leurs danses, qui demandent beaucoup de gens, on me dit qu'à la campagne, lorsque la compagnie ne se trouve pas assez nombreuse, ils ne font pas de façon d'employer de leurs domestiques pour rendre le nombre complet. Ces danses ne sont presque que des différentes manières de s'arranger; elles conviennent d'ordinaire en ce que toutes les personnes qui les composent se joignent successivement, ce qui donne lieu aux jeunes gens timides et embarrassés de faire connaissance emsemble, et peut-être même qu'on a eu égard à cela en les inventant.

Les plaisirs de la table, chez cette nation heureuse, sont au rang des plaisirs ordinaires et communs: tout le monde est accoutumé ici à faire bonne chère. Ils la font consister principalement dans leurs différents *puddings,* dans les *golden-pippins,* qui sont une excellente sorte de pommes reinettes; dans les huîtres vertes, qui sont délicieuses, et dans le bœuf rôti qui fait le grand plat, sur la table du roi, aussi bien que sur celle de l'artisan; il n'est point rare de voir de ces pièces de bœuf de vingt jusqu'à trente livres, et on en voit même de trente jusqu'à quarante: c'est comme le signe de la prospérité et de l'abondance générale des Anglais.

Parmi leurs plaisirs, on peut mettre celui de se promener sur la Tamise et de se dire des injures en passant. Toute sorte de gens s'en disent, hommes et femmes, gens de qualité et autres. Les bateliers, qui ne doivent pas perdre à ce jeu-là, vous racontent les divers avantages qu'ils y ont remportés ; entre autres, comment ils décontenancèrent le roi Charles second, en l'appelant *Ramoneur de cheminées*. Ce prince prenait plaisir à se familiariser avec tout le monde, et c'est de là principalement que sa mémoire est si chère au peuple ; il était noir de visage, et il venait de mettre un impôt sur les cheminées, dont on n'était pas tout à fait content. Un jour qu'il se promenait sur la rivière, disant des injures et s'en faisant dire, des bateliers s'avisèrent de celle-là, à laquelle il n'eut pas de repartie, ce qui leur fit grand plaisir, et les consola un peu de l'impôt. Vous saurez en passant, que l'injure la plus ordinaire, et selon eux, la plus forte, c'est *French dog*. On la leur entend dire sur terre ferme, aussi bien que sur la rivière, et à toutes sortes d'étrangers, aussi bien qu'aux Français, et je ne doute point que plusieurs ne croient aggraver le titre de *chien,* par l'épithète de *français* qu'ils y ajoutent, tant ils ont de haine et de mépris pour cette nation ; tandis que quelques-uns de ces Français trouvent peut-être, par cela même, l'injure un peu réparée, tant ils s'estiment eux-mêmes et tiennent à gloire le nom Français.

C'est ainsi que les nations ont leur amour-propre, qui n'est guère moins ridicule que celui des particuliers. Revenons aux plaisirs des Anglais, à ceux qui leur attirent le reproche de n'avoir pas perdu entièrement leur ancienne férocité.

Ils en ont que le naturel courageux des animaux du pays leur fournit, comme sont les combats de chiens, et les combats de coqs. Les chiens de ce pays sont, je crois, ce qu'il y a au monde de plus brave, et, si cela se peut dire, de moins fanfaron. Ils n'aboient, ni ne mordent personne; et se battent jusqu'à la mort contre les taureaux, contre qui on les fait battre, toujours sans aboyer et sans crier. Quelquefois on voit de ces chiens, ayant la jambe cassée, se traîner pour retourner à la charge. On assure qu'il y en eut un, du temps du roi Charles II, qui tua un lion; et que, d'expérience faite, ceux qui sont de bonne race se laissent couper les quatre jambes l'une après l'autre sans lâcher prise. Si j'osais, je dirais volontiers qu'il y a de la conformité en bien des choses entre les Anglais et leurs dogues. Les uns et les autres sont taciturnes, têtus, paresseux, ne pouvant supporter la fatigue, nullement querelleurs, mais intrépides, s'acharnant au combat, paraissant insensibles aux coups, et ne pouvant se séparer. Il y a des gens qui prétendent y trouver cette différence, que, hors d'Angleterre, les dogues

sont plus mauvais, et les hommes plus trai-
tables.

Les combats de coqs sont assez divertissants;
la colère et l'acharnement de ces petits animaux,
et le chant de triomphe d'un coq, qui s'élève
fièrement sur le corps étendu de son ennemi,
ont je ne sais quoi de singulier et de risible.
Ce qui rend ce spectacle moins agréable, c'est
le grand nombre de parieurs, qui ne s'animent
guère moins que les coqs, et font tant de bruit,
qu'on croirait, à tout moment, qu'ils vont se
battre eux-mêmes; mais les querelles ou les
combats entre les hommes font un divertissement
à part, et les spectateurs y sont plus paisibles.

On y voit les combattants commencer par
s'entre-choquer de la tête comme des béliers,
et de là en venir aux coups de poing. Les lois
de ce jeu, comme ils l'appellent, sont de ne plus
frapper, dès qu'un homme est à terre, et de lui
donner du temps pour se relever; toute l'assistance
a grand soin de faire observer ces lois. Ils ne se
quittent point que l'un des deux ne demande
quartier, et ils ne se le demandent guère, qu'ils
ne soient hors d'état de jouer davantage. Ces
combats sont honorables parmi les Anglais et
font un spectacle très agréable, non seulement
pour les hommes, mais aussi pour les femmes.
On voit des mères y amener leurs fils, et des
femmes y encourager leurs maris. On a vu
aussi des personnes de qualité mettre bas épée,

perruque et cravate, et en venir là, quand ils ont été insultés par de petites gens, contre qui il ne faudrait pas songer à mettre l'épée à la main. En la tirant contre qui que ce soit, on courrait risque de se faire assommer par la populace; de là vient qu'il ne se trouve pas des bretteurs à Londres. S'il y a des gens qui aiment ces sortes de combats, ils peuvent passer leur envie en se faisant gladiateurs: on en voit à Londres de temps en temps; il n'y en a pas eu depuis que j'y suis, ou du moins je ne les ai pas vus.

Je crois qu'on peut mettre l'exécution des criminels parmi les plaisirs féroces de ce peuple; ce spectacle lui revient ici toutes les six semaines régulièrement, et régulièrement il y accourt. On voit les criminels traverser la ville sur des charrettes, parés de leurs plus beaux habits, avec des gants blancs et des bouquets, si c'en est la saison; ceux qui se laissent pendre gaiement, ou du moins qui ne font paraître aucune crainte, font dire d'eux, qu'ils sont morts en *gentilshommes*; et c'est pour mériter cet éloge que la plupart meurent comme des bêtes, sans marquer aucun sentiment, ou, comme des fous, ne pensant qu'à divertir les spectateurs. Un de ces malheureux, étant arrivé au lieu du supplice, demanda à parler à quelques-uns de ses voisins qu'il voyait dans la foule. On les fit approcher, et il leur dit qu'il ne voulait pas mourir sans leur demander pardon d'une grande offense qu'il leur avait faite. Ils lui répondirent, qu'ils lui pardonnaient volontiers, mais qu'ils ne savaient ce que ce pouvait être. Le voleur se fit presser pour le dire, et enfin il déclara qu'il avait couché avec leurs femmes, dont il était bien fâché. Un autre dernièrement fit arrêter la charrette devant le logis d'un cabaretier, et lui demanda s'il n'avait pas perdu une aiguière d'argent ; le cabaretier répondit qu'oui, qu'elle lui avait été volée il n'y avait que peu de temps. Faites-nous boire, dit le voleur, et je vous en apprendrai des nouvelles. L'autre, ravi, se hâte de le régaler, et le voleur régale aussi ses camarades ; et puis, avant que de faire partir la charrette, il dit tranquillement au cabaretier : c'est moi qui vous ai pris votre aiguière ; à mon retour je vous la rendrai. On en a vu mettre leurs gants blancs dans la poche pendant la marche, afin que la pluie ne les gâtât pas, et qu'ils pussent les mettre blancs quand ils seraient venus au gibet. Il se fait peu d'exécutions où il n'arrive quelque chose de semblable, et où il n'y ait cinq ou six voleurs d'ennoblis en éloges. Au fond, il y a en tout cela quelque chose d'assez triste ; mais on est pourtant tenté de rire, en voyant ces coquins faire les héros, par ce mépris de la mort, qu'ils affectent.

Une preuve d'insensibilité, plus forte et plus certaine que toutes ces bravades, c'est le peu d'altération qui paraît sur le visage de quelques-

uns d'entre eux. On n'y remarque ni crainte, ni
pâleur; il ne faut pas moins que toute leur parure, ou la corde au col, pour les distinguer et
les faire connaître. J'ai songé quelquefois, d'où
leur pouvait venir cette insensibilité, qui me paraît une chose tout à fait singulière; mais je
n'ai jamais pu me contenter là-dessus. Je crois
bien que les exécutions fréquentes, le nombre
de gens qui meurent de compagnie, et les applaudissements des spectateurs, y font quelque chose;
le brandevin, qu'ils ont soin d'avaler avant que
de se mettre en marche, peut aussi contribuer
à les étourdir; mais tout cela ne suffirait pas
chez d'autres peuples, et il faut qu'il y ait chez
celui-ci quelques raisons plus fortes, et qui vont
au tempérament. Une circonstance, qu'on m'assure être assez ordinaire, et qui a quelque chose
de singulier, c'est que lorsque les criminels sont
pendus, leurs parents ou amis, vont quelquefois
les tirer par les pieds, pour les achever et les
empêcher de languir.

Au reste, vous saurez que les Anglais se
donnent la mort aussi facilement qu'ils la reçoivent: il n'est point rare d'entendre parler ici de
personnes de l'un et de l'autre sexe qui se dé-
pêchent, comme ils disent, le plus souvent pour
des raisons qui nous paraîtraient une bagatelle:
les hommes, peut-être, pour la cruauté ou l'in-
fidélité de quelques belles, et les femmes pour
l'indifférence des hommes. L'année passée, en

quinze jours de temps, trois filles se pendirent pour des chagrins qu'elles avaient eus dans leurs amours, et il me parut que les Anglais qui me le racontaient n'étaient pas si surpris de la résolution de ces filles, que de ce que deux d'entre elles en avaient été capables pour des Irlandais, qu'ils méprisent beaucoup, et qu'ils regardent comme des gens incapables de donner de l'amour et d'en prendre. Il n'y a que peu de temps qu'un jeune homme, fils unique, fut demander de l'argent à son père, et sur ce que le père le lui refusa, il tira un pistolet de sa poche et se cassa la tête en sa présence. Un homme de condition s'est servi d'un moyen semblable, pour chagriner sa femme: il lui avait fait de grands avantages en l'épousant, et comme il était mal content d'elle, et que d'ailleurs il la connaissait attachée au bien, il la menaça de lui jouer un tour, et ce tour fut qu'il s'alla pendre; par là il essaya de lui faire perdre son bien, qui était considérable, et qui, en pareil cas, doit être confisqué au profit du roi. Autrefois on se pendait beaucoup; présentement, la mort la plus en usage, c'est de se couper la gorge.

Il vient d'arriver, sur ce sujet, une chose extraordinaire, puisque, tragique comme elle est, elle fait rire toute une ville: un Français qui avait longtemps demeuré en Angleterre, et qui croyait être devenu tout Anglais, dans un violent chagrin, résolut de se tuer. Il choisit comme

vous croyez bien, le genre de mort à la mode,
et il en vint jusqu'à se donner un coup de
rasoir; mais effrayé de voir couler son sang, et
perdant tout à coup l'envie de mourir, il eut recours aux chirurgiens qui ne purent pas le tirer
d'affaire; il vient d'expirer entre leurs mains, à
la grande joie des Anglais, qui en font force
plaisanteries, eux qui y vont rondement, et qui
ne retournent pas en arrière. Aux preuves que
je vous en ai données, et qui peut-être sont
déjà en trop grand nombre, je ne saurais m'empêcher d'en ajouter encore deux autres, qui me
semblent avoir quelque chose de singulier.

Dernièrement, comme un vieux lord n'avait
eu la force de se couper la gorge qu'à demi, ses
gens survinrent, et, espérant de le sauver, ils
coururent aux chirurgiens; mais le vieillard, qui
avait pris son parti, fourra les deux doigts dans
la plaie, l'élargit de force, et mourut. La même
semaine, si je ne me trompe, un officier de la
Tour, fâché que sa femme l'eût quitté pour suivre
son amant, se précipita d'un balcon dans la rue,
dont il n'eut que les jambes cassées. D'abord
on l'emporta pour le panser; mais avant qu'on
pût le faire, il tira son couteau de la poche, et
se tua. Ces gens semblent démentir la réflexion
qui dit, que ceux qui se donnent la mort volon-
tairement, ne la comptent pas pour si peu de
chose, qu'ils ne s'en étonnent et ne la rejettent,
lorsqu'elle vient à eux par une autre voie que

celle qu'ils ont choisie. L'auteur des *Réflexions*, qui connaissait si bien l'homme, n'a pas connu les Anglais; il est certain que de quelque manière que ce soit, ils meurent quand ils en ont pris la résolution, et qu'ils la prennent souvent pour peu de chose. On ne sait à quoi attribuer une singularité si étrange, si ce n'est à ce que je vous ai déjà dit de leur caractère : ils sont violents dans leurs passions, c'est-à-dire, bien résolus de réussir; fiers avec cela, ne pouvant supporter un mauvais succès; peu ingénieux à le réparer; et enfin assez mélancoliques pour ne s'occuper que de leur chagrin; et quoiqu'ils donnent bien moins à la coutume que d'autres nations, elle ne laisse pas de leur faire un grand mal en cette occasion : tant d'exemples d'une mort volontaire qu'ils voient devant eux, semblent les encourager, et leur dire ce que cette Romaine dit à son mari : *Pæte, non dolet.* Quoi qu'il en soit, il est fâcheux que cette folie ou fureur se glisse si fort parmi eux, et soit regardée comme une chose sensée, même chez d'honnêtes gens. *Il était las de la vie, il en est sorti,* dit un d'entre eux, quand on lui annonça que son fils unique venait de se précipiter dans la Tamise et de se noyer. A cela près, il leur est assez ordinaire de quitter la vie tranquillement et de bonne grâce. Il est vrai qu'ils ont soin d'en jouir auparavant, en renonçant aux affaires et à ce qui distrait; c'est là le *savoir-vivre* des Anglais, qui mène à quelque chose de plus qu'à bien sortir d'une visite.

Mais voilà bien du meurtre dans une lettre où il s'agit de plaisirs: c'est à quoi nous a mené un petit reste de férocité qui se trouve chez cette nation. Que ce mot ne vous scandalise pas; il désigne une chose odieuse par rapport aux étrangers, mais qui produit de très bons effets chez les Anglais. C'est à cette férocité, qui ne souffre rien, et qui prend ombrage de tout, qu'ils doivent un des plus grands biens, qui est la liberté. C'est par là que ce peuple, désuni et plongé dans la prospérité et dans l'oisiveté, retrouve, dans le moment, toute sa vigueur, et oublie tous ses démêlés, pour s'opposer unanimement à ce qui tend à le soumettre. Ailleurs, ce sont les gens qui n'ont rien à perdre qui s'engagent dans des entreprises hazardeuses; ici, ce sont ceux-là mêmes qui ont les plus grands biens, qui ne sauraient se passer de les avoir, et qui n'hésiteraient pas de se pendre s'ils les perdaient de toute autre manière que par un complot. Oserait-on dire, qu'il faut quelque férocité à une nation pour se garantir de l'esclavage, comme il faut être un peu misanthrope pour se soutenir honnête homme? Partout ailleurs, un homme disgracié de la cour est disgracié de tout le monde; ses amis l'abandonnent, et il est malheureux de toutes manières. Ici, c'est le contraire: on félicite un homme qui vient de quitter la cour, comme un homme retrouvé ou revenu d'une maladie, et il peut compter qu'il aura plus d'amis qu'auparavant. La raison seule ne peut pas tant sur les hommes; il faut, ce me semble, un peu de férocité pour la soutenir. C'est elle principalement qui rend les Anglais peu propres pour la cour: enclins à la liberté en tout temps, ils ne sauraient se gêner; ils parlent peu, et quand ils parlent, c'est moins pour flatter un grand que pour dire une vérité. Il leur arrive quelquefois de la dire brusquement et dans des occasions où il est bon que quelqu'un la dise; et leur liberté ou leur courage, à cet égard, est une des choses qui leur fait honneur et qui mériterait qu'on les imitât; ou, puisque peu de gens auraient bonne grâce à les imiter, il serait du moins à souhaiter qu'il y eût de ces Anglais répandus dans le monde, pour dire aux hommes les vérités que personne n'ose leur dire. Après le courage qu'il faut pour les grandes actions, celui-ci est sans doute le plus grand. Les Anglais non seulement ne dépendent guère de la cour, mais, dans leur manière de vivre, ils dépendent fort peu du public et ne se laissent guère tyranniser par la coutume. Ils contentent leurs envies, et se plaisent à en former d'extraordinaires. Ils osent braver l'opinion et la foule, et passer pour fous s'il le faut: grand pas pour devenir raisonnable; tandis que chez des peuples moins féroces et plus uniformes, on voit d'énormes sottises devenir générales et héréditaires, par les soins que les gens y prennent de se ressembler les uns aux autres, et par la grande frayeur qu'ils ont de tout ce qui s'éloigne tant soit peu de cette uniformité. Adieu, Monsieur, je suis à vous de très bon cœur.

Quatrième lettre.

Je vous ai parlé des Anglais comme de gens qui, généralement parlant, ont du bon sens, et qui semblent même en avoir plus qu'il n'en paraît dans le général chez d'autres nations. Vous me demandez, Monsieur, d'où leur vient un si grand avantage, et comment, après l'avoir reconnu chez eux, j'ose si souvent trouver à redire à ce qu'ils font. Il faut essayer de vous satisfaire là-dessus, au hasard de raisonner au-delà de ce qui convient dans une relation de voyage, ou au delà de ce qui pourrait me convenir à moi-même.

Le bon sens est donné à toutes les nations; c'est ce qui fait l'homme; mais tous les hommes ne le conservent, ni ne le cultivent pas également, et c'est ce qui, dans un sens, distingue les nations. Leurs différents gouvernements, leurs différents besoins, leurs différents avantages, leur ont fait mettre différentes choses à la place du bon sens. En France, où chacun veut plaire, et où le gouvernement est tel que presque personne ne peut se maintenir sans faire la cour aux grands, ce sont les manières et certain mauvais tour de conversation qu'ils appellent communément *esprit ;* choses assez opposées au bon sens, puisqu'elles consistent principalement dans l'art de faire valoir des bagatelles, que le bon sens fait mépriser; aussi serait-on tenté de dire qu'il s'en trouve, généralement parlant, moins parmi les Français que parmi quelques autres peuples. Les Hollandais, qui habitent un pays stérile, où l'on est obligé de vivre d'industrie, et qui forment un gouvernement ennemi de la grandeur et du faste, ont introduit chez eux le commerce et le ménage, qui à la vérité émoussent l'esprit, mais qui au fond n'ont rien d'opposé à la droite raison. Il est très vrai aussi qu'il s'en trouve en Hollande autant que nulle part ailleurs. Les Italiens, situés dans un pays délicieux, ont pris pour eux les délices, l'art de contenter les sens, et ils y ont si bien réussi, qu'ils sont devenus entièrement sensuels, c'est-à-dire, des gens chez qui, dans le général, il ne faut pas chercher beaucoup de raison. Les Allemands, renommés de tout temps pour les avantages du corps, tournent leurs plus grands soins à le bien former, s'attachent aux exercices et à la parure, et croient ne pas négliger l'esprit quand ils étudient les langues et les sciences, telles qu'on les enseigne dans les écoles: dès là leur raison ne saurait s'étendre aussi loin qu'elle irait sans cela. Ces choses-là, ou d'autres, une fois introduites chez une nation, et devenues comme sacrées par la coutume, occupent, remplissent et fixent l'esprit, tiennent lieu de raison et l'excluent. Voyons si de tels obstacles au bon sens se rencontrent chez les Anglais, ou s'ils en sont exempts.

Leur gouvernement est doux; ils jouissent d'une liberté qui élève l'esprit, et nul intérêt pressant ne les oblige à des souplesses qui le corrompent. Ils sont à leur aise, et le pays et la mer leur fournissent en abondance tout ce qu'il leur faut; ainsi ils n'ont pas besoin de s'appliquer extrêmement à l'économie, ni d'en faire la principale affaire de la vie. Ce même pays quoiqu'abondant pour les besoins de la vie, ne produit pas des choses si délicieuses, que ses habitants aient lieu de raffiner beaucoup sur les plaisirs, et de s'y adonner entièrement. Ils ne font pas grand cas de la parure, qu'ils abandonnent aux femmes, ni des exercices, ni généralement de tout ce qui ne sert qu'à faire paraître le corps; soit parce qu'ils ne l'ont que d'une beauté ordinaire, ou qu'ils évitent tout ce qui demande des soins et qui pourrait les gêner. Ils ont assez bonne opinion d'eux-mêmes pour ne pas devenir facilement les imitateurs des autres; et enfin, ce que je crois de plus grande conséquence que tout le reste, ils sont si ennemis de tout esclavage, qu'ils dépendent très peu de la coutume. De tout cela, vous jugez bien qu'il doit y avoir moins de préjugés en Angleterre qu'ailleurs, et par conséquent plus de bon sens. Mais, comme si chaque nation avait une certaine mesure de folie dont elle ne saurait s'affranchir, dès là qu'il n'y a pas de coutume dans un pays, c'est-à-dire, de folie générale et privilégiée, il s'y trouve une infinité de folies particulières qui ne peuvent que diversifier la description des mœurs de ce pays-là, et donner lieu à les blâmer souvent; et c'est ce qui arrive ici. J'ai une chose à ajouter à cela; c'est que tout ce que je viens de dire ne regarde que les nations dans le général, et bien loin de vouloir nier qu'il n'y ait de la raison chez toutes les nations, je suis persuadé qu'il n'y en a pas une où il n'y ait des gens de mérite en plus grand nombre qu'il ne paraît. Revenons aux Anglais, et aux marques de bon sens qu'ils nous donnent.

Je crois vous avoir dit qu'on trouve chez eux des gens qui fuient les emplois, et qui leur préfèrent le repos et les plaisirs d'une vie retirée. Cette particularité me paraît importante, et parmi plusieurs preuves de bon sens que nous donnent les Anglais, je m'arrête d'autant plus volontiers à celle-ci, qu'elle contient une grande nouveauté, aussi bien qu'une instruction nécessaire pour nous. Ces gens qui évitent d'entrer dans les affaires, se trouvent ici en assez grand nombre; et quand, par le parti qu'ils prennent, ils ne feraient pas grand bien à leur patrie, toujours lui font-ils beaucoup d'honneur; du moins s'il est vrai qu'il faille plus de mérite pour se passer des affaires que pour s'en mêler. Mais peut-être même lui font-ils du bien, et tout le bien qu'ils lui peuvent faire. Quelques personnes de mérite ne suffisent pas pour changer le train des affaires; j'entends par personnes de mérite ceux qui connaissent toute l'étendue de leur devoir, et qui le font rigidement. Ceux-là voient l'impossibilité de redresser les affaires, et pour ne pas faire des efforts inutiles, ils demeurent personnes privées; ou si par hasard ils se trouvent en place, ils font des essais qui ne leur réussissent pas, et ne pouvant se résoudre d'être spectateurs paisibles du désordre de leur patrie, lorsqu'on attend d'eux qu'ils y apportent du remède, ils laissent là les emplois, et se retirent. Ne pouvant donc lui être utiles par cette voie, que peuvent-ils faire de meilleur que de choisir, comme pour leur portion, l'emploi de faire du bien à quelque village? C'est déjà servir sa patrie que de répandre, autant qu'on peut, la probité et le calme: mais c'est lui faire du bien surtout, en ce que par là on donne au public un exemple de désintéressement, qui est peut-être la chose dont il a le plus de besoin; principalement dans les pays où l'on est tellement accoutumé de passer la vie dans les emplois, que hors de là on se croit malheureux et déshonoré, et où néanmoins cette prétendue nécessité de parvenir est une source de corruption et de misères. Il n'y a sans doute que des exemples du contraire qui puissent désabuser les gens d'une erreur si enracinée et si générale, et leur faire voir qu'il dépend de chacun de demeurer ce qu'il est, et que par conséquent personne n'est obligé de se corrompre pour parvenir aux emplois, ni excusable de n'avoir pas fait tout ce que doivent faire ceux qui y parviennent. Mais quand l'exemple serait infructueux, quand ceux qui soutiennent dignement le personnage d'homme privé n'encourageraient personne à les suivre, peut-être que, dans les tristes temps où nous nous trouvons, c'est par rapport à soi-même tout ce qu'on peut faire de meilleur. Un homme droit et ferme rencontre dans les affaires des traverses de tous côtés, des obstacles insurmontables, et tôt ou tard il lui survient des occasions où la retraite est le seul parti qui lui reste à prendre : c'est aussi ce qui arrive ici. Il faut vous faire voir ce que c'est que la fermeté d'un Anglais en ce cas-là, et jusqu'où il a la force de suivre sa raison.

Le roi faisait tous ses efforts pour empêcher que l'acte d'un parlement triennal ne passât, et mettait dans son parti le plus de gens qu'il pouvait. La reine y travaillait de son côté. Entre autres elle s'adressa à Milord Bellamond, qui était son trésorier, le fit prier et le pria elle-même de lui aider à s'opposer à cet acte. Mais ce seigneur, qui regardait le parlement triennal comme une chose nécessaire au bien du royaume, eut le courage de refuser à la reine ce qu'elle demandait de lui. Elle lui dit que s'il ne voulait pas se mettre de son parti, il ne devait pas du moins passer à celui de ses ennemis, et qu'elle lui demandait de ne pas aller au parlement ce jour-là; accomodement que peu de princes proposent, et que jamais courtisan, je crois, ne refusa; mais chez un Anglais l'honnête homme peut l'emporter sur le courtisan. Celui-ci le refuse, va au parlement, parle pour l'acte, et ne contribue pas peu à le faire passer. C'est plus de vertu qu'on n'en supporte à la cour; aussi la reine en colère, se regardant plutôt comme outragée par une personne engagée à son service, que comme traversée par un membre du parlement, se hâte de l'en faire repentir. Elle lui fait dire qu'elle ne prétend pas qu'un homme qui se déclare contre les intérêts du roi, soit riche de ses bienfaits, et qu'elle lui ôte sa charge. Le voilà donc tout d'un coup, d'un grand revenu réduit à très peu de chose. Sur cela il prend le parti qui convient à un homme sensé et qui a du courage: il réforme son train et se défait de tout ce dont il peut se passer; son fils, à qui il entretenait un gouverneur, est envoyé au collège; milord, qui n'allait qu'en carrosse, marche à pied. En

un mot, sans s'étonner, ni se plaindre, il mène
dès ce jour-là une vie conforme au peu de bien
qui lui reste. Il arriva une chose en cette occasion, qui fait honneur aux Anglais, et qui marque
leur indépendance de la cour, aussi bien que
l'estime qu'ils ont d'une bonne action. Un grand
nombre de ceux que leurs emplois attachaient
au prince, et qui, par conséquent, avaient des
ménagements à observer, se rendirent d'abord
chez ce courtisan disgracié, lui firent compliment
sur ce qui s'était passé, et lui offrirent leur bourse.
Leurs applaudissements parurent avec plus d'éclat
que les humiliations que la reine lui avait voulu
faire essuyer. Une circonstance manquait encore
pour mettre la grandeur de cet Anglais dans
tout son jour, et pour sauver la bonté de la reine :
la voici au plus juste. Cette princesse, qui n'a-
vait agi de cette manière que dans un premier
chagrin, croyant avoir assez mortifié un homme
de mérite, et s'en repentant sans doute, lui offre
une pension, afin que du moins il puisse vivre
en personne de sa qualité ; mais lui, se soutenant
jusqu'au bout, refuse la pension et répond à la
reine, que puisqu'il ne lui rend plus de service,
il ne croit pas devoir recevoir une récompense
d'elle. Si, comme il n'en faut pas douter, la véritable grandeur consiste à être raisonnable avec
fermeté, ceci est sans doute d'un grand homme.
C'est ici le pays où ces grands hommes se trouvent, et c'est à mon avis ce que l'Angleterre a

de plus curieux et de plus digne de l'attention
des voyageurs. Il serait à souhaiter qu'ils voulussent la tourner un peu plus de ce côté-là, et
nous apprendre toutes les particularités qui peuvent venir à leur connaissance sur ces sortes de
sujets; ces exemples familiers nous serviraient
beaucoup, et peut-être plus que toutes ces actions
éclatantes, souvent vicieuses, et presque toujours
au-dessus de notre imitation, dont l'histoire est
pleine; par là on pourrait enfin nous faire comprendre que tout ce qu'on nous conte de la vertu
n'est pas une chimère, qu'il n'est pas impossible
de renoncer à l'ambition et à l'avarice, et que
c'est véritablement le moyen le plus court et le
plus aisé de devenir heureux. Mais l'Angleterre
a des cérémonies, des bâtiments, des masures et
des inscriptions; il n'y a nulle apparence que les
voyageurs nous décrivent les Anglais mêmes, ou
s'il leur arrive jamais d'en décrire, ce seront sans
doute des héros d'une autre espèce que ceux dont
je viens de parler.

Lorsqu'on fait voir autant de bon sens dans
ses actions que le font ces gens ici, on en met
aisément dans la conversation. Aussi la leur en
a-t-elle beaucoup. Ils traitent une bagatelle en
bagatelle, sans s'en occuper longtemps, sans
s'échauffer là-dessus. Il paraît que surtout ils
font cas du bon sens, et rarement les entend-on
dire d'un homme, qu'il a de l'esprit, ou qu'il en
manque. Ils parlent des choses comme ils les

conçoivent eux-mêmes, ils ne craignent pas de heurter les préjugés communs, qui dès là aussi doivent être d'un moindre poids chez eux qu'ailleurs ; ainsi leur conversation est toujours agréable par la nouveauté des sentiments, et souvent très sensée lorsqu'ils envisagent les choses du bon côté. On leur trouve des idées saines sur beaucoup de choses où d'autres nations se trompent. Vous les entendriez avec plaisir se servir communément du mot de *simple,* comme d'une louange, et de celui de *rusé,* comme d'une injure. Le titre de *bon-homme* n'est jamais pris en mauvais part chez eux, de quelque ton même qu'on le prononce ; bien loin de là, lorsqu'ils veulent louer beaucoup leur nation, ils allèguent leur *good natured people, peuple de bon naturel,* dont ils prétendent qu'on ne trouve ailleurs ni le nom, ni la chose. Une autre preuve de bon sens dans leur conversation, c'est le silence dont ils l'entremêlent, et je pense même qu'il ne serait pas difficile de justifier leur *how d'ye do ?* réitéré de temps en temps, dont les Français se moquent et qu'ils regardent comme un manque d'esprit pour soutenir la conversation. Les Anglais se sont fort bien aperçus que quand on ne parle que pour parler, on ne manque guère de dire des sottises, et que la conversation doit être un commerce de sentiments et non pas de paroles ; et comme, sur ce pied-là, on n'a pas toujours de quoi s'entretenir, il leur arrive quelquefois de se taire assez longtemps; alors ils ont coutume de rompre ce long silence par des *how d'ye do ? Comment vous portez-vous ?* qu'ils s'adressent de temps en temps; honnêteté qui signifie qu'ils s'occupent des personnes avec qui ils se trouvent, mais qu'ils n'ont rien à leur dire. Mais le fatigant verbiage de la plupart de ceux qui se moquent d'eux, et qui font les spirituels et les agréables dans la conversation, justifie la taciturnité anglaise beaucoup mieux que tout ce qu'on pourrait dire en sa faveur.

Les écrits des Anglais, plus connus que leurs conversations, sont fameux par le bon sens qui s'y trouve; et, en effet, il n'est pas jusqu'aux épîtres dédicatoires où le plus souvent il n'y en ait; car il faut vous dire en passant que les Anglais aussi dédient leurs livres; mais ils savent dédier sans louer, et louer sans bassesse. On trouve dans ce qu'ils écrivent beaucoup de raisonnement et peu de citations; c'est-à-dire qu'ils méprisent les autorités, et que parmi leurs libertés, ils comptent pour beaucoup celle de la raison, et se plaisent à la faire valoir. Pour des larcins, on assure qu'il s'en trouve incomparablement moins chez eux qu'ailleurs, si vous exceptez le théâtre, c'est-à-dire la bagatelle. Hors de là ils dédaignent cette espèce de vol, et ce sont eux plutôt, que les autres volent. Ce même bon sens, qui les fait surpasser les autres nations dans les sciences, leur en fait voir aussi l'incertitude et la vanité ; ils sont peut-être les gens qui la sentent le mieux, et ceux en même temps, qui ont le plus de courage et de bonne foi pour l'avouer.

On est fâché que des gens qui ont de si bonnes qualités se communiquent avec tant de peine, et rebutent si fort les étrangers qui les recherchent. C'est un des grands reproches qu'on leur fait, et qui mérite qu'on l'examine un peu. Tout ce qu'on a à dire contre eux se réduit à ceci, qu'ils ne nous font pas des caresses, ou qu'ils ne nous en font que bien tard ; car de nous faire des insultes, je ne sache pas que personne les en accuse, à moins que ce ne soit quelqu'un de ces faiseurs de relations qui n'ont jamais vu les pays qu'ils décrivent, ou qui outrent toutes choses pour les rendre plus intéressantes. Je dis donc qu'en cela les Anglais ne font rien que nous ne voyons faire aux gens raisonnables. Il leur est ordinaire d'être d'abord réservés, et de ne s'ouvrir qu'à mesure qu'ils connaissent les personnes à qui ils ont à faire. En échange, on a avec eux l'avantage ordinaire qu'on trouve avec les gens froids, et qui récompense suffisamment ceux qui les recherchent : c'est qu'on peut faire plus de fond sur leur amitié, quand une fois on l'a gagnée, que sur celle de ces gens faciles et caressants, qui se rendent d'abord, et qui même vont au devant de qui ne les recherche pas. D'ailleurs les gens qui s'en plaignent le plus, qui sont les Français, ne prennent peut-être pas garde que c'est ici un pays de retenue et de sang-froid, où, par conséquent, ils ne doivent s'attendre ni à ces avances d'amitié, ni à ces empressements qui leur sont particuliers. Si l'Angleterre est décriée par d'autres sur ce sujet, c'est toujours par des gens qui en jugent par rapport à la France, et d'ordinaire en venant de là. Je pense qu'on se récrie un peu moins là-dessus quand on vient ici par la Hollande. Enfin, si on prétend trouver chez eux quelque chose de plus fâcheux que de la froideur, je veux dire du mépris, on peut considérer que la plupart des étrangers qui s'arrêtent dans ce pays, cherchent à y faire fortune, et font la cour aux Anglais dans ce dessein. Si sur ce pied-là ils nous trouvent petits, et s'ils nous méprisent un peu, je ne vois pas qu'ils aient grand tort, eux qui vivent contents chez eux, ou du moins qui ne voyagent que pour le plaisir, et comme des gens dont la fortune est faite. Le reproche qu'on a, ce me semble, raison de faire aux Anglais, c'est, comme je crois vous l'avoir marqué, sur l'opinion outrée qu'ils ont de leur nation et de leur pays. Il est certain qu'ils ne sauraient entendre blâmer ni l'un ni l'autre, sur quoi que ce soit ; en cela moins raisonnables que les Français, chez qui plusieurs honnêtes gens non seulement tombent d'accord de ce que leur nation a de mauvais, mais qui ne se font point de peine d'en rendre témoignage, en publiant des écrits qui tendent à l'en corriger. Cet amour-propre des Anglais est surtout incommode aux étrangers qui voudraient les bien connaître : il empêche qu'on ne puisse conférer librement sur toutes sortes de sujets avec eux, et s'informer d'eux-mêmes des mœurs et du caractère de leur nation. Je suis, monsieur, à vous de très bon cœur.

Cinquième lettre.

Si je vous écris sur le sujet des lois et de la police des Anglais, ne vous attendez pas, monsieur, à des recherches fort exactes là-dessus ; vous en saurez seulement quelques singularités qui m'ont frappé, et que j'ai cru propres à vous être racontées. Ne croyez pas non plus, sur ce que la plupart de mes remarques vont au dés-avantage de ces lois, ou de cette police, qu'il n'y ait que du mal à en dire. On y trouve du bon, ici comme ailleurs ; mais le mauvais de tout gouvernement est ce qui s'en remarque surtout, parce qu'on en souffre ; le bon, qui nous empêche seulement de souffrir, ne s'en fait pas remarquer si aisément.

Le gouvernement en Angleterre est excellent en beaucoup de choses, surtout en ce qu'il main-tient la liberté ; mais en même temps il souffre qu'en plusieurs occasions cette liberté dégénère en licence, et cela à un point que je ne sais si c'est faire un grand bien aux Anglais que de la maintenir. On a passé tant d'excès au peuple, porté par la prospérité à tout entreprendre, qu'il a pris pied là-dessus: les réglements établis ne suffisent pas pour le contenir, et il regarde toutes sortes d'innovations, comme autant d'entreprises sur ses privilèges. Voyons de quelle nature ils sont, et combien toutes choses tendent ici à les favoriser.

Une des voies dont on se sert pour cela, c'est de ne point aider à la loi, de s'attacher toujours à la lettre, et cela souvent d'une manière qu'on pourrait appeler puérile. Il est défendu, par exemple, d'avoir deux femmes; là-dessus on dit communément, qu'il n'y a qu'à en prendre trois, pour n'avoir rien à craindre, et pour être à l'abri de la loi. En effet, il n'y a pas longtemps que l'expédient était assuré, ou du moins cru tel par la plupart des gens, et je pense qu'il le serait encore, sans un étourdi qui outra les choses et gâta tout. Il se promenait par les provinces et épousait les jolies filles qu'il trouvait sur son chemin. Depuis ce temps-là, les jurisconsultes se sont avisés qu'on ne saurait aller à trois sans passer par deux, et les Anglais ont perdu leur privilège. On m'assure qu'un homme ne sera pas arrêté, si dans l'ordre que les sergents lui portent, il trouve moyen de les chicaner sur l'orthographe de son nom; il dira que l'ordre ne s'adresse pas à lui, et sa raison sera reçue. Chacun, comme vous croyez bien, est prompt à se saisir de ces petits moyens d'éluder la loi, de se jouer de la police et de se tirer d'affaire.

Au défaut des lois expresses du pays, sur un crime particulier qui vient de se commettre, les juges aiment mieux ne juger point du tout, que d'avoir recours à des lois générales, qui pourraient être plusrigoureuses. C'est-à-dire, que qui veut se venger de quelqu'un, ou l'insulter, n'a qu'à voir quel outrage n'est pas spécifié dans les défenses ; c'est celui qu'il peut commettre en toute sûreté. Il y a quelques années qu'on a vu un homme couper le nez à son ennemi, sans qu'il en ait été autre chose, si ce n'est qu'on a fait une loi qui défend de couper le nez. Ce n'est pas qu'il n'y en eût une qui défendait de mutiler ; mais cet homme allégua pour sa justification, qu'une personne sans nez n'était pas mutilée, mais seulement rendue difforme ; par cette distinction il se tira d'affaire, et donna lieu à une défense expresse, de ne plus rendre difforme qui que ce fût, ce qui acheva de comprendre toutes les parties du corps et de les mettre en sûreté. Quel jeu, sur une matière si sérieuse et chez des gens si sérieux !

Mais voyons dans quelque détail ce que les scélérats ont à craindre ici des lois, ou ce que les honnêtes gens en doivent espérer. Commençons par ce qui regarde les voleurs, qui font un corps

considérable, et qui mériteraient bien qu'on son-
geât sérieusement à les exterminer. Ce n'est pourtant pas ce qu'on fait; bien loin de là, ils sont
traités de manière à avoir quelque lieu d'être
contents, et de ne se pas repentir entièrement
d'avoir choisi ce genre de vie. Voici qui semble
être fait exprès pour les y engager. Si quelqu'un
entre dans un lieu, sans rien rompre ni forcer,
quelque considérable que soit le vol qu'il fait, il
en est quitte pour une légère amende, ou pour
un autre petit châtiment. S'il y va trop lourde-
ment, et qu'il ait le malheur d'être pris et condamné, on fait encore tout ce qu'on peut pour
le consoler, et lui rendre sa condition suppor-
table. Il jouit de tout l'argent qu'il a acquis par
ses vols; et si vous demandez la raison d'un
usage si extraordinaire, on vous dira que ce malheureux le paie de sa vie, et qu'aussi bien on
ne pourrait pas discerner les espèces, pour les
restituer à chacun de ceux à qui elles appar-
tiennent. Ainsi ces gens ont de quoi attendre
doucement la mort, mangeant, buvant, et se di-
vertissant quelquefois à faire gagner une année
de temps aux femmes condamnées et enfermées
avec eux. Ici, comme ailleurs, on ne les exécute
pas quand elles sont grosses, ou qu'elles se disent
telles, et toutes peuvent le devenir ici; rien n'empêche que les cavaliers qui leur tiennent compagnie ne soient en belle humeur et prêts à
leur rendre service; ou bien, au défaut de ces

messieurs, le geôlier, ou ses gens, sont assez galants pour leur prolonger la vie. Il se commet généralement toutes sortes de débauches et d'infamies dans les prisons, et parmi les condamnés, tout comme si, étant une fois en ces lieux, on n'avait plus rien à craindre, ou qu'une mort prochaine et inévitable fût un motif de plaisir et de corruption. C'est ainsi, dira un Anglais, que la liberté nous suit partout, et que nous trouvons moyen d'en jouir jusqu'à la fin de la vie.

Les courtisanes ne sont pas traitées moins doucement que les voleurs. Il y en a un nombre prodigieux qui exercent leur métier en toute liberté, et infectent impunément les deux tiers de la jeunesse. Si quelqu'une se trouve grosse, elle peut nommer père qui elle veut, et lui donner l'enfant. Quand on l'a interrogée là-dessus dans le temps qu'elle accouche, on l'en croit, comme si ce qu'on lui demande n'était sujet à aucune méprise, ou qu'il y eût un temps où un mensonge dût coûter beaucoup à une courtisane. Aussi voit-on souvent des gens étonnés de se trouver pères tout à coup, et d'avoir des enfants à nourrir sur qui ils ne comptaient pas. Je connais un gentilhomme français qu'un pareil présent embarrassa beaucoup: la fille qui le lui faisait était extrêmement laide; lui homme fort vain, et qui eût voulu être soupçonné de toute autre chose plutôt que d'une intrigue avec elle. Il s'opiniâtra à refuser l'enfant, donna caution, selon la coutume du pays, pour ne pas entrer en prison, et entreprit avec beaucoup de chaleur de se justifier. Une circonstance assez plaisante, s'il en faut croire les gens de son pays, c'est que le cavalier avait de quoi se justifier dans le moment même, et d'une manière à se mettre pour toujours à l'abri de pareilles accusations ; mais un gentilhomme français préférerait sans doute à une telle espèce de justification, la mort même, s'il le fallait. Celle de la fille, qui survint, le tira d'embarras : elle avoua, en expirant, que ce qu'elle avait fait, en nommant cet homme-là plutôt qu'un autre, n'avait été que par divertissement, pour l'intriguer un peu, et voir comment il se tirerait d'affaire.

Les femmes galantes n'ont guère plus de sujet de se plaindre de la rigueur des lois. En voici une qui leur est avantageuse autant qu'elles peuvent le souhaiter, et qui décide un grand point en leur faveur : un mari est obligé de reconnaître pour siens tous les enfants dont sa femme accouche pendant qu'il est dans le royaume, quand même il prouverait qu'il a été absent d'elle des années entières. Elles ont encore d'autres avantages sur ce sujet qui ne sont pas petits ; entre autres celui de ne pouvoir être convaincues de crime que par des preuves de la dernière évidence, telles à peu près, que madame Pernelle les demande dans Molière, et que les maris n'ont guère, c'est-à-dire qu'il ne faut pas moins que

de s'être tenu constamment derrière sa femme
et avoir tout *vu, de ses propres yeux vu :* toute
autre preuve ne suffit point. Le premier duc
d'Angleterre vient de prouver son désastre assez
clairement, du moins pour le public, sans qu'il
ait pu venir à bout de se faire séparer de sa
femme. Toute la satisfaction qu'il a eue, c'est
que le galant, fils d'un riche cabaretier, a payé
une amende de plusieurs marcs d'argent, condamné à cela par la loi du *Scandalum Magna-
tum,* qui défend de manquer de respect aux
grands. C'est-à-dire que, dans ce pays, débaucher
la femme d'un seigneur, est trouvé aussi mauvais
que si on avait mal parlé de lui, et qu'il y a le
même risque.

Il est bien vrai que ces tolérances ne mettent
pas toujours les femmes à l'abri de tout : il s'est
trouvé des maris qui, n'ayant pas les lois pour
eux, ont eu recours à d'autres expédients. Voici
ce que des Anglais m'ont raconté sur ce sujet.
Une femme se sentant sur le point de mourir,
s'avisa de demander pardon à son mari d'une
grande offense, qu'il saurait, lui dit-elle, quand
il se serait engagé à la lui pardonner. Il s'y engagea, et la femme lui avoua une galanterie.
Le mari l'assura qu'il n'aurait aucun ressentiment
de ce qu'elle venait de lui dire, ajoutant qu'elle
n'avait pas non plus tout sujet d'être contente
de lui, et qu'il la priait de vouloir bien à son
tour lui pardonner le mal qu'il pouvait lui avoir

fait, ce que la malade lui accorda volontiers,
autant surprise que ravie d'une si grande bonté.
Le mari, là-dessus, lui apprit qu'il s'était bien
aperçu de sa galanterie, et que pour cela même
il l'avait empoisonnée. Voilà le sang-froid et la
confiance d'un Anglais qui a pris son parti. Il
est bon que des gens si entiers dans leurs résolutions n'en prennent pas souvent de mauvaises,
surtout dans un pays où les lois sont si peu ri-
goureuses. Pour achever de vous convaincre de
leur excessive douceur, passons aux faux témoins.

S'ils ne jouissent pas ici d'une entière impunité, on peut dire, du moins, que leur peine est
si petite, et qu'il y a si peu de proportion entre
le risque qu'ils courent, s'ils sont convaincus, et
le gain qu'ils peuvent faire, en cas qu'ils réussissent, qu'il n'y a pas de quoi s'étonner si le
nombre en est si grand. L'an 1692, il arriva qu'un
homme forgea un écrit, et contrefit le seing de
sept des principaux seigneurs du royaume, qui
s'engageaient par cet écrit à favoriser une des-
cente que devait faire le roi Jacques, et à se
saisir de la personne de la reine. Cet homme
trouva moyen de mettre secrètement son papier
dans la maison de l'évêque de Rochester, l'un
des sept. Ensuite il accusa cet évêque, qui fut
arrêté; tous ses papiers furent saisis, hormis ce
papier supposé, qu'heureusement les archers ne
trouvèrent pas, et sans doute ce fut la seule

chose qui sauva les accusés. Quand mon écrit
finirait ici, je vous aurais appris un affreux at-
tentat, presque incroyable, si on considère qu'il
n'a été commis que pour attraper quelque récompense pour l'avis donné. Mais voici qui va plus
loin, et qui est encore plus difficile à croire : la
fourberie est pleinement découverte, et le fourbe,
homme de néant, sans amis par conséquent,
abandonné à la rigueur des lois, pour tout châtiment est mis au pilori, c'est-à-dire, exposé pendant quelques heures à la risée de la populace
et à la boue qu'on lui jette. S'il avait réussi, ou
s'il réussit une autre fois, il peut lui en revenir
de très grandes récompenses. S'il est découvert,
ce n'est toujours que le pilori ; en ces sortes de
choses la récidive n'est comptée pour rien, et une
personne une fois accoutumée à cette espèce de
châtiment peut tout entreprendre. Quel badinage !
direz-vous, ou plutôt, quelle inexcusable négligence à mettre à couvert l'honneur et la vie des
gens ! Les Anglais n'ont-ils donc du bon sens que
chacun pour soi-même ?

Si, d'un côté, la police manque d'application
pour contenir les scélérats, de l'autre elle n'a
pas assez de soin pour soulager les misérables.
On peut dire que dans toute sa rigueur elle ne
fait pas tant de mal à ceux-là, qu'elle en cause
à ceux-ci, par sa négligence ; s'il est vrai du moins
que d'être pendu soit un moindre supplice que
de mourir de faim. C'est le triste sort de quel-

ques prisonniers pour dettes: il faut qu'ils se nourrissent eux-mêmes; les créanciers ne sont obligés à rien, et le roi ne leur fournit, comme on parle ici, que de quoi boire, c'est-à-dire de l'eau. Souvent il arrive que des gens sont arrêtés pour peu de chose, peut-être pour quelques schellings qu'ils trouvent bien moins en prison que hors de là, et qu'au bout de quelque temps l'argent leur manque pour se nourrir, aussi bien que pour payer leurs dettes et se mettre en liberté. On en a vu qui ont été réduits à ne vivre que des rats et des souris qu'ils prenaient; d'autres qui ont été maltraités des geôliers en plusieurs manières et empoisonnés ensuite. Ces misérables ont composé un volume de leurs plaintes; le titre, où ces gens, pressés de mettre leur misère au jour, auraient volontiers fait entrer le livre, s'il avait été possible, est trop long pour être rapporté tout entier; en voici le commencement et la fin: „Cris des opprimés: c'est-à-dire „relation véritable et tragique des souffrances „sans exemple d'une multitude de pauvres pri „sonniers pour dettes, dans la plupart des prisons „d'Angleterre .... avec d'autres barbares cru „autés, auxquelles rien ne saurait être comparé, „dans quelque histoire et chez quelque nation „que ce soit. Le tout mis dans la dernière évi „dence." Ce livre est de l'an 1691. Il est adressé au parlement, et jusqu'ici on n'apprend point qu'il ait produit quelque chose.

Il est difficile de passer outre sans se récrier sur une pareille dureté, qui a quelque chose d'extraordinaire et d'étonnant. Que les Anglais ne remédient pas à toute sorte d'inconvénients autant qu'il le pourraient, en cela leur police n'est pas fort différente de celle des autres nations; tenir les hommes dans l'ordre et les obliger à bien vivre entre eux, doit être partout un ouvrage fort difficile et fort imparfait; mais que des milliers de personnes pâtissent malheureusement dans les prisons publiques, et que plusieurs y meurent de faim, sans que le gouvernement daigne y mettre ordre, c'est ce qu'on ne s'attend pas de trouver chez ce *peuple de bon naturel* et opulent, chez qui étouffer de graisse est une mort assez ordinaire, et où les soins du souverain descendent jusqu'à ordonner, par des déclarations imprimées et affichées, qu'on ne laisse manquer de rien les poissons et les canards d'un étang. Mais aussi, voilà la grande cruauté des Anglais, qui consiste à permettre le mal, plutôt qu'à le faire. Il est certain qu'ils abhorrent les actions cruelles: les duels, les assassinats, et généralement toute sorte de violences sont rares ici, et je ne sache pas d'avoir entendu parler d'empoisonnement, si ce n'est dans les deux occasions que je viens de citer: le plus souvent, quand un Anglais entre en fureur, c'est contre soi-même.

Une preuve de leur aversion pour la cruauté, et qui, à la honte de la chrétienté, se trouve une singularité remarquable, c'est l'abolissement des tortures. On les a ici en horreur, et on ne s'en sert point, pas même pour découvrir les complices d'une conspiration, tandis que nous voyons d'autres nations, qui accusent celle-ci de férocité, et se piquent d'une politesse extraordinaire, retenir cette coutume barbare et véritablement féroce, et la pousser à un tel excès, que les tortures les plus effroyables deviennent une des formalités ordinaires d'un procès criminel. Je mettrai ici en peu de mots la méthode que les Anglais tiennent dans ces procès; elle me paraît singulière, et je la préférerais à tout ce qui se pratique ailleurs.

Personne parmi eux n'est puni de mort, qu'il n'ait été trouvé coupable devant deux différents tribunaux: le premier est composé de plus de douze juges, mais dont douze pour le moins doivent l'avoir condamné; l'autre tribunal a ce nombre complet, tous les juges doivent être voisins de l'accusé et gens de sa condition, autant que cela se peut, venant de prêter serment, et demeurant ensemble, sans boire ni manger, jusqu'à ce qu'ils soient d'accord dans leur jugement. Si vous y prenez garde, il n'y a pas là une circonstance qui n'ait son usage, et qui ne soit très bien fondée. Elles ont donné lieu à un cas assez singulier: un homme fut accusé de meurtre, et les preuves parurent si fortes, que onze des juges le condamnèrent sans hésiter. Un seul se trouva d'un sentiment contraire, et y persista constamment, nonobstant toutes les raisons que le président lui put alléguer. Enfin, les autres, réduits par la faim, passèrent de son côté, et déclarèrent l'accusé innocent. Le président étonné du procédé extraordinaire de cet homme, lui en demanda la raison en particulier, et la sut après s'être engagé au secret. Ce juge était le meurtrier lui-même, qui n'avait pas voulu violer son serment, ni joindre un second meurtre au premier. Quand on considère combien cette méthode est courte, et qu'on réfléchit sur la longueur odieuse des procès civils, qui ne traînent pas moins ici qu'ailleurs, on a de la peine à comprendre que des années entières ne suffisent pas pour décider d'un léger intérêt, chez des gens à qui une matinée suffit pour décider de la vie d'un homme, et que ce peuple, si amoureux de la liberté, demeure tranquillement soumis à l'indigne tyrannie de la chicane, et de ceux qui font profession de la faire valoir.

On est surpris quelquefois, en voyant des gens condamnés pour peu de chose, d'en voir d'autres, plus coupables, selon toutes les apparences, absous assez légèrement : c'est que l'on ne juge ici que sur des preuves bien claires, et que les apparences sont comptées pour rien. Il se peut que des criminels échappent à la punition qu'ils méritent ;

mais difficilement doit-il arriver qu'un innocent soit puni. Avec ce que ces jugements ont de surprenant par cet endroit, ils sont souvent accompagnés de circonstances si peu sérieuses, et qui conviennent si peu à ce triste sujet, que les relations qu'on en imprime sont, au gré de bien des gens, une des choses des plus divertissantes qu'on lise à Londres. On y voit, entre autres particularités, un récit de la manière dont les criminels se sont préparés à mourir, et il se trouve toujours que quelques-uns ont rejeté les exhortations du ministre qui les visite et qui les doit préparer à la mort, ou qu'ils y ont paru insensibles et se sont résolu à la mort eux-mêmes ; chose qui surprend peu de gens ici, et qui apparemment ne vous surprendra pas, après tout ce que je vous ai écrit du caractère de ce peuple. Le ministre, de son côté, dans un raisonnement qu'il fait au lecteur, ne manque guère d'attribuer le malheur des criminels au peu de soin qu'ils ont eu d'observer le dimanche ; négligence qui est regardée ici comme le comble de l'impiété, aussi bien que comme ce qui y conduit. C'est-à-dire, que dans ce pays, comme dans d'autres, le peuple ne manque pas de se choisir quelque devoir bien facile de la religion, et de s'y attacher comme à ce qu'il y a de plus essentiel ; et que parmi les prédicateurs, le grand nombre est peuple.

C'est principalement au sujet des exécutions et des farces qui s'y jouent, que je me suis souvent étonné de l'obstination des Anglais à ne pas vouloir changer leurs lois. Il paraît assez que ce peuple, qui craint si peu la mort, est très sensible à d'autres châtiments, et ils ne sauraient douter qu'un seul exemple d'un voleur condamné à un long travail, ne fît plus d'effet que toutes leurs nombreuses et fréquentes exécutions, qui ont d'autant moins de force qu'elles sont presque sans infamie. Voici qui semble être arrivé exprès pour les en convaincre: un voleur est arrêté pour avoir volé peu de chose, et il est condamné à quelque travail. Au sortir de là, il se met encore à voler, et il est repris. On le veut remettre au travail, mais ne pouvant se résoudre à souffrir cette peine terrible, et lui préférant la mort, il déclare qu'il a volé un bassin d'argent chez un orfèvre, le prouve, et par là il vient à bout de se faire pendre. Ce mépris de la mort et cette horreur du travail montrent assez le moyen de délivrer le pays des voleurs, et on aurait d'autres raisons encore pour préférer cette espèce de punition à l'autre, puisque tous les gens sensés conviennent qu'il n'y a nulle proportion entre le crime et la punition, entre le vol et la mort. Mais en cela, on fait ici comme ailleurs; et les Anglais ont même sur ce sujet quelque chose d'indolent qu'on ne voit point ailleurs, ce me semble. Vous diriez qu'ils ont égard

aux exécutions comme à un spectacle dû au
peuple, et qu'ils cultivent les voleurs pour avoir
de quoi y fournir.

Il y aurait plusieurs autres preuves à donner
du peu de rigueur des lois de ce pays, à quoi
on pourrait ajouter, que s'il y en a de plus sévères, elles sont d'ordinaire mollement exécutées.
Mais en voilà, je crois, assez pour vous faire voir
qu'il n'y a pas de quoi s'étonner, si on entend
dire que le peuple les aime beaucoup et les croit
les premières lois du monde. Soyons plutôt surpris de ce que les Anglais, gens de bon sens,
ne se servent pas de leur raison en ces rencontres comme en d'autres, et ne conforment pas
leurs lois et leurs usages aux besoins de leur
pays. Je crois qu'on en pourrait trouver la cause,
en partie, dans la forme de leur gouvernement:
on dirait que la grande affaire du parlement est
d'observer le roi, et celle du roi d'observer le
parlement; le peuple cependant, qu'on veut ménager de part et d'autre, jouit à souhait d'une
grande licence. Il est certain, d'ailleurs, que des
gens libres et riches, comme ceux-ci, doivent être
plus difficiles à ranger que d'autres; ils sont trop
accoutumés à suivre leur propre volonté pour
savoir obéir. J'ajouterais volontiers une troisième
raison, c'est qu'il se rencontre malheureusement
que la même droiture d'esprit qui fait le vrai
habile homme, le porte plutôt à éviter de se

mêler des affaires qu'à les redresser. Je vous embrasse, monsieur, de très bon cœur.

Sixième lettre.

Ce que vous me demandez, monsieur, dans votre dernière lettre, me fait souvenir d'une chose qui arriva ici il n'y a pas longtemps. Un musicien se mit à chanter devant quelques-uns de ses amis. Après qu'ils l'eurent écouté pendant quelque temps, et qu'il les eut régalés de ses plus beaux airs, un d'entre eux s'avisa de lui demander un vaudeville qui courait alors. Le musicien, outré de dépit, lui lança un regard terrible, et s'en alla sans vouloir chanter davantage. Je ne voudrais pas soutenir que les lettres que je vous ai écrites fussent de fort beaux airs ; mais il est certain que la description de la ville de Londres que vous me demandez, n'est, en comparaison des mœurs et du caractère des hommes qui y habitent, qu'une espèce de vaudeville, et qu'il faut que je sois bien bon, si, après une telle injure, je continue de chanter. Quoi qu'il en soit, je n'approuve pas la mauvaise humeur du musicien : vous voulez des vaudevilles, il faut se résoudre à vous en donner.

Londres est située dans une plaine, le long de la Tamise. En cet endroit, la Tamise forme

un croissant, et la plaine s'élève tant soit peu
en colline, ce qui fait une situation très agréable.
Quoique cette ville soit déjà la plus grande de
l'Europe, on ne laisse pas de l'agrandir toujours. De tous côtés, un grand nombre de gens
viennent s'y établir, et donnent lieu aux entre-
preneurs d'y ajouter des rues entières.

Les rues sont larges et droites, au moins celles
qui sont bâties depuis le grand embrasement, et
qui sont environ la moitié de Londres. Il ne leur
manque que d'être mieux pavées. On est surpris
que dans une ville si opulente, et où on n'épargne
rien pour le superflu, on oublie le nécessaire, et
qu'on évite de faire de la dépense, lorsqu'il s'a-
git de se tirer de la boue et de la poussière.

Les maisons sont bâties ici de briques, et
faites d'une manière fort commode; il n'est pas
jusqu'au plus petit coin qu'on ne fasse servir à
quelque chose. Le terrain est cher à Londres, et
c'est ce qui apprend à le bien ménager. D'ordinaire ils n'achètent les places que pour un certain temps, peut-être pour quarante ou cinquante
ans, et ils prennent si bien leurs mesures, en
bâtissant, que les maisons ne durent guère au-
delà. Quelquefois aussi ils les prennent trop
courtes; de temps en temps on voit de ces hardis calculateurs, écrasés par des bâtiments qui
tombent avant le terme. Leur méthode de bâtir
a cela d'agréable, qu'elle est prompte. Un homme
a ici le plaisir de voir sa maison faite en moins

de temps qu'il n'en faut ailleurs pour jeter les fondements. Passons à la description des principaux endroits de cette grande ville. Je sens bien que je m'aventure beaucoup, et que des estampes feraient mieux cela qu'une lettre; mais c'est une lettre et non pas des estampes que vous demandez, et c'est vous qu'il s'agit de contenter.

Whitehall, situé entre la Tamise et le Parc, est une grande et vieille maison, fort laide, mais fort commode. Elle n'a rien qui ressemble à un palais, si ce n'est le bâtiment qu'ils appellent *Banquetinghouse*; le reste est un amas de maisons mal bâties, et qui n'ont pas été faites pour être jointes ensemble. C'est la demeure ordinaire des rois. Mais ce roi ici, qui se trouve incommodé de la fumée et de l'air épais de Londres, s'est retiré à *Kensington*, maison assez petite, et qu'il a achetée d'un particulier. Elle est distante de la ville environ d'une demi-lieue, et n'a rien de considérable, ni pour les bâtiments, ni pour les jardins.

Le palais de *St-James* est une autre maison royale, vieille et fort irrégulière; mais assez commode et d'une grande étendue. Son seul agrément consiste dans le voisinage et dans la vue du Parc. Echappons-nous dans ce Parc, pour nous délasser de la description de trois maisons royales.

Pour savoir ce que c'est que le Parc, figurez-vous une grande étendue de terrain, des allées d'arbres qui l'entourent et qui forment des promenades très agréables. Au milieu, il y a un canal bordé d'arbres, où l'on voit nager quelques canards; le reste est un pré, où passent des daims et des vaches. La grande beauté de ce lieu consiste en ce qu'il fait entrer, pour ainsi dire, la campagne dans la ville. On m'a dit qu'il prit envie au roi Charles II de l'embellir davantage, et que, pour cela, il fit venir de Paris un très habile homme, le même qui avait fourni le dessin des Tuileries. Cet homme, après y avoir bien regardé, trouva que cette simplicité naturelle, cet air champêtre, et en quelques endroits même désert, avait quelque chose de plus grand que tout ce qu'il y pourrait faire, et persuada au roi de n'y pas toucher. Ainsi le Parc est demeuré ce que nous le voyons, c'est-à-dire, un endroit champêtre et très beau, et celui, je crois, dont on se dégoûte le moins, par cela même qu'il n'y a ni art ni régularité. C'est où l'on va oublier agréablement la boue, l'embarras et le bruit de cette grande ville, et où, dans les beaux jours, on peut voir les dames étaler toute leur parure. Elles sont magnifiques, comme je vous ai dit, et leur magnificence surprend d'autant plus, à cette promenade, qu'il semble que c'est à la campagne qu'on les voit.

Il me resterait encore une maison royale à décrire, qui s'appelle *Sommerset-house.* J'ai bien du regret de ne pouvoir pas vous donner ce plaisir, et de vous envoyer une description de Londres imparfaite, faute d'y mettre un article si important. La vérité est que, ne prévoyant pas que quelqu'un me ferait entreprendre cet ouvrage, et n'étant pas naturellement fort curieux de bâtiments, j'ai malheureusement négligé de voir celui-là. Mais je vous parlerai, si vous voulez, de la Tamise qui coule tout auprès.

Elle est, après le Parc, ce que je trouve de plus agréable à Londres, aussi bien que de plus commode. Je laisse à part la largeur et la profondeur de ce fleuve, qui, avec son flux et reflux, le rendent propre à recevoir de grand svaisseaux, et qui font cette ville ce qu'elle est. Ce qui m'en plaît davantage, c'est la douceur de son cours, et mille petites chaloupes qui le couvrent, et qui servent à aller agréablement d'un bout de la ville à l'autre, quand on a des affaires, ou à se promener, quand on n'en a pas. Quelquefois des troupes de hautbois et de violons se trouvent à cette promenade et achèvent de la rendre délicieuse.

Une maison particulière, plus magnifique que tout ce que je vous ai nommé, et qui est ici proprement ce que les voyageurs appellent une *chose à voir*, c'est la maison de milord Montaigu. Je trouve les Anglais modestes, lorsqu'ils n'en font que la plus belle maison de Londres; si ce n'est que par là ils croient peut-être tout dire. Tout ce qui lui manque, ce sont des meubles et du monde; vous diriez que c'est le palais d'un prince qui n'y loge pas.

Il y a à Londres plusieurs places carrées, dont quelques-unes sont belles et entourées de palissades et de barrières, mais qui, généralement, ne sont pas ce qu'elles pourraient être : elles ne sont guère ornées, et l'on ne voit pas beaucoup de monde s'y arrêter; ce qui siérait tout-à-fait bien à cette grande ville, et ferait voir le nombre, l'opulence et le loisir de ses habitants. Je crois bien que c'est le Parc qui fait négliger ces places, et que, pour des gens qui marchent vite en se promenant, l'espace des carrés serait trop petit. Je crois aussi que le grand nombre des maisons à café, où ils se voient commodément, les empêche de s'arrêter et de s'entretenir dans ces endroits. Quoi qu'il en soit, souvenez-vous, comme d'une chose remarquable, que Londres a plusieurs places qu'on appelle carrés, où l'on peut se promener et où peu de gens se promènent.

La Tour de Londres mériterait une lettre entière; aussi tient-elle d'ordinaire bonne place sur les tablettes de messieurs les voyageurs. C'est la citadelle de la ville; c'en est l'arsenal; c'est la prison des gens de qualité; c'est où l'on bat la monnaie. Je ne me souviens pas de tout ce qu'est la tour de Londres, et je pourrais bien n'avoir pas rapporté ici la moitié de ses titres. On y montre des couronnes et des sceptres, des haches et des massues, des lions, des léopards, et d'autres choses terribles. Dernièrement, le gouverneur d'un jeune voyageur examina le tout avec soin et jugea que ce qui valait principalement la peine d'être remarqué, c'était la hache dont on avait coupé la tête à une reine d'Angleterre; il voulut que son gentilhomme tirât le gant et la prît dans la main, afin qu'il pût se vanter de l'avoir tenue.

Si vous avez quelque ami curieux, qui ait le dessein de faire le voyage d'Angleterre, vous pouvez lui donner un avis important; c'est qu'il ne se presse pas; le *Temple de St-Paul* n'est pas encore fini; on y travaille continuellement et il est déjà fort avancé. C'est affaire à attendre cinq ou six ans au plus, pour avoir le plaisir de voir ce temple achevé, un des plus vastes qui soient en Europe, capable d'arrêter toute la corruption de Londres, si l'efficace des sermons répond à la grandeur du bâtiment.

Celui de *Westminster* est curieux par son antiquité, par les monuments et les épitaphes des personnes illustres qui y sont enterrées, et par la chapelle de Henri VII; mais surtout, en ce que c'est la place destinée au couronnement des rois d'Angleterre. Qui n'a pas le rare bonheur d'assister à cette cérémonie, peut, du moins, en visitant le temple, se faire montrer, par quelque personne intelligente, de quelle manière tout se fait, et en rapporter chez soi une idée juste et la satisfaction de s'être trouvé sur les lieux.

Le magnifique bâtiment, qui s'appelle la *Bourse*, fait un des ornements de Londres, et pourrait fournir une description qui ferait, sans doute, un des ornements de ma lettre, si je pouvais me résoudre à l'entreprendre; mais plusieurs considérations me retiennent, surtout la crainte de ne pas exécuter dignement une si grande entreprise et de n'y pas apporter cette exactitude si nécessaire et si agréable, quand on a à décrire des bâtiments. Je me contenterai donc de vous dire que les marchands s'assemblent tous les jours, à une certaine heure, dans la cour de la Bourse, et que, dans ce temps-là, j'ai eu quelquefois le plaisir de voir, du haut de cette maison, le monde en abrégé, et ri de voir les hommes, pour un peu de profit, se remuer comme une fourmilière, et de les entendre bourdonner comme un essaim de mouches.

Près de la Bourse est le *Monument*. Il faut vous dire ce que c'est, d'autant plus que par là, j'aurai lieu de vous parler d'une inscription, chose essentielle aux relations de voyage, qui leur donne un air de littérature et d'ouvrage important qu'elles n'ont pas sans cela, et qui les éternise, si quelque chose les peut éterniser. Le Monument est une colonne d'ordre dorique, cannelée et creuse, élevée près de l'endroit où commença le grand embrasement. Comme il n'y a rien de plus haut à Londres, on y monte pour le plaisir de la vue, et c'est où s'adresse la première sortie du curieux voyageur. Au bas, on y voit une ample inscription, qui, en termes fort aigres, accuse les *papistes* d'être les auteurs de l'embrasement. Le roi Jacques avait fait effacer cette inscription; les Anglais l'ont fait graver plus avant dans la pierre qu'elle n'était. Sujets aux révolutions, comme ils sont, ils courent risque d'user la colonne par le fondement, s'ils s'opiniâtrent d'y voir leur inscription gravée.

J'ai du regret qu'après avoir entamé une matière si curieuse, je ne puisse pas aller plus avant, et vous régaler ici du plan de quelque édifice, décrire un tombeau, blasonner des armes, rapporter des bas-reliefs, raisonner sur quelque médaille, et enfin m'élever jusqu'au sublime, de restituer quelque inscription à demi effacée. A la place de tout cela vous aurez, monsieur, un humble et sincère aveu de mon peu de capacité pour toutes ces choses. Il faut même vous avouer que ma négligence va si loin, que je n'ai pas vu la cérémonie du jugement d'un lord, qui s'est rendu depuis que je suis à Londres, et que je ne suis point allé voir les courses de chevaux, qui font un des grands spectacles d'Angleterre. Oserai-je vous le dire? J'ai négligé de voir le roi dans ses habits royaux, et je n'ai point vu les célèbres universités d'Oxford et de Cambridge. Revenons à ce que j'ai vu.

Il y a à Londres un nombre prodigieux de maisons à café, dont le dehors n'a rien de re-

marquable, ni qui puisse fournir à la moindre
description; aussi je ne vous parlerai que de leur
usage, qui est considérable, puisque c'est là que
la plupart des hommes vont perdre leur temps
dans cette ville. Ces maisons sont les rendez-
vous réglés, et des gens d'affaire et des fainéants,
de manière qu'on demande plutôt quel est le
café de quelqu'un, que la maison où il loge.
Outre le café, on y prend plusieurs sortes de
liqueurs, qu'on ne trouve bonnes que lorsqu'on
y est accoutumé. On y fume, on y joue, on y
lit les gazettes, et souvent on y en fait. C'est
où l'on décide du gouvernement, de l'intérêt des
princes, de l'honneur des maris, etc.: en un mot,
c'est où les Anglais discourent librement de
toutes choses, et où l'on peut les connaître en
peu de temps. Leur caractère s'y fait sentir, en
partie, aux gens même qui n'entendent pas la
langue. Il paraît du sang-froid dans leurs discours, et de l'attention; vous ne les voyez guère
s'interrompre, ni parler plusieurs à la fois. On
fait valoir ces cafés aux étrangers, comme le plus
grand agrément de Londres, et ils sont regardés
sur ce pied-là, par la plupart d'entr'eux. Il me
paraît que ce sont des endroits commodes pour
trouver les gens à qui on a à faire, et pour avoir
moins de fâcheux à craindre chez soi; mais, du
reste, fort dégoûtants, puants, pleins de fumée,
comme des corps-de-garde, et autant farcis de

monde. Ce sont, je pense, ces maisons qui, par les rapports exacts qui s'y font de tout ce qui se passe à Londres, donnent moyen de médire aux habitants de cette grande ville, comme si ce n'était qu'un bourg.

Les boutiques de Londres sont belles et grandes. On n'y a pas à craindre cette dangereuse honnêteté des Parisiens, qui engage à acheter plus qu'on ne veut; ce n'est pas non plus l'air froid et brusque du marchand hollandais, qui préserve de la dépense; vous n'êtes ni attiré, ni rebuté par les marchands de Londres. Ils ne surfont guère, et il me paraît qu'ils ne vendent pas plus cher aux étrangers qu'aux autres. Il est vrai que les Anglais paient si bien ce qu'ils achètent, que tout ce que les marchands peuvent faire, c'est de nous traiter comme si nous étions Anglais; mais toujours leur sommes-nous obligés de ce qu'ils n'ont pas pour nous ces injurieuses distinctions qu'on nous fait sentir ailleurs, et qui irritent plus que la perte de l'argent qu'on nous escroque.

En écrivain exact, je vous dois un article sur les cabarets, et je suis surpris que ces maisons, étant peut-être la chose que nous autres voyageurs connaissons le mieux, soient celle dont nous parlions le moins. Il y fait excessivement cher, mais cela est assez égal pour tout le monde. On y fait meilleure chère en poisson qu'à Paris; pour le reste on n'en approche pas; surtout, on n'y est pas si bien servi; aussi faut-il avouer que c'est dans un cabaret que les manières empressées se trouvent en leur place. Une particularité importante, et que j'étais sur le point d'oublier, c'est que les enseignes des cabarets sont d'une grandeur et d'une magnificence tout extraordinaire. J'en ai vu dans des bourgs, qui ne valaient guère moins que les cabarets mêmes.

Les carrosses de louage sont ici en grand nombre, à bon marché, et on en a partout dans le moment; tous les carrefours en sont pleins, et presque tous les coins de rue. Les cochers se tiennent sur leur siège, attentifs aux personnes qui passent, et ils accourent au moindre signal. C'est, à mon avis, un des avantages que Londres a sur Paris. Aussi, sans cette commodité des carrosses, on ne serait ici guère agréablement; il y pleut ordinairement en hiver, et alors cette ville mal pavée est comme impraticable. Souvent un brouillard épais la couvre, et une fumée puante et malsaine se mêle au brouillard; ainsi, quand ce ne serait pas pour se garantir de la boue, il y a des temps où il faut s'enfermer dans un carrosse, pour n'être pas noirci et infecté de la fumée. Avec cela, les rues sont mal éclairées pendant la nuit; on y met des lanternes depuis quelque temps; mais outre qu'il n'y en a pas en assez grand nombre, elles sont faites de manière que dans le seul endroit où elles jettent de la lumière, on en est plutôt ébloui qu'éclairé.

A la boue de l'hiver, succède la poussière de l'été, et cela dans une quantité insupportable. Elle pénètre partout, et de très belles maisons en sont quelquefois rendues inhabitables. Alors on se retire à la campagne, et vous diriez qu'il faut cela aux Anglais pour les y faire aller. Cette circonstance pourrait vous faire croire que la campagne, en Angleterre, n'est guère belle, ou que les Anglais n'ont guère de goût pour la campagne; mais ce n'est pas tout-à-fait cela, et avant que de finir ma lettre, il faut vous dire un mot là-dessus. Après tout ce que je viens de vous écrire sur le sujet de la ville de Londres, j'espère que votre curiosité sera satisfaite, et que vous compterez cette ville parmi celles que vous connaissez, et moi parmi les personnes complaisantes qui ne sauraient rien refuser à leurs amis, et à qui rien n'est impossible, lorsqu'il s'agit de les contenter.

La campagne s'étend ici en plaine, mais sans avoir l'ennuyeuse uniformité des pays plats. Des collines s'élèvent par-ci par-là, et empêchent la vue de se perdre. On y voit serpenter de petites rivières; on y découvre des bois de plusieurs sortes, des parcs et des maisons de plaisance. Ce qu'il y a de beau, surtout, c'est une verdure plus vive qu'ailleurs, et qui se soutient davantage; mais outre qu'ils la paient un peu cher, puisque ce même air humide, qui l'entretient, les empêche d'avoir de beaux jours, c'est qu'ils n'ont que des feuilles, pendant que d'autres ont des fruits. Les leurs ont peu de goût, du moins, si on en excepte une sorte de pommes reinettes, qu'ils appellent *Golden-pippins*, et dont je crois vous avoir parlé. Leurs fleurs ont peu d'odeur; leur gibier est insipide, et je ne sais s'ils ont partout de fort bonne eau; mais, surtout, pour la mortification de ce pays, ils n'ont point de vin. Vous savez qu'il n'y a point de vignes en Angleterre, et que, s'ils font venir du vin d'ailleurs, ils n'ont pas, du moins, le plaisir de manger du raisin, qui est, à mon avis, le grand inconvénient des pays qui manquent de vignes.

Telle que je viens de vous dépeindre la campagne, les Anglais en font un cas extrême; ils ne sauraient se lasser d'en faire l'éloge, et ils la préfèrent à toutes les campagnes du monde, comme ils se préfèrent à toutes les nations. Je voudrais pouvoir vous raconter la vie qu'ils y mènent; mais je n'ai jamais osé m'en bien instruire. On me dit qu'ils se font des visites fréquentes et longues, qui se passent à la chasse et à table; que leur chasse consiste à bien courir, et leurs repas à bien boire, avec cette circonstance, entre autres, qu'il y a des occasions où les gens qui se piquent de faire les choses dans les formes, ne s'enivrent avec le maître du logis qu'à demi, pour aller ensuite s'achever de bonne amitié avec les domestiques. Ils doivent avoir quelques autres usages assez particuliers, que je ne mets pas ici, à cause que je ne les sais que sur le rapport qu'on m'en a fait; je me suis contenté de cette connaissance incertaine, parce que j'ai craint que ce ne fussent de ces mystères, dont on ne peut approcher impunément.

J'ai bien fait tout fraîchement un petit tour à la campagne; mais, excepté la retraite de monsieur le chevalier Temple, et une autre maison moins solitaire, je n'ai rien vu à cette promenade qui mérite de vous être raconté. Je me trouvai, par hasard, dans le voisinage de ce célèbre négociateur et philosophe, et, en même temps, il me vint dans l'esprit ce que j'avais lu, peu de jours auparavant, dans un de ses livres: que l'Angleterre n'était décriée dans le monde que parce que les étrangers qui y venaient ne la connaissaient le plus souvent que par leur auberge, et par des gens de néant; eux-mêmes manquant peut-être de mérite, de naissance, ou de fortune, pour se mêler parmi les honnêtes gens. Je crus qu'un homme qui faisait ce reproche aux étrangers, ne pouvait pas se défendre de bien recevoir ceux qui iraient chez lui, et qu'avec cela je n'y avais pas à craindre des plaisirs fort violents. J'y allai, et j'y reçus toute sorte d'honnêtetés, mais qui, ce me semble, ne tirent pas tout-à-fait à conséquence pour le général de la nation; outre qu'on trouve peu de chevaliers Temple en Angleterre, non plus qu'ailleurs, c'est que les gens faits comme lui ne concluent rien pour leur pays; on trouve en eux toutes les bonnes qualités des nations qu'ils ont connues. Je lui parlai de ses ouvrages; il me demanda si je les avais lus en anglais ou en français; et, sur ce que je lui dis que c'était en français, il se plaignit de la traduction qui en avait été faite, et il me dit *qu'on l'avait cruellement meurtri.* Ce fut chez lui que je vis le modèle d'une agréable retraite: assez éloignée de la ville pour se mettre à l'abri des visites, l'air sain, le terroir bon, la vue bornée, mais belle, un petit ruisseau qui coule près de là, et qui fait le seul bruit qu'on y entend; la maison petite, commode et proprement meublée; le jardin proportionné à la maison et cultivé par le maitre même; lui sans affaires, et, selon toutes les apparences, sans desseins; peu de domestiques, et quelques personnes raisonnables pour lui tenir compagnie, un des plus grands agréments de la campagne, pour qui est assez heureux de l'avoir. Je vis aussi l'effet de tout cela; je vis monsieur Temple sain et gai, qui, quoique goutteux et dans un âge assez avancé, me lassa à la promenade, et qui, sans la pluie qui survint, m'aurait je crois, réduit à lui demander quartier. Vous croyez bien que je ne vis pas tout cela sans soupirer plus d'une fois, ni sans me demander à moi-même, ce que je faisais là, pourquoi je venais troubler la retraite des autres.

Ce bon vieillard crut que je n'étais pas assez récompensé de ma peine, en ne voyant que sa petite maison, et, quoique je l'assurasse que j'étais plus curieux d'hommes que de bâtiments, et qu'il me suffisait d'avoir eu l'honneur de le voir, il voulut qu'avant que de retourner à Londres j'allasse à Petwarch, maison de campagne du duc de Sommerset ; il me donna des chevaux et des gens pour m'y conduire, et craignant que le duc ne fût allé à Londres, il fit écrire à la duchesse par madame Temple. Le duc de Sommerset me reçut aussi fort obligeamment. Il vit le plus souvent retiré à sa campagne, si on peut nommer retraite un genre de vie magnifique, où il se trouve plus de cent domestiques, un palais plus beau que celui du roi, et une table aussi bien servie. Pour moi, je crois la modicité du revenu essentielle à la retraite, comme la retraite est essentielle au bonheur de la vie, et qu'un homme extrêmement riche a une trop grande tâche à remplir. Dans ce magnifique palais, la maison retirée et le petit jardin de monsieur Temple se présentaient à moi sans cesse, et me faisaient rêver au plaisir d'une vie cachée et tranquille. Je ne fus plus sensible à autre chose, et je retournai à Londres avec précipitation, pour mettre ordre à mon départ.

Adieu, monsieur ; je croirai n'avoir pas fait ce long voyage tout-à-fait en vain, si mes lettres vous divertissent, et si elles empêchent qu'étant si près d'ici, vous ne soyez tenté d'y passer, et de faire cette chose ordinaire et inutile, qu'on appelle un *tour en Angleterre*.

Lettres sur les Français.

Première lettre.

Le plaisir que j'ai eu à vous écrire des lettres d'Angleterre, et celui que vous dites, monsieur, qu'elles vous ont fait, me mettent en goût de vous en écrire de France, et sur le sujet de la nation française. Il y a là aussi de quoi me servir d'excuse, s'il en faut, sur une entreprise aussi hardie à un homme grossier, à un Suisse: ce sera, comme si je m'étais exercé et dégourdi l'esprit sur une autre nation, avant que d'en venir aux Français. Et quant au reproche qu'on pourrait me faire, d'oser caractériser des nations, sans m'effrayer des caractères particuliers des hommes qui les composent, je dirai que c'est encore là une chose moins hardie qu'elle ne le paraît d'abord. Les hommes changent et diffèrent les uns des autres; mais la différence qu'il y a entre eux ne va pas jusqu'à altérer le caractère de la nation, elle ne fait qu'y mettre de la diversité. Je dois seulement vous avertir que lorsque je parle de décrire la nation française, j'entends par là la principale partie des gens qui la composent; et que j'en excepte les personnes de mérite; ils sont au-dessus du caractère de leur nation, et on leur doit un article à part. J'excepte aussi ces autres personnes singulières que leur tempérament, ou des circonstances particulières, ont éloignées du train général, et ce n'est que de la multitude que je parle: de ceux chez qui le Français prévaut sur l'homme, ou, si vous aimez mieux, chez qui l'homme est Français: c'est là ce que j'appelle la nation française.

Les Français, plus qu'aucune nation que je connaisse, présentent le beau côté et préviennent à leur avantage; c'est par là, par ce qui paraît d'abord en eux, qu'il faut commencer à vous les faire connaître. Ils sont d'un accès aisé et libre, ils sont civils, obligeants, empressés; ils paraissent sincères, ouverts et pleins d'affection; ils font plaisir et ils le font promptement et de bonne grâce. A tous égards, les Français semblent être faits pour la société; ils aiment les hommes, et par là déjà ils méritent d'en être aimés. Mais d'ordinaire ils ne sont pas contents des sentiments d'amitié qu'ils inspirent; ils veulent être applaudis et admirés, et de nous autres étrangers particulièrement. Il nous regardent presque comme faits pour cela, et comme les admirant d'avance: et il faut avouer qu'en cela ils ne se trompent pas entièrement, et que la plupart des étrangers sont faits comme ils les supposent. Ce qu'ils veulent surtout que nous admirions en eux, c'est l'esprit, la vivacité, la politesse, les manières. Il

font de ces choses-là le principal mérite de l'homme,
et prétendent se distinguer par là de tout le reste
du monde ; en effet le caractère français, par sa
vivacité et par la bonne opinion qu'ils ont d'eux-
mêmes, se trouve distingué du caractère de toutes
les nations. Toutes, à la vérité, ont de la présomption, et l'amour-propre est tellement répandu
parmi les hommes, que les peuples en général,
aussi bien que les particuliers, ont chacun le leur,
et se rendent ridicules par la préférence qu'ils
prétendent avoir les uns sur les autres. Mais cet
amour-propre des peuples varie par son objet ;
les uns s'estiment par un endroit, et les autres
par un autre, et c'est en partie ce qui fait leurs
différents caractères. La vivacité et le gré que
les Français s'en savent, est principalement ce
qui marque le leur.

Mais cette vivacité, ce caractère si marqué
du Français, a le sort ordinaire des caractères
équivoques et dont le prix dépend de l'opinion :
s'il y a des gens qui en sont charmés et qui font
des Français la première nation de l'univers, il
s'en trouve d'autres qui n'estiment pas cette
vivacité, et à qui elle déplaît. Ils prétendent que,
généralement et pour l'ordinaire, les hommes
doivent avoir du sang-froid et de la simplicité,
comme, généralement et pour l'ordinaire, on marche
le pas ; et ils disent, qu'une nation vive et qui
ne parle qu'esprit, est admirable, à peu près comme
le serait une nation qui ne se remuerait qu'en

dansant. Ils soutiennent que c'est le bon sens, que ce sont les qualités du cœur qui font l'essentiel de l'homme et nous lient les uns aux autres, et que cet esprit vif qu'on préfère au bon sens et aux sentiments du cœur, pourrait bien n'être pas tout ce qu'on le croit. Ils remarquent, disent-ils, que la plupart des gens qui se laissent prévenir par là, admirent moins les Français, et s'en accommodent moins 'à mesure qu'ils les connaissent davantage, et qu'ils percent ce vernis, qui d'abord éblouit et fait plaisir; et en cela ils pourraient bien avoir raison. Peut-être même que ce sont ces belles apparences mal soutenues, qui donnent lieu ensuite à bien des gens à estimer les Français moins qu'ils ne valent en effet, et inspirent de l'aversion et du mépris pour eux. Nous haïssons volontiers ceux qui nous ont imposé, et un peu de haine suffit pour ne pas juger équitablement. Quoi qu'il en soit, et sans être prévenu pour ou contre les Français, pour peu qu'on les connaisse, on s'aperçoit aisément, qu'en estimant si fort l'esprit, les manières, l'extérieur, ils négligent le solide, qu'ils s'attachent à la bagatelle, et que, généralement parlant, ils ne connaissent guère le prix des choses.

Il paraît même que les Français, pour ne pas assez cultiver le bon sens et n'en pas faire assez de cas, sont sujets à le méconnaître lorsqu'il ne se trouve pas accompagné d'expressions et de manières qui le relèvent, il leur arrive de s'y

tromper, jusqu'à le prendre pour une espèce de
stupidité. On a vu de leurs gens d'esprit embarrassés du bon sens et du sang-froid d'un
étranger, sans qu'ils pussent comprendre la cause
de leur embarras. Ils doivent l'être surtout lorsqu'il arrive qu'un homme de mérite et qui est
reconnu pour tel, ne fait paraître que peu d'esprit; je m'imagine que ceux qui remarquent ce
défaut en lui, n'en parlent à leurs amis qu'à
l'oreille, comme d'une chose qui demande le secret. Une autre suite du peu d'attachement qu'ils
ont pour le bon sens et pour le solide, et du
trop de cas qu'ils font de la vivacité d'esprit et
de l'extérieur, c'est qu'ils sont avides de réputation et que la plupart y rapportent le mérite
comme à sa dernière fin. Aussi recherchent-ils
surtout le mérite qui fait de l'éclat, ou plutôt,
ils recherchent l'éclat qu'ils supposent attaché
au mérite. Pour cette autre sorte de mérite, qui
consiste à renoncer aux chimères et aux grands
desseins, et à mener une vie simple et tranquille,
le mérite qui trouve sa récompense en soi-même
et se suffit, ils sont tentés de le regarder comme
une belle idée qui n'est en sa place que dans
un livre, et le nom de *philosophe,* c'est-à-dire,
d'un homme qui voudrait mettre ses idées en
pratique, est chez eux une espèce d'injure. Aussi
trouve-t-on dans leur caractère ce qui est parfaitement le contraire du philosophe: ils se re-
paissent aisément d'apparence; ils préfèrent le

plaisir de paraître à celui d'être réellement, si on peut parler ainsi sans trop philosopher; et en plusieurs choses on remarque qu'ils font consister leur bonheur à être crus heureux: ils aiment mieux se montrer bien vêtus que se bien nourrir, faire de la dépense et passer pour riches, au hasard même de dissiper leurs richesses, ou de les risquer, que de les conserver et d'en jouir avec modération, sans paraître riches. Ceux qui réussissent dans les entreprises sur les femmes, ou qui passent pour y réussir, et à qui, pour les encourager davantage, on donne le nom envié d'*hommes à bonnes fortunes*, avouent qu'ils aiment mieux qu'on les croie favorisés sans l'être, que de l'être sans qu'on le croie. En France, ces messieurs font un corps considérable par leur nombre: tout homme bien fait est censé en être; ainsi, quand je les cite, je prouve plus qu'il ne paraît d'abord.

Ici comme ailleurs, et peut-être plus généralement qu'ailleurs, on est entêté de qualité; et quoique les Français n'aient pas l'exactitude des Allemands pour fournir tant et tant de preuves de noblesse, ils ne laissent pas d'être pleins de leurs titres, qu'il croient quelque chose de bien réel. Le peuple le croit de même, et essuie sans peine des dédains qu'il prend pour la suite d'une subordination bien fondée. Ces messieurs poussent cela si loin, que même dans l'extrême pauvreté, où se trouvent réduits un grand nombre d'entre eux, ils s'opiniâtrent à ne vouloir se soulager, ni par le travail, ni par le commerce. Pour toute ressource ils ont la guerre, le mariage et la cour; du reste ils regardent l'oisiveté comme leur plus beau privilège, et comme la distinction la plus essentielle entre eux et le bourgeois, avec qui, si cela se pouvait, ils voudraient n'avoir rien de commun. Une autre distinction dont le Français est avide, c'est l'autorité, le commandement: il achète chèrement un emploi qui lui donne lieu de se contenter là-dessus; qu'importe qu'il s'endette, qu'il se ruine: il s'est mis au-dessus de ceux qui étaient ses égaux, il a paru avec éclat dans le monde; qu'y peut-on faire davantage? Comme le goût de la nation est tourné du côté de ces emplois, le nombre n'en peut être que grand, et souvent on en crée d'autres pour l'augmenter. Mais si les officiers de justice sont en grand nombre en France, les gens qui leur donnent lieu d'exercer leurs offices, et qui se ruinent en procès, le sont au-delà de tout ce qu'on peut dire. Les Français sont sans contredit la nation du monde où il y a le plus de plaideurs. Quand on les envisage par cette double folie, on se souvient des deux personnages ridicules d'une de leurs comédies, et on est tenté de faire une application plus générale du vers qui les caractérise :

> L'un veut plaider toujours, l'autre toujours juger.

Les Français sont peu sensibles à la liberté : non contents de dépendre du prince en tout ce qu'on peut se laisser ôter, ils se soumettent à lui, même pour le goût, pour ce que les hommes ont de plus indépendant et dont il semble qu'ils puissent le moins disposer : un mot qui lui échappe, une parole dite au hasard, est relevée, et devient une décision qui met le prix aux hommes et aux choses. Ce que le prince leur laisse de liberté, ils le sacrifient à la coutume, dont ils sont esclaves. Ils font de la coutume la reine du pays, la grande reine, pas moins que de leur roi, le grand roi. *Cela se fait ! Cela ne se fait pas !* leur sont des raisons sacrées pour approuver ou pour condamner une chose ; et une action hardie, en France, c'est lorsqu'un homme soutient une démarche dont on lui dit : *Cela ne se fait pas !* s'il ose se révolter en quelque manière contre la nation, en répliquant : *Cela se fait, puisque je le fais.* Il est vrai néanmoins qu'il y a une *liberté française,* et il n'est pas que vous n'ayez entendu prononcer ce mot, qu'on répète et qu'on fait sonner haut dans les pays étrangers. Cette liberté consiste à oser se dispenser de certaines lois de leur politesse, et à ne se pas gêner plus qu'on ne le trouve à propos : à oser se pencher dans son fauteuil quand on est las de s'y tenir droit, à demander à boire et à manger en tout temps chez les personnes que l'on connaît, à dire que le vin n'est pas bon, lorsqu'on ne le trouve pas bon ; et en d'autres choses de cette importance. S'il y a de quoi rire que ce soit là la liberté d'une nation, il y a sans doute de quoi rire davantage de voir des nations où cette liberté ne se trouve pas.

On observe ici, dans tous les petits devoirs de la vie, une très grande exactitude : on s'informe avec soin de la santé d'une personne, ensuite d'une très petite fatigue qu'elle aura essuyée, et un point de leur civilité consiste à lui faire faire compliment là-dessus. Un homme de bien ne rend pas plus scrupuleusement un dépôt qu'on lui a confié, qu'un Français rend une visite qu'on lui a faite. En faire et en recevoir est une de leurs grandes occupations, et c'est à cela qu'ils croient le temps bien employé ; la vie qu'on passe en compagnie leur paraît une vie passée agréablement et dans l'ordre. L'homme est fait, disent-ils, pour la société ; et cette société, ils la forment tous les jours de la vie, et la font consister dans des compagnies grandes ou petites, où réciproquement ils se donnent lieu d'être hommes. Ils sont tentés d'appeler hibou, ou philosophe, toute personne qui témoigne quelque penchant pour la solitude, ne pouvant pas comprendre qu'il soit possible qu'on ne prenne plaisir à des conversations où se disent des choses polies et obligeantes. Avec cela ils apportent une attention continuelle à placer mille petites manières recherchées, qu'ils se sont rendues comme naturelles par habitude, et par où ils prétendent plaire. Tout cela ensemble fait ce qu'ils appellent du nom magnifique de savoir-vivre, et qu'ils ont raison d'appeler ainsi, puisqu'ils en font leur grande affaire et qu'ils semblent ne vivre que pour cela.

Des gens faits de la sorte ne sauraient manquer de faire cas de la vie de la cour, et de la préférer à tout autre genre de vie ; c'est là encore une particularité qui entre dans le caractère des Français. Ils sont courtisans d'inclination, et, pour ainsi dire, de naissance : ils se plaisent à obéir, et à dominer ; ils admirent facilement, et un peu d'extérieur suffit pour les occuper ; ils ne songent qu'à imposer et à passer pour heureux, et ils se laissent imposer à leur tour, se trouvant heureux lorsqu'ils passent pour l'être. Ces riches dispositions sont encore fortifiées par la forme du gouvernement, qui est tel en France, que tout se rapporte à la cour et que tout en dépend. Ainsi l'inclination et l'intérêt, deux puissants motifs, concourent ici à faire choisir ce genre de vie à un grand nombre de gens et à les y faire réussir. S'il arrive à un homme de la cour, à un grand, de déplaire au roi, et que le roi lui ordonne de se retirer, c'est-à-dire, d'aller vivre sur ses terres, sur ces mêmes terres qu'il a pris soin d'embellir et dont il a rendu le séjour délicieux : c'est un exil qu'il ne saurait supporter ! dès qu'il se voit maître de soi-même, il languit, le loisir et la liberté le rendent malheureux. Le comte de Bussy, fameux par ses écrits, peut servir de preuve à ce que je dis. Quelques historiettes écrites maligne- ment le firent bannir de la cour, et quoiqu'il semble qu'un écrivain ne doive pas craindre la retraite, celui-ci ne s'en accommoda pas; il ne sut plus écrire que pour tâcher d'en sortir. On a ses lettres écrites au roi; eh! quelles soumis- sions, quels efforts pour rentrer en grâce n'y voit-on pas? Ce courtisan, inconsolable de ne pouvoir réussir dans son dessein, s'avisa sur la fin de sa vie de se jeter sur la morale. Il en composa un petit traité, où, après avoir montré, par plusieurs exemples, que les grands hommes sont le plus souvent malheureux, et que la Provi- dence se sert de toutes sortes de traverses pour leur faire sentir la vanité des choses de ce monde, il se met enfin lui-même sur les rangs et fait l'histoire de sa vie: il tire sa grandeur des em- plois qu'il a eus dans les armées du roi, c'est- à-dire, de plusieurs années de service, et il compte pour son malheur son bannissement de la cour, c'est-à-dire, plusieurs années de liberté. Voilà le Français, fait pour la société et pour vivre avec les grands, mais qui est inquiet et ne saurait vivre avec soi-même; et je ne veux d'autre preuve du peu de valeur de cet esprit, de cette politesse et de ces manières dont ils font tant de cas. Toutes ces choses n'ont leur usage, ou leur agrément, que dans le commerce dont ils nous font dépendre, et tout homme qui n'a pas d'autres qualités, comme le plus souvent ceux qui s'y appliquent n'en ont pas d'autres, est comme perdu quand il est seul; il se trouve abandonné de soi-même, dès qu'il est abandonné des autres.

Mais ce n'est pas seulement la noblesse qui s'attache ici à la cour, et qui préfère ce genre de vie à tous les autres; on peut dire que généralement, et en quelque profession que ce soit, les Français ont la passion de faire fortune, et qu'ils y réussissent mieux que d'autres. Dans ce dessein ils parcourent toutes les nations, ils trouvent moyen d'avoir entrée dans toutes les maisons, et jouent toutes sortes de personnages. Les petites gens même, ceux qui ailleurs se contentent d'avoir de quoi vivre, sont possédés ici de la manie de s'agrandir; et quelqu'un a remarqué assez plaisamment que c'est la France qui fournit l'Europe de valets de chambre et de cuisiniers, emplois qui font la fortune du peuple. Les gouverneurs de jeunes gens, les maîtres à danser, les maîtres d'armes, les ingénieurs, presque partout sont des Français, et si on cherche des gens qui veuillent se charger de quelque autre emploi, peut-être que partout il s'en trouvera de cette nation prêts à s'en charger. Pour connaître les Français, il n'y a qu'à examiner le mélange de bonnes et de mauvaises qualités qui fait réussir à faire fortune; c'est celui qui forme leur caractère. Je pense qu'il y faut principalement de la souplesse, de la hardiesse, de l'empressement, et qu'on ne trouve rien ni au-dessus ni au-dessous de soi. Ce sont là en effet les talents des Français, et c'est par où ils laissent bien loin derrière eux les aventuriers des autres nations, lorsqu'ils en ont pour concurrents. Toujours empressés pour de petites choses, qui leur paraissent grandes, ils se croient dignement occupés, et ne se désabusent guère d'une bagatelle que par une autre bagatelle. Sans faire tort à cette nation, on peut dire d'elle que c'est où la bagatelle règne, et où on lui fait honneur plus que nulle part ailleurs. En échange, les Français peuvent se vanter d'avoir porté, en bien des choses, la bagatelle à sa perfection, et de surpasser à cet égard tout le reste du monde.

Je reviens à ce qui fait leur principal caractère, à l'esprit, au brillant des Français, ou plutôt, il faut vous dire plus précisément quel est l'effet que l'avantage de briller fait sur eux, puisque par là ils ne sont pas moins caractérisés et distingués des autres peuples que par l'esprit même. Quand je vous dis que sur ce pied-là les Français se croient les premières gens de l'univers, faits pour être admirés, vous croyez peut-être que c'est sur ce qu'il doit se trouver plus de gens d'esprit parmi eux que parmi les autres peuples. Non, monsieur, ce n'est pas cela. Les Français en général sont les gens d'esprit, la

nation qui brille, et les beaux-esprits parmi eux
n'ont que l'avantage d'être les premiers parmi
leurs semblables. Je vous entends, direz-vous:
les nations ont de l'avantage les unes sur les
autres par le plus et le moins, et se distinguent
par là; celui des Français consiste à avoir
plus d'esprit, comme celui des Anglais à avoir
plus de bon sens, et comme d'autres nations ont
d'autres avantages. Non, monsieur, vous n'y êtes
pas encore. Les Français n'ont pas seulement
plus d'esprit que les autres peuples; ils ont de
l'esprit et les autres n'en ont pas. Comme les
Grecs se distinguaient autrefois de tous les peuples de la terre, non pas du plus au moins, mais
du tout au tout, et qu'ils regardaient ces autres
peuples comme des barbares, les Français se
distinguent aujourd'hui du reste des hommes:
ce sont les Grecs de nos temps, et les autres
nations leur servent de proverbes. S'il arrive que
d'autres hommes aient de l'esprit, et que le fait
soit bien avéré, c'est qu'enfin il n'est pas impossible que dans le monde il n'y ait des hommes
qui ressemblent aux Français. Leur droit sur
l'esprit, comme sur une chose qui leur appartient
en propre, est si bien établi chez eux, que je
suis persuadé que le Français qui s'en fait le
moins accroire, et qui n'a nulle opinion de soi,
par rapport à d'autres Français, n'hésitera point
en matière d'esprit de se mettre au-dessus de
tout étranger, et que tout ce qu'il croit nous

devoir là-dessus, c'est de s'observer, pour ne nous pas humilier mal à propos, pour ne pas traiter un Allemand, comme s'il avait dépendu de lui d'être un Français. Ils étendent cet acte de justice jusqu'à nous accorder le bon sens, qu'ils tiennent être de tout pays, et qu'ils nous laissent comme le reste de l'esprit, comme ce qui en est la lie, mais que cependant ils croient suffisant pour exempter de mépris les hommes qui en ont. Voilà, monsieur, sur quel pied nous ne sommes pas méprisés des Français, de ceux d'entre eux qui se font honneur de leur nation et qui donnent quelque attention au reste des hommes, pour faire des comparaisons et avoir le plaisir de jouir de la prérogative dont ils sont en possession. Mais, quand même ils s'élèveraient entièrement au-dessus de nous; quand ils passeraient jusqu'à nous mépriser, comme la chose pourrait arriver quelquefois, nous aurions tort de nous en formaliser et de les rendre responsables d'une supériorité établie généralement parmi eux, et qu'ils ont même reçue de leurs pères. Peu d'entre eux trouvent les occasions d'y renoncer, et il n'y en a sans doute pas beaucoup qui soient en état de profiter des occasions qui s'offrent. Laissons-les être Français dans toute l'étendue de leur caractère, et tirons-en parti, en riant de l'opinion et de tout ce qu'elle établit parmi les hommes. En conséquence d'un partage qui donne l'esprit aux uns et laisse le bon sens aux autres, il doit être

permis aux gens d'esprit de s'élever au-dessus
des gens sensés et d'en faire des plaisanteries,
et il doit être défendu à ceux-ci de le trouver
mauvais. Il sera permis aussi aux gens qui ont
du bon sens de s'en servir pour examiner les
mœurs et les manières des autres, et d'y mettre
le prix. Je vous embrasse, monsieur, de très bon
cœur.

Seconde lettre.

Je continue, monsieur, à vous écrire sur le
sujet des Français, et ce que je n'ai pas fait
dans ma lettre précédente, je le ferai dans celle-
ci : je vous dirai le bien qu'il y a à dire d'eux,
aussi bien que le mal. J'espère qu'il se présen-
tera de même, et je me mets avec plaisir à vous
écrire.

Les Français ont su assortir leur caractère,
et se sont fait un plan de vie commode et bien
entendu dans son espèce, c'est-à-dire par rapport
à la société où leur inclination les porte. On ne
voit pas chez eux toutes ces coutumes gênantes
qui dégoûtent de la société, et que sans doute
le défaut d'amitié et de confiance a introduites.
Ils n'ont point cette gravité fausse et affectée,
qui couvre plutôt le manque de mérite que le
mérite même. Ils ne s'empêtrent pas dans de
continuelles façons, et ils ne se font pas réci-

proquement des honnêtetés, qu'il n'est pas permis de recevoir, et qui sont autant de pièges pour les personnes à qui on les fait. On n'entrecoupe pas chez eux les actions ordinaires de la vie par des compliments; ils en connaissent le ridicule, et dans les occasions où il est établi d'en faire, ils les font courts. On ne se trouve point avec eux dans l'embarras de leur choisir leurs titres, et de leur en donner de magnifiques à contre-cœur; on en est quitte pour un simple *monsieur,* qui est en sa place partout, de la part d'un étranger principalement. Ils ont des bienséances réelles et qui ne varient point, à quoi il est aisé de se conformer et qu'on adopte avec plaisir, et il ne faut point douter que les Français ne soient la nation où tout ce qui sied bien et qui orne la société, est le mieux connu. C'est dommage qu'ils ne s'en tiennent là, et qu'ils ajoutent aux vraies bienséances qui sont fixes, un nombre de raffinements et de bizarreries qui varient et dépendent de la mode. Celles-là embarrassent un étranger, qui n'en est pas instruit, et qui voudrait se conformer aux manières du pays. Il est vrai qu'ils ont l'honnêteté de nous passer les fautes que nous faisons à cet égard, comme ils nous passent celles que nous faisons contre leur langue, devenue trop difficile pour nous, et ils pourraient nous les passer sur le même pied: nous ne saurions les suivre dans tous ces raffinements qui demandent une attention, que nulle langue et nulles manières ne méritent. Non seulement ils nous passent ces sortes de fautes, mais ils nous en corrigent, lorsqu'ils nous connaissent assez familièrement pour cela. A tous égards ils se font un plaisir de reprendre et de former un jeune homme étranger qui est docile, et le prennent aisément en affection, et par toutes les honnêtetés qu'ils font aux étrangers, ils achèvent de faire voir qu'ils connaissent les devoirs de la vie, qu'ils les connaissent pour les pratiquer. Il me souvient que, dans le temps que je servais dans nos troupes, qui étaient cantonnées près de Versailles, il m'arriva, étant à la chasse, de tirer sur des perdrix, tout près d'une assez belle maison. Elle appartenait à un gentilhomme qui y demeurait actuellement, et qui s'était retiré de la cour. Il sortit et vint à moi, et comme il vit que j'étais un étranger, il me pria d'entrer chez lui pour me rafraîchir. La visite se passa en honnêtetés, sans qu'il fût fait mention de la chasse, et ce ne fut que dans une seconde visite qu'il me fit comprendre, d'une manière aussi cordiale que polie, la conduite peu civile qui, de ma part, avait donné lieu à notre connaissance. C'est-à-dire, que cette action, comptée parmi les plus étourdies, au lieu de l'irriter et de lui donner de l'éloignement pour moi, servit seulement à lui faire comprendre, que j'étais un jeune homme qui avait besoin de ses avis. Il m'en donna sur mes manières, et me témoigna beaucoup d'amitié pendant tout le temps que dura notre séjour dans son voisinage. Le Français a du penchant à l'amitié, aussi bien à la liaison étroite et forte, qui mérite proprement ce nom, qu'aux connaissances agréables et aux commerces d'habitude, à qui on le donne, et il s'acquitte agréablement des devoirs qu'elle exige. Mais d'ordinaire son inclination est trop vive, et au lieu de se former peu à peu, ce qui est le propre de l'amitié, elle s'enflamme subitement et arrive en peu de jours à son plus haut période. Vous croyez bien dès là qu'elle n'est pas de durée; aussi accuse-t-on les Français d'être changeants, et d'aimer les nouvelles connaissances. Mais c'est quitter trop tôt le bien qu'il y a à dire d'eux, et j'y reviens.

Il est certain que nous autres étrangers, nous trouvons chez les Français tout ce qu'on peut demander d'une nation chez qui on voyage, et à plusieurs égards tout ce que les Français y trouvent eux-mêmes. Ils ne rebutent point ceux qui veulent faire connaissance avec eux, et pour peu qu'un étranger ait de manières et de savoir-vivre, ils ne font pas difficulté de lui procurer encore d'autres connaissances, et en général tout l'agrément qu'il peut souhaiter dans un pays étranger. Un Français lie amitié avec un étranger qui lui convient, aussi aisément qu'avec un autre Français. Au bout de trois jours il lui offre sa bourse, s'il en a besoin, et il fera pour son nou-

vel ami toutes sortes de choses, à quoi celui-ci
ne s'attendait pas, et dont il savait à peine qu'elles
se fissent, ou, du moins, que personne dans son
pays n'avait faites pour lui. Mais, même hors de
ces liaisons particulières, nous ne pouvons que
nous louer du bon accueil que les Français nous
font. On peut dire qu'il se trouve peu d'étrangers qui ne soient aussi agréablement en France
que chez eux, et qui ne souhaitent de trouver
dans leurs pays les manières d'agir envers eux,
qu'ils trouvent chez les Français, qui ne sont
liés à eux que par leur inclination bienfaisante,
et par le caractère d'honnêteté et de politesse
qui est particulier à cette nation. Il est vrai qu'à
examiner la chose de près, il se trouve que leur
politesse couvre des sentiments dont nous n'avons
pas lieu d'être entièrement contents : on pourrait
dire qu'ils nous font des honnêtetés, à peu près
sur le pied que les hommes en font aux femmes,
qu'ils nous traitent en créatures inférieures et
faibles, à qui on doit des égards. Mais cela ne
diminuerait pas les obligations que nous leur
avons, puisqu'enfin ils pourraient se dispenser
d'être polis à notre égard, et qu'ils ne tirent pas
de notre commerce assez de plaisir pour avoir
intérêt à s'observer et à se gêner avec nous.
D'ailleurs, il y a plus que de la politesse dans
ce qu'ils font pour les étrangers. Ils se fient facilement à nous, du moins les Parisiens, qui sont
ceux avec qui nous avons le plus de commerce,

et je crois que c'est assez le caractère général de la nation. Quoiqu'il leur arrive de faire des pertes considérables avec des étrangers de mauvaise foi, qui se prévalent de leur facilité, on ne leur voit pas de la défiance à l'égard des autres, ou du moins, ils ne prennent pas des précautions qui les incommodent; en cela plus humains que les Anglais, à qui il arrive souvent de traiter les étrangers avec dureté, et qui n'entrent guère dans les circonstances où ceux-ci peuvent se trouver.

Des gens qui s'acquittent si bien de ce que l'on doit aux étrangers, ne peuvent que se bien acquitter de ce qu'ils se doivent les uns aux autres. Ou plutôt, il faut dire que ce n'est qu'à force de s'acquitter des devoirs réciproques, que l'on parvient à s'acquitter de ceux que l'on doit aux étrangers: c'est l'habitude de bien faire qui s'étend jusqu'à eux, et les met de pair avec les gens du pays. Du moins, peut-on donner cet éloge à leurs sociétés qui sont de choix, à tout ce monde qu'on nomme ici les honnêtes gens, c'est-à-dire, à ceux qui, par un train de vie plus apparent, se distinguent du peuple. Il leur est très ordinaire d'avoir de la complaisance les uns pour les autres, et même de s'entr'aider dans les occasions et de leur crédit et de leur bourse. Lorsque la coutume le demandait, ils s'entr'aidaient de même de leur épée. Ceux qui n'ont ni bien, ni crédit, donnent leurs soins et les don-

nent libéralement. Ils font plaisir avec empressement et de bonne grâce ; ils aiment à prévenir,
et ils nous dispensent volontiers des compliments
que nous croirions leur devoir là-dessus. J'en ai
vu pousser leur inclination bienfaisante fort
loin, et même jusqu'à une espèce d'héroïsme, de
toutes les espèces sans doute la plus belle. Je
parle de ces gens qui n'ont pas de plus forte
passion que d'être utiles, et de faire plaisir à tout
le monde, cherchant quelqu'un qui ait besoin
d'eux, quelque malheureux à secourir ou à consoler, et qui s'intéressent pour tous ceux qu'ils
trouvent, avec autant de chaleur qu'on pourrait
faire pour un ami ou pour un frère ; ils y emploient leur bien et leur vie. On voit aussi parmi
eux cet autre héroïsme plus commun, je veux dire
celui qui regarde la bravoure, où ils ne le cèdent
à aucune nation. La noblesse française en fait
la première de toutes les qualités qui la doivent
distinguer du peuple, et elle en donne des preuves
de temps en temps. Parmi leurs jeunes gentilshommes enrôlés par compagnies, on en a vu
sauter du haut d'un bastion, pour aller joindre
leurs amis qui se battaient, risquant de se casser
le cou de la chûte, de se faire tuer dans le
combat, ou, enfin, de perdre la vie, au cas que
la chose vint à se découvrir. Il y a de l'excès
en cela, je l'avoue, et cette bravoure pourrait
être mieux employée ; mais cet excès même a
quelque chose de noble et de généreux ; c'est

chez des jeunes gens qu'il est en sa place, et c'est en faveur de l'amitié qu'il est beau de le faire valoir. Le Français y est sensible; je l'ai déjà dit, et c'est une chose à répéter à son honneur. Dans les grandes occasions, comme dans les petites, il se pique de ne point manquer à ce qu'il croit devoir à ses amis, et la bonté de cœur qui est propre à cette nation, lui fait étendre ses devoirs fort loin. C'est ce qui fait des Français, sinon les meilleurs amis du monde, ce qui serait peut-être trop dire, du moins les amis les plus attentifs aux devoirs de l'amitié, et peut-être la nation où il y a le plus d'amis.

Mais voici en même temps une grande bizarrerie: non seulement le Français ne prétend point se faire valoir par cet endroit, par sa bonté de cœur, et n'ambitionne point cet éloge; mais dans ce pays de bonnes gens, qu'on voudrait pouvoir louer dignement sur ce sujet, et s'acquitter par là en quelque façon de ce qu'on leur doit, il se trouve que les noms de bon homme, bonne femme, sont sujets à être pris en mauvaise part. Alors ce sont des espèces d'injures qui ne désignent pas moins qu'un idiot, un homme simple, avec qui, surtout, on ne veut point ici de ressemblance. C'est par l'esprit, qu'ils envisagent généralement comme opposé à la bonté, que les Français veulent être loués; au hasard même d'être comparés au diable, qui est une des expressions qu'il emploient dans ces sortes d'occasions. Elle peut servir aussi à faire connaître le genre d'esprit qu'ils louent, et à quel point la bonté de cœur est peu recherchée, et son prix peu connu chez eux. On peut dire du Français, qui connaît si peu ses avantages, qu'il ressemble au cerf de la fable, qui estime beaucoup son bois apparent, ornement qui peut lui être funeste, tandis qu'il a honte de ses pieds menus, qui lui rendent de très bons services. Cette bizarrerie mérite d'autant plus d'être remarquée, que parmi les nations voisines, qui ont la maladie de copier les Français, il se trouve déjà grand nombre de gens qui commencent à avoir honte de la bonté de cœur, et se défendent d'en avoir. Il est inutile de leur dire qu'il n'arrive guère qu'une bête soit bonne, et que la malice est bien plus souvent une marque de bêtise que non pas la bonté; qu'il vaudrait même mieux être ce qu'on appelle bête et avoir le cœur bon, que d'être homme d'esprit et l'avoir mauvais. Chez tous ces gens, des raisons ne peuvent rien contre des expressions en vogue; ils s'en tiennent à celle qui a passé en proverbe, qu'il vaut mieux être malin que bête, et souvent il leur arrive qu'en voulant se racheter de la bêtise par la malice, ils joignent ces deux choses ensemble et sont de mauvaises bêtes. On entend encore dire aux Français, quand ils veulent marquer du mépris pour quelqu'un: *c'est un bon prince*, comme si un prince, surtout, avait mauvaise grâce d'être pacifique et bon.

Pour cela, c'est leur affaire; ils peuvent savoir ce qui en est; je veux dire ce que c'est que le mérite d'un prince, fondé sur des qualités plus éclatantes. Mais à l'égard des particuliers, ils nous permettront de nous défendre contre leurs mauvais proverbes, et d'envisager constamment la bonté de cœur, non seulement comme ce qui fait un très bon caractère, mais encore comme ce qu'il y a de plus beau dans celui de leur nation, comme la source des bonnes qualités à louer en elle et à imiter.

A la bonté de cœur, le Français joint la franchise, qui peut-être aussi en est une suite, et cette qualité seule mériterait d'avoir son éloge et suffirait pour faire celui de cette nation. C'est celui aussi que je ferais avec plaisir, si c'étaient des éloges principalement que j'eusse entrepris de faire; mais, à vous monsieur, il ne faut que des récits, et vous faites ces sortes d'éloges vous-même. Chez les Français, la franchise, et pour vous étaler toute leur richesse, qu'ils ont communiquée à leur langue et qui leur fait honneur, la sincérité, la bonne foi, l'intégrité, la candeur, la probité, la droiture, la cordialité, l'ouverture de cœur, la qualité *d'homme rond*, et enfin l'aimable naïveté, et l'ingénuité, semblent être attachées au caractère d'honnête homme, à ne parler même que des honnêtes gens, dont leur pays fourmille. Si tous ne possèdent pas réellement ces qualités, ce que je n'oserais dire, ils leur rendent, du moins, hommage, par l'apparence qu'ils en prennent, et qui, plus que toute autre chose, produit certaines manières qui sont particulières à cette nation. Je pense même que c'est de là que le nombre des honnêtes gens parait si grand en France. Rien n'est plus propre à faire passer pour honnête homme qu'un air de franchise, parce que rien ne convient mieux à un honnête homme que d'être franc, et rien n'est plus commun en France que cet air. Chacun le prend; c'est proprement l'air français, et parmi eux un homme réservé semble avoir quelque chose de singulier et d'étranger. Ils auraient bonne grâce de faire dériver de là le nom de leur nation, le nom de *Français* de *franc,* qui était leur premier nom, et qu'ils n'ont fait qu'allonger. Pour allonger aussi leur éloge, je dirai que les étourdis sont plus communs et moins ridicules ici qu'ailleurs; ce qui, sans contredit, doit leur faire honneur, puisque le caractère d'étourdi, non-seulement est des moins à craindre dans la société, mais que c'est même un des plus agréables, lorsqu'il a ses bornes et que la naïveté s'y trouve jointe. La bonté de cœur qui est propre aux Français, et qui fait le fond de leur caractère, et la franchise qui assortit cette bonté, font ensemble l'ornement de cette nation. S'ils cultivaient ces qualités autant qu'elles le méritent, et s'ils plaçaient là la préférence qu'ils prétendent avoir sur les autres nations, on serait tenté de la leur adjuger.

Il y aurait plusieurs choses à faire valoir en faveur de cette nation; mais comme elles se trouvent ailleurs aussi bien que chez les Français, je passe à celles qui les caractérisent plus particulièrement. Une des principales est l'éducation des enfants. Les soins que les Français prennent pour cela leur font honneur: ils souffrent leurs enfants autour d'eux, et ne s'en débarrassent point, pas même lorsqu'ils ont compagnie. Ils les écoutent et ils leur répondent d'une manière raisonnable; ils tâchent aussi d'obtenir d'eux, par la douceur, ce qu'en d'autres pays on en veut avoir d'autorité et par force. C'est dommage qu'en s'y prenant si bien, ils n'aient pas de plus grandes choses en vue. En effet les Français inspirent à leurs enfants des habitudes, plutôt que des principes, des bienséances qui font honneur pour le présent, plutôt que ce qui peut servir de règle pour l'avenir. Ils mettent un trop grand prix à la contenance, aux manières et à la bonne grâce, et ils en mettent un trop petit à des qualités plus essentielles, aux qualités du cœur; ou du moins, ils mettent trop d'égalité entre ces choses. Par là, ils font prendre le change aux enfants, qui vont naturellement au plus facile, aux manières, plutôt qu'aux devoirs de la vie; plutôt à ce qui est applaudi, qu'à ce qui est simplement dans l'ordre. Cette manière de

former les enfants, ne vous fait-elle pas souvenir
de celle dont cet ancien statuaire formait ses
statues? Il ne savait point, dit le poète, leur
donner de la proportion, mais il excellait à les
finir par les cheveux et les ongles. Aussi voit-on
en France le fruit de ces soins si mal placés.
On y voit les jeunes gens devenir libertins, et
s'abandonner à toutes sortes d'excès, dès qu'ils
sont en âge de le faire, et je crois qu'on peut
dire, sans se tromper, que la jeunesse française
est la plus vive et la plus déréglée de l'Europe.
Commettre cent excès, n'observer aucune bienséance, railler et tourner en ridicule tout ce qui
se présente, est le caractère qu'on peut donner
à la plupart d'entre eux; ils y tâchent à l'envi,
comme à ce qui convient naturellement à un
jeune homme, et ils y réussissent à merveille.
Ce mal, presque général, doit faire comprendre
aux Français, que même les bons sentiments,
lorsqu'ils ne sont fondés que sur des motifs d'honneur et de bienséance, ne suffisent point pour
préserver de la corruption, et ne sauraient tenir
contre les occasions de débauche, où les mauvaises compagnies engagent. Il semble qu'il
devrait aussi y avoir là de quoi les dégoûter de
la vivacité, dont ils font tant de cas, et qu'ils
cultivent dans leurs enfants, au lieu de la mo-
dérer. Mais il faut vous dire aussi qu'il n'est
pas extraordinaire en France de voir de ces
jeunes gens extravagants et plongés dans la dé-

bauche, devenir ensuite de très honnêtes gens, et s'adonner au bien, comme ils s'étaient adonnés au mal. Il y en a beaucoup dont on dirait que dans leur jeunesse ils n'ont commis toutes sortes d'excès, que pour les connaître et les haïr d'autant plus fortement dans la suite.

Une singularité qui caractérise les Français et les distingue de toutes les nations, c'est leur train de vie, en tant qu'il consiste en visites. Cet article, que j'ai déjà touché en passant, mérite que je m'y étende et que j'entre dans quelque detail là-dessus. Je ne parle pas des visites que des amis se font, pour passer quelques heures ensemble et jouir de la douceur de l'amitié. Celles-là sont, je pense, de tout pays, et si les Français ont quelque avantage sur d'autres nations à cet égard, c'est parce qu'ils ont naturellement plus de penchant à se communiquer, et que toute leur application va à ce qui regarde la société. Ils ont établi des visites d'une autre sorte, qui sont plus générales, et où il entre quelque chose de plus marqué du caractère de leur nation : des visites fréquentes qu'ils font chaque jour comme l'œuvre à faire, comme si c'étaient des malades qu'ils eussent à visiter. Tout ce qu'il y a de gens de mise et qui savent vivre, se les font et se les rendent ; on s'en tient compte réciproquement, comme d'une chose en commerce, et parmi les exactitudes qui siéent bien à un honnête homme, ils mettent celle qui regarde les visites. Elles font honneur aussi par la manière de les faire, qui doit être libre et dégagée de tout embarras: de tout celui où des gens ordinaires se trouveraient, s'ils se voyaient dans un lieu où ils n'auraient rien à faire, et chez des gens à qui ils n'auraient rien à dire. Ceux qui ont la science qu'ils appellent du monde, c'est-à-dire qui savent les manières qui en font l'essentiel, ne sont point dans le cas, et pour ne s'y trouver jamais, il est établi parmi eux que les visites soient courtes. Ils ne font que se montrer aux personnes qu'ils vont voir, et dès qu'ils ont été vus, et surtout, lorsque d'autres personnes arrivent, ils disparaissent. La conversation, pendant le moment que dure la visite, doit être soutenue, autant que si on avait quelque chose à se dire, et d'ordinaire elle l'est, sans qu'on voie ce qui la soutient, sans qu'il y ait ce qui, proprement, s'appelle un sujet de conversation; c'est ce qui en fait le fin. On s'y montre du beau côté, du côté de l'esprit, si on en a, et du plus au moins tout le monde en a ici; car les visites ont leur style, qui dépend de la routine autant que du naturel, et la routine ne manque ici à personne. Il n'y a qu'un homme qui n'aurait que du bon sens et qui ne saurait pas son monde, qui pût s'y trouver embarrassé. Mais celui-là se tirerait d'affaire d'une autre manière. Il est permis en visite de garder le silence, lorsqu'on y trouve quelqu'un qui parle, et

on est sûr d'y trouver ce quelqu'un aux heures
où les visites se font. C'est-à-dire qu'on les peut
faire en spectateur, si on veut, et que ce personnage est supporté en France. Cela est commode pour les étrangers, et semble établi exprès
pour eux; et ces visites, de la manière dont elles
se passent, méritent, effectivement, d'avoir des
étrangers pour spectateurs. Peut-être même que
ce sont les étrangers qui, en faisant ce personnage, l'ont introduit, et que les Français pourraient nous accuser d'avoir mis une bizarrerie
dans leur savoir-vivre. Quoiqu'il en soit, il y a
des Français qui l'adoptent, et on en voit parmi
eux qui, dans les visites, font la figure d'étranger
et se donnent le plaisir du spectacle; soit que
sérieusement ils y prennent goût, ce qui, enfin,
n'est pas impossible, soit que le silence, gardé
en visite, leur paraisse une espèce de distinction,
dont ils se font honneur. Car, comme le Français
évite la singularité en certaines choses qui ne
seraient pas suivies, il la recherche en d'autres,
où il comprend qu'il ne sera pas le seul, et se
fait valoir par là, comme un homme qui marche
à la tête des autres.

On se montre aussi dans les visites par la
parure, qui est proprement la chose à montrer,
et qui est essentielle au beau monde; c'est par
cet endroit, surtout, qu'il est beau. La parure
est établie en France plus que nulle part ailleurs,
et je pense qu'elle contribue à donner cours aux

visites, autant que l'esprit, et peut-être davantage,
quand ce ne serait que par la nouveauté et la
facilité du changement, en quoi elle l'emporte
sur l'esprit. En cela les Français doivent beaucoup aux femmes, qui, dans ce pays, quittent la
maison et courent se montrer tout comme les
hommes. Quand je dis courir, j'entends une course
honorable, qui se fait en carrosse, et avec un
équipage somptueux qui assortit le reste. Cette
circonstance contribue beaucoup à relever la parure, et à la pousser jusqu'à la magnificence;
car, avec la parure, le carrosse fait triompher les
femmes elles-mêmes, et les expose tous les jours
en spectacle au public. Aussi font-elles de la
parure leur grande affaire. Elles raffinent là-
dessus, au-delà de tout ce qu'on peut dire. Il est
vrai, qu'avec toute l'application qu'elles ont à se
parer, elles ne dépendent point de la parure,
qu'elles ne risquent rien à faire tous les essais
dont elles peuvent s'aviser. Ailleurs, les femmes
se défient de leurs charmes, et se connaissent
assez pour ne rien hasarder légèrement en fait
de parure. Ici, elles ne sont pas réduites à tant
de circonspection. Il leur est presque indifférent
de se couvrir ou de se découvrir, d'avoir leurs
robes peintes de fleurs, ou de dragons et de fu-
ries. Tout tourne également à leur avantage, et
de quelque manière qu'elles se mettent, elles
sont parées; toujours il y a du nouveau sur elles,
et elles plaisent de nouveau aux hommes pour

qui elles se parent, et qui se parent pour elles.
Je ne sais si dans ce pays où les femmes sont
un personnage ausi apparent que les hommes,
et les voient tous les jours, elles leur ont com-
muniqué le goût pour la parure, ou si ceux-ci
se parent, parce que le penchant de la nation
les y porte; toujours est-il vrai que les hommes
n'y sont guère moins parés que les femmes, et
que la parure leur sied tout aussi bien; que se
parer pour faire des visites, et faire des visites
pour montrer la parure, est l'occupation ordinaire
de tout ce monde qu'on appelle en France le
beau monde, et qui est assez important pour que
je vous en dise quelque chose de plus précis.

Le beau monde se fait valoir et s'éloigne de
la foule, non seulement par le rang que les personnes qui le composent peuvent avoir naturellement, mais aussi par celui que ce train de vie
distingué lui donne; par la dépense qu'on y fait,
et qui ne doit pas être trop calculée; par le
plaisir qu'on se procure de jour à autre, et dont
on jouit plus délicatement que la foule. Mais
surtout, le train de vie du beau monde se soutient
par le mélange d'hommes et de femmes, qui en
est comme le fondement et le lien. C'est ce qui
donne lieu au savoir-vivre, et à la galanterie française de s'étaler. C'est par là que l'inclination
que les deux sexes se portent naturellement, est
réveillée et mise en œuvre. Par là les avantages

de chaque sexe paraissent avec éclat; l'envie de
plaire les anime de part et d'autre, et c'est où la
liberté française est en sa place et fait merveilles.
Comme ils laissent à la foule les plaisirs grossiers qu'ils dédaignent, ou que du moins ils font
profession de dédaigner, la plupart d'entre eux
laissent aussi à une autre espèce de gens ces
conversations ennuyeuses, où il entre de la morale, qu'on suppose ici n'être naturellement du
goût de personne, ou du moins, n'accommoder
guère les personnes qui ont du goût. Cela est si
établi parmi le plus grand nombre de ceux qui
font le beau monde, que le mot de moraliser est
sujet à être pris en mauvaise part. Il signifie
épiloguer, raffiner mal à propos; et vous croyez
bien qu'en France, lorsqu'une expression autorise
un usage, on a suffisamment pourvu à sa sûreté.
Je crois qu'il faudra leur passer ce dégoût, et
les trouver gens de bon sens, qui se soutiennent
dans leur train de vie, et savent éloigner ce qui
ne leur convient pas. Ils savent aussi discerner
ce qui leur convient. Le beau monde a sa propre
morale qu'il met à la place de cette autre, rigide
et surannée: une morale gaie et riante, qui in-
cite à la joie, et appuie sur la nécessité de mettre
à profit le temps qui passe si vite et finit les
beaux jours, lorsqu'à peine ils commencent. Si
ce qu'on débite familièrement là-dessus ne suffit
pas, des ouvrages écrits en beau style le prouvent, et rassurent les esprits faibles, qui se lais-

sent aller à des doutes mal à propos. En effet, on peut faire pis que de se réjouir et de goûter les douceurs de la vie, et c'est sans doute dans le beau monde plutôt que hors de là, qu'il les faut goûter. Ennemis des façons et de la contrainte, on s'y abandonne réciproquement à une douce familiarité qui donne lieu de s'ouvrir et de se parler avec confiance. Les collations, le jeu, les repas, les chansons et d'autres divertissements y entrent, et mettent dans les plaisirs la diversité qui les fait subsister. C'est là que les nouvelles modes paraissent, et rendent la société respectable au public; c'est là aussi que les nouvelles manières de parler s'introduisent, et donnent du relief à la conversation. Comme c'est sur les livres du temps que se forme l'esprit de ces sociétés, c'est sur les conversations brillantes et enjouées de ces sociétés que se forment les livres du temps. Ces deux choses emsemble font circuler l'esprit et les belles manières en France, et étendent le beau monde jusque dans ses derniers recoins. Il n'y a si petit bourg qui n'ait le sien, des gens du bel air, qui se distinguent des autres, et qui soutiennent l'honneur du lieu et de la nation. Au reste, ce ne sont pas seulement les jeunes gens qui composent ces sociétés; les personnes d'un âge avancé ne s'y plaisent pas moins, et n'y croient pas être hors de leur place. Ou plutôt, il faut vous dire qu'en France les gens de plaisir et du bel air ne vieillissent pas; ils conservent le caractère de jeunesse, à quoi ils font honneur, et goûtent les plaisirs jusqu'au bout.

Que dire de tout cela? Placerons-nous galamment le train de vie du beau monde parmi ce que l'on doit admirer chez les Français? Ou bien, en philosophes, en gens qui moralisent, l'examinerons-nous, et mettrons-nous la chose en question? Leur accorderons-nous que pour passer agréablement la vie, il faille la passer dans les plaisirs et y revenir chaque jour? Ou, en gens plus voluptueux, plus entendus dans les plaisirs qu'eux, leur soutiendrons-nous qu'il est essentiel au plaisir de n'être qu'entremêlé à un train de vie uni et simple, et même d'y être entremêlé avec ménagement? Faudra-t-il approuver l'extrême liberté que les femmes ont en France, et tomberons-nous d'accord que le commerce fréquent et libre entre les deux sexes les préserve de la corruption grossière, où succombent en d'autres pays quelques-unes de ces femmes qu'on tâche de tenir renfermées? Pour décider cette question, on en peut former une autre, qui est de savoir si le caractère de ce sexe, qui dans le fond, et selon la pratique de tant de nations, demande de la retraite et quelque séquestre, si ce caractère, dis-je, n'est pas blessé et détruit par le train de vie établi en France. Et si cela est, je demande encore lequel de ces deux inconvénients est le plus grand: celui de ne pouvoir empêcher que de temps en temps des femmes se laissent tenter par l'occasion et s'échappent, ou l'inconvénient de voir chaque jour de la vie les femmes en général sortir du caractère de leur sexe et se corrompre le cœur, sans même que tout ce qui se passe à cet égard soit compté pour des échappées. Il est vrai que[1] „pour les „femmes du monde, un jardinier est un jardinier, „et un maçon, un maçon; que pour quelques „autres plus retirées, un maçon est un homme, „et un jardinier est un homme; que tout est „tentation à qui la craint.“ Mais je demanderais volontiers si ce qui, en France, guérit les femmes de cette tentation n'a pas du rapport à ce qui, ailleurs, y en fait succomber quelques autres; si les femmes qui, tous les jours, voient familièrement les hommes, ne prennent pas à leur mode, c'est-à-dire, délicatement, et d'une manière étendue, le plaisir que ces autres prennent grossièrement et avec plus de précipitation; si elles ne se ruinent pas en monnaie et peu à peu, comme ces autres se ruinent en grosses pièces et tout d'un coup. En un mot, je demande si un caractère de femme usé n'est pas aussi défectueux, si ce n'est pas un aussi grand défaut du sexe, qu'un caractère qui a quelque chose de déchiré. On pourrait demander aussi si le parti qu'on tire des femmes en France et dans le beau monde,

---

[1] Les Caractères ou les mœurs de ce siècle.

n'a pas quelque chose de plus grossier et de plus vulgaire que celui qu'on en tirerait, si on leur laissait la pudeur, la modestie, la timidité, qui font, sans contredit, l'ornement de leur sexe; ou, si la comparaison n'est point trop grossière, s'il n'y a pas de la sottise à laisser chaque jour de la vie écrémer à d'autres le lait dont on veut faire son repas. Disons grossièrement, et à l'avantage des nations qui tiennent une conduite opposée à celle des Français, une grande vérité : une femme qui, une fois en sa vie, a eu un malheureux moment où elle s'est laissée aller, et dont elle a de la confusion ensuite, une femme à qui une faute connue du public a fait prendre le parti de la retraite, est moins corrompue et moins p*** (sic) cent fois, qu'une femme qui passe sa vie à aimer les hommes et à vouloir leur plaire, à leur donner de l'amour et à en prendre; du moins, s'il est vrai que la corruption soit un vice du cœur, et que ce soit dans le cœur que la pudeur subsiste. Mais tiendrons-nous pour certain qu'en France les femmes se contentent du plaisir qu'on y appelle innocent et délicat, et que le beau monde, tous les jours mis en goût, se contienne et ne salisse point sa beauté? Tous ces hommes à bonnes fortunes se vantent-ils, ou sont-ils discrets sans sujet? Toutes les aventures dont on entend parler dans le public, sont-ce des contes faits à plaisir? Tous ces beaux seins découverts, et qui semblent être exposés

en vue tout exprès pour inviter les hommes et
les encourager à matérialiser l'amour délicat, ne
font-ils aucun effet? Si cela est ainsi, si on s'en
tient là, j'admire cette retenue dont je ne vois
pas la cause; j'admire qu'en France les femmes
sachent s'arrêter dans un chemin si glissant, que
tout leur aplanit et rend dangereux pour elles.
Soyons grossiers, encore une fois, et disons, qu'il
y a peut-être cent fois plus de corruption, plus
de p…nisme (sic), en France, parmi le beau monde,
qu'il ne s'en trouve dans d'autres pays, où les
femmes n'ont pas la liberté de voir les hommes;
et qu'après tout, le grand secret pour ne pas
succomber à la tentation, c'est de la craindre et
de ne s'y pas exposer. Osons être philosophes
aussi bien que grossiers, et disons des Français,
qu'ils ont trouvé le secret de faire agréablement
le chemin de la vie: ils ressemblent à des voyageurs qui vont de compagnie, et qui, pour s'ennuyer moins, se jettent dans des vallées, cherchent l'ombre des bois, et se reposent partout
où ils trouvent de la fraîcheur; ils courent risque
de s'égarer et de ne pas arriver au gîte. D'autres
qui n'ont pas ce savoir-faire, marchent à découvert et tiennent la plaine; ils regardent devant
eux le lieu où ils veulent aller, et s'en occupent
plus que de leurs compagnons de voyage, et du
plaisir qu'ils pourraient prendre en chemin; ils
se fatiguent et ils arrivent. En un mot, le Français fait de la vie une partie de plaisir, une pro-

menade. D'autres en font une affaire sérieuse, un voyage. Chacune de ces choses a ses avantages et ses inconvénients, selon la manière dont on les envisage ; c'est à nous à ne les pas confondre, et à voir ce qui nous convient. Que je répare un peu mon trop de philosophie, et le mal que je viens de dire du beau monde des Français, par un éloge qui leur est dû : par un mot sur leur homme de mérite, qui demande un article à part.

Le Français, homme de mérite, a à peu près ce que les personnes de mérite ont partout ailleurs, puisqu'enfin, il n'y a qu'une seule espèce de vrai mérite parmi les hommes, et il a de plus tout l'agrément qui est particulier aux Français. On n'a pas la peine de le deviner ; ses manières le rendent, pour ainsi dire, transparent et laissent voir tout son mérite, et c'est chez lui que s'accomplit le souhait d'un ancien à l'égard de la vertu : on l'y trouve comme visible, et elle s'y fait aimer avec passion. En effet, on se sent entraîné vers le Français, homme de mérite ; on voudrait lui ressembler, et on a du regret de ce que tous les hommes ne lui ressemblent pas. On peut faire fond sur lui, et se fier entièrement à sa parole : la probité, l'honneur, la générosité se trouvent chez lui, en quelque façon, comme dans leur source : c'est lui qui les répand parmi les Français, et qui les met en vogue au point où nous les voyons. Il a les bonnes qualités de sa nation, et il en fait valoir heureusement jusqu'aux défauts qu'il rectifie : s'il brille dans la conversation, c'est pour dire des choses obligeantes, pour défendre ceux qu'on attaque, ou pour faire en sorte que les gens soient contents d'eux-mêmes. Il y réussit si bien qu'on sort d'auprès de lui trop satisfait de soi ; c'est ce qu'on peut lui reprocher. S'il fait attention aux petites choses, c'est pour ne négliger aucune occasion de faire plaisir ; il s'y prend de si bonne grâce, qu'on ne croit presque pas lui avoir de l'obligation : il semble qu'il n'ait eu en vue que de se contenter soi-même. En un mot, et pour ne me pas engager dans un trop grand détail, être honnête homme et faire plaisir, est chez lui une profession ; il s'y applique et il y excelle ; c'est, je crois, ce qu'il y a parmi les hommes de plus revenant. Rien ne lui manque que de valoir pour soi-même ce qu'il vaut pour les autres, et il ne faut pas douter qu'il ne s'en trouve parmi eux à qui cela même ne manque point. Mais ce qui mérite surtout d'être remarqué, et qui fait beaucoup d'honneur à cette nation, c'est que les gens faits de la sorte n'y sont pas si rares qu'on ait lieu de se récrier en les voyant ; il s'en trouve assez pour que tout homme qui a lui même quelque mérite, quelque discernement, puisse se promettre d'en rencontrer. Je ne sais, cependant, si c'est une rencontre fort à souhaiter ; ce peut être matière de regret pour le reste de la vie, et de

dégoût pour la plupart des hommes avec qui on
est obligé de vivre. Je vous embrasse, monsieur,
et je suis bien votre serviteur.

Troisième lettre.

Si je vous entretenais de quelque nation
éloignée et peu connue, j'aurais le plaisir, monsieur, de vous raconter des choses nouvelles et
de diversifier davantage mes lettres; mais des
Français qui sont, je crois, la nation la plus
connue qu'il y ait au monde, les plus grandes
singularités n'ont rien qui surprenne. Je reviens
à eux par un endroit que le prix qu'ils y mettent
rend important: par leurs manières et leur tour
de conversation.

Le but que la plupart d'entre eux s'y proposent, c'est de se faire valoir, de donner une
idée avantageuse de leurs personnes; il semble
que c'est pour cela qu'ils parlent. Les endroits
par où ils cherchent principalement à se faire
valoir, sont la qualité, les richesses, l'esprit, la
bravoure; et comme ces choses ont de l'influence
sur l'ordinaire de la vie, ils ont le plaisir de les
approcher à tout moment dans la conversation,
et de se satisfaire sur quelque sujet qu'elle roule.
Ou plutôt, ils font si bien directement ou indi-
rectement, que la conversation ne roule jamais

sur autre chose; semblables à ces hommes riches qui peuvent voyager des jours entiers sur leurs terres. Ce que vous voyez chez celui qui **vous** entretient, est toujours ce qu'il a de moindre à vous faire voir: il a des habits plus propres que celui qu'il porte sur soi, et vous lui verriez plus de domestiques, s'ils n'étaient occupés. Il a plus d'esprit aussi qu'il n'en paraît avoir, et il a fait des réparties qui ont été trouvées bonnes, et qu'il est bon que vous sachiez. Vous saurez encore que son défaut n'est pas d'être endurant, et qu'on l'a vu l'épée à la main plus d'une fois; que Mr. un tel, qui est un homme très considéré, est son proche parent; et qu'il a dîné il n'y a que peu de jours chez un autre, qui est un homme de distinction, chez un grand. Ceux-là de même, les grands, s'il en faut croire les personnes qui les approchent, s'occupent beaucoup de leur grandeur, et voudraient que les **autres** s'en occupassent de même; ils sont pleins des circonstances qui peuvent leur faire honneur, et ils y reviennent souvent. Quant aux petits, il est certain qu'ils ont le défaut des grands qu'ils imitent en toutes choses, et qui sont plus aisés à imiter par cet endroit qui les abaisse, que par bien d'autres. Si la petitesse des uns ne les empêche pas de se faire valoir; si les autres ne sont pas retenus par leur grandeur, vous pouvez juger du caractère du gros de la nation, de ceux qui se voient placés entre les petits et les grands, comme pour s'éloigner des uns et s'approcher des autres. Vous pouvez vous imaginer aussi, combien doit être curieuse la conversation de toute une compagnie dont chacun croit mériter l'attention des autres, et s'efforce de l'avoir. Parmi des gens qui ne pensent qu'à s'imposer réciproquement, les étrangers, à qui ils croient imposer plus aisément encore, doivent naturellement être bien reçus, et il n'est pas impossible que cette considération n'entre dans les honnêtetés que nous recevons en France. Sur ce pied-là, ce sera à nous à ne pas trop approfondir la matière, et à leur savoir gré de toute leur grandeur. Venons à leurs manières.

Les manières libres et vives des Français ne me paraissent, dans le général, ni un si grand bien que beaucoup de gens se l'imaginent, ni un si grand mal que d'autres le font. Elles donnent lieu, dans l'ordinaire de la vie, à se mettre au-dessus de ce qui gêne, et les mêmes choses ne gênent pas toutes sortes de gens ; ainsi elles doivent produire des effets différents, selon les différentes personnes où elles se trouvent. Dans un homme de mérite, cette liberté est en sa place et fait plaisir : elle le met dans tout son jour, et le rend les délices de ceux qui le fréquentent. Dans un homme qui manque de mérite, dans celui qu'on pourrait appeler un sot, elle se tourne en impudence et en fait un sot fâcheux, qui, à l'abri de ses manières, se croit tout permis, et fait des sottises pour étaler ses manières. Le mal qu'il y a dans ce partage, c'est qu'en France, quoique les gens de mérite y soient en assez grand nombre, vous ne laissez pas d'essuyer la rencontre de bien des sots, avant que de trouver un homme de mérite, et que l'agrément que les manières libres ajoutent à celui-ci, ne saurait à beaucoup près vous dédommager de l'ennui qu'elles vous font essuyer de la part de tous ces autres. Un autre mal que font ces manières vives et libres, et qui mériterait qu'on y fît attention, c'est qu'elles rendent ridicules ceux qui ne les ont pas naturellement, et qui veulent les prendre. Chaque nation en a qui lui sont propres, parce que les manières viennent du caractère d'esprit, et que chaque nation a le sien. L'unique moyen de plaire, c'est de cultiver ce caractère, sans nous attacher beaucoup aux manières, qui le suivent assez d'elles-mêmes, et qui, sans doute, ne sont bonnes qu'autant qu'elles en sont une suite. Les Français, que tant de nations imitent, n'en imitent aucune; ils s'abandonnent à leur caractère, et c'est par où ils plaisent. Il ne faut point douter que si les autres nations s'abandonnaient de même au leur, elles n'eussent de même de quoi plaire, chacune à sa manière, et c'est en cela qu'il faudrait imiter les Français. Une des beautés de l'univers, c'est la diversité : elle s'étend sur les nations, sur leurs mœurs et leurs manières, aussi bien que sur les pays; elle est de l'ordre de la nature même qui se plaît à se jouer et à étaler son savoir-faire; ainsi nous avons tort de chercher à l'effacer, et par là nous courons risque de gâter le caractère qui nous est propre, sans réussir à en mettre un meilleur à la place. Enfin, si par les manières on entend certains petits dehors animés, dont on croit embellir son extérieur, il se peut qu'on se trompe, et que les meilleures manières soient celles qui ne se font point remarquer; comme, en fait d'odeurs, le meilleur est de n'en point avoir, et qu'il est établi parmi les gens de goût de ne point porter de parfum sur soi. Au reste, quoique les Français soient les gens du monde qui se piquent le plus d'avoir les manières naturelles aussi bien qu'honnêtes, on voit néanmoins parmi eux une affectation sur ce sujet, qui fait une de leurs singularités: on y voit nombre de gens qui font ce qu'ils appellent *se donner des airs*, c'est-à-dire qui, par des manières affectées, veulent bien faire sentir aux autres qu'ils s'estiment plus qu'eux. On pourrait, je crois, en parlant grossièrement, appeler cela, sinon être fou, du moins trouver à propos de le paraître par ses manières. Cette folie aussi trouve ses imitateurs parmi d'autres nations.

Une chose qu'il ne faut pas séparer du tour de conversation des Français et de leurs manières, c'est leur politesse. Ils ne se contentent pas de n'avoir rien de rude, ni de choquant, rien

qui rebute; ils veulent attirer à eux et se faire
valoir par du poli, et ils sont adroits à le former:
à peine voyez-vous de quoi ils le forment. C'est
où le Français triomphe, et où, en effet, il est
arrivé à un point de perfection qui peut donner
le plaisir du spectacle à des gens sensées. Il fait
une heureuse attention à des riens, et il s'assujettit de bonne grâce à ce qui n'est d'aucun prix;
c'est ce qui redouble celui de sa politesse, qui
par là est étendue sur toutes les actions de la
vie aussi bien que sur tous les discours: ses
moindres actions, ses plus petits mouvements en
sont embellis: il étend poliment la main, et poliment il la retire; il la présente à une femme qui
passe d'une chambre à l'autre, et accourt pour
la lui présenter, tout comme si le passage était
difficile, ou le pas dangereux. De même il accourt
pour ramasser un gant ou un mouchoir tombé à
terre, avec autant de précipitation que s'il s'agissait de le tirer du feu; par là il fait plus que
de ramasser simplement un gant ou un mouchoir.
A table il fait plus aussi que de servir son voisin
avec des mains lavées; il lui fait des protestations
de n'avoir pas touché à ce qu'il lui sert, et le
régale de politesse, au hasard même de passer
pour un homme qui est en mauvais état. Il ne
se contente pas de dire naturellement ce qu'il a
à dire, cela manquerait de politesse; il le dit par
honneur et par grâce: la chose la plus indifférente devient une grâce pour lui, c'est en grâce

qu'il la demande ; il a la politesse de ne dire une chose, très indifférente aussi, qu'en suite d'un *monsieur, oserai-je ?* ou d'un *Permettez-moi, monsieur*. Il a l'honneur de voir celui qu'il voit ; l'honneur de suivre celui qu'il suit. Il a l'honneur de dire ce qu'il dit, et il sait accompagner ses grâces et ses honneurs d'inclinations grandes et petites, de révérences qui les assortissent. Il a l'honneur d'être serviteur, serviteur très humble, très obéissant serviteur ; de l'être sans réserve, avec beaucoup de considération et d'estime, très particulièrement, très véritablement, très parfaitement ; il a l'honneur de l'être avec un attachement inviolable, avec un entier dévouement, avec respect, avec un respect très profond, avec toutes sortes de respects, plus qu'il ne saurait dire et plus que personne. Il a bien d'autres honneurs encore dont je ne me souviens pas ; chacun cherche à renchérir sur les autres, et à avoir un honneur nouveau, et jamais on ne vit une nation si fertile, si riche en serviteurs, si glorieuse de servir. Mais leur politesse est grande, surtout en ce qu'ils ne se contentent pas de l'avoir pour les personnes qui sont au-dessus d'eux, mais qu'ils l'étendent jusqu'à leurs égaux ; ce sont des soumissions réciproques qu'ils se font, et le plus souvent ils ont l'honneur d'être les très humbles et très obéissants serviteurs de ceux qui ont l'honneur d'être les leurs. C'est un jeu qui ne ressemble pas mal à celui des mouches, qui passent leur temps à s'abaisser profondément les unes au-dessous des autres. Ou, s'il faut parler plus honorablement de la politesse française, je dirai que toutes ces nippes curieuses qui nous viennent de France, et qui sont admirablement travaillées et finies, tous ces bijoux dans leurs étuis, tous ces petits meubles avec leurs ressorts et leurs charnières, sont une figure parfaite des jolies gens de ce pays, de ces hommes qui se meuvent artistement, qui se plient et se replient de bonne grâce, et qui, par tout ce qu'ils ont de poli et de recherché, méritent toute l'attention des gens qui sont dans ce goût et qui savent manier les bijoux. Car cela entre dans le caractère de la nation française : elle mérite d'avoir des bijoux ; elle sait les manier, et ce serait en vain que la nature nous ferait, à nous autres gens grossiers, de ces sortes de présents dont nous ne saurions jouir. Cet homme qui s'incline devant vous à tout moment, cet homme si gracieux, et qui a l'honneur d'être votre serviteur très humble, si, à votre tour, vous ne vous inclinez devant lui, si vous ne l'entretenez d'honneur et de grâce, deviendra raide pour vous, et tout son poli se ternira.

Osons être grossiers sur le sujet de la politesse française ; ou, si elle est petite jusqu'à échapper aux mots grossiers, osons du moins dire d'elle, ou d'un grand nombre d'usages qu'elle établit parmi les gens du bel air, que ce n'est que singerie et petitesse, et qu'il y a de l'indignité à se faire valoir par là. Mais surtout les étrangers qui adoptent ces choses et s'en parent, méritent d'être marqués de tout le ridicule qu'elles peuvent avoir. Ce sont, dit-on, de simples honnêtetés qu'il est établi de donner et de recevoir sur ce pied-là, et il est d'un homme sensé de ne se point distinguer, de ne point heurter l'usage. Sans décider si un homme sensé doit se soumettre à l'usage en ces sortes de choses, ou s'il doit s'en dispenser, il suffira de dire que de petits ridicules en grand nombre, et qui reviennent à tout moment, en font un très grand; qu'ils rendent ridicules, dans l'ordinaire de la vie, les gens qui en sont marqués; qu'un homme sensé a bonne grâce de mettre de la justesse et de la simplicité dans ses expressions et dans ses manières, aussi bien que dans sa conduite, et qu'une fort grande politesse et des manières si embellies sont aussi peu dignes d'un homme qu'une fort grande parure. En effet, il faudrait laisser l'une et l'autre de ces choses aux femmes, et même conseiller aux plus raisonnables d'entre elles de les dédaigner. Que faire donc de cette politesse, et où placer toutes ces manières dont tant d'honnêtes gens sont travestis plutôt que parés? On convient qu'un habit trop couvert de dorure sied mieux à un charlatan sur le théâtre qu'à un honnête homme dans la société. Un extérieur tout chamarré de politesse et de belles manières, ne serait-ce point une parure à renvoyer au théâtre?

La matière est trop importante par rapport aux imitateurs des Français, et trop riche par rapport aux Français mêmes, pour n'en pas dire encore un mot. On demanderait volontiers à ces messieurs si la vraie politesse ne doit pas avoir lieu en tout temps; si un homme véritablement poli ne l'est pas à l'égard de toutes les personnes avec qui il est en commerce. Il y a de l'apparence que cela est ainsi, puisque la politesse est l'extérieur de l'honnêteté, et que l'honnêteté subsiste toujours. La véritable politesse serait donc celle que nous ne quitterions point, et, par conséquent, elle consisterait en tout autre chose que dans ces petites manières qu'on prend pour les personnes qui surviennent, et qu'on quitte en se séparant d'eux. Mais peut-être que les Français ont en effet cette marque de la véritable politesse. Peut-être que dans l'ordinaire de la vie le mari est poli à l'égard de sa femme, et la femme polie à l'égard de son mari; le frère à l'égard de sa sœur, et la sœur à l'égard de son frère, et que les personnes qui surviennent n'ont que le surplus qu'il convient de leur donner. En ce cas-là, il nous faudra faire réparation à la politesse des Français, et convenir que les autres peuples ont quelque chose de grossier et de barbare au prix d'eux. Mais aussi, s'il se trouvait

que dans leur domestique ils fussent faits comme
le reste du monde, la chose changerait, et nous
serions en droit de faire valoir leur politesse
contre eux. Si les dissensions, les querelles et
les reproches étaient ordinaires parmi eux, et que
leurs manières polies ne fussent que pour les
voisins et les étrangers, nous aurions raison de
dire que des peuples moins polis, mais qui ont
des manières plus soutenues et à peu près
égales pour tout le monde, sont moins grossiers
et moins barbares que les Français, si différents d'eux-mêmes, si fort au-dessous de ce
qu'ils savent être. Du moins, cela serait-il ainsi
pour les personnes avec qui ils passent la vie,
et nous n'aurions pas lieu d'envier à ce peuple
une politesse qui ferait souhaiter de ne pas ap-
partenir de trop près à ces gens polis. Il serait
bon pour les Français que quelque homme de
génie leur rendît sur le sujet des manières, de
la politesse et du bel-esprit, le service qu'un
homme de génie a rendu aux Espagnols sur le
sujet de leur bravoure. Les Don Quichotes en
esprit et en manières, ne sont pas moins fous
que les Don Quichotes en courage ; ils sont même
en plus grand nombre, et il est certain qu'en
faisant perdre aux hommes le goût pour toutes
ces fadaises, on leur rendrait un service très considérable. Par là on leur donnerait lieu à se faire
valoir par de meilleurs endroits, et à ne se pas
croire gens de mérite, lorsqu'ils n'ont que des

expressions et des manières, un extérieur ajusté et d'emprunt.

De la politesse des Français, je passe à leur galanterie, à ce qui fait le galant homme, qui renchérit encore sur l'homme poli, et le réalise en quelque sorte.

Par galanterie, ils entendent l'art d'obliger de bonne grâce, et d'embellir, pour toutes sortes de circonstances, les bienfaits qu'on reçoit d'eux. Ils entendent cela à merveille, et savent relever, par leurs manières d'agir, jusqu'aux moindres services qu'ils vous rendent. Lorsque vous en avez reçu quelques-uns de leur façon, quoiqu'on fasse ailleurs pour vous obliger, il vous semblera toujours qu'il y manque quelque chose; et vous avez de la peine à ne pas regretter les Français, dans le temps même où il semble que vous avez le moins de sujet de vous en ressouvenir. La galanterie française est le fruit de la bonté de cœur, jointe à l'attention aux petites choses, en quoi les Français excellent; et elle fait voir que la bonté de cœur non seulement est excellente en soi, mais même qu'elle a de quoi faire valoir des qualités qui hors de là ne sont d'aucun prix; qu'elle donne de la dignité à tout ce sur quoi elle se répand. Dans la conversation ils entendent par galanterie un tour d'esprit délicat, qui tire adroitement des plus petits sujets de quoi vous flatter. Si c'est bien fait que de nous flatter et de nous rendre contents de nous-mêmes, cette galanterie est sans doute une chose à relever en faveur des Français, et nous ne pouvons que les goûter et les admirer sur ce sujet. Mais quoique toute leur nation y prétende, cette fine galanterie demande quelque chose de plus que ce qui entre dans le caractère de toute une nation; et pour mille personnes qui plaisent par là, il s'en trouve en France dix mille qui déplaisent en voulant les imiter: des gens qui vous ennuient par les insipides louanges qu'ils vous disent en face, et qui vous dégoûtent de la galanterie française. Les femmes surtout sont à plaindre, du moins les femmes raisonnables. La plupart des hommes croiraient ne savoir pas vivre, s'ils les entretenaient naturellement, et d'autre chose que d'elles-mêmes; il leur paraît que de ne pas dire à une femme, du moins de temps en temps, qu'elle est belle et qu'elle a de l'esprit, ce serait lui faire entendre que la beauté et l'esprit lui manquent. Mais les femmes ont de quoi se consoler, en ce que les hommes font la même chose entre eux, et se traitent en femmes les uns les autres: ils font entrer des louanges, ou, pour me servir de leur terme, des choses obligeantes, dans tout ce qu'ils disent. C'est le goût du pays, et on s'y fait généralement, comme il y a des pays où tous les mets qu'on mange sont apprêtés avec du sucre, et qu'on les y trouve bons. Cette singularité des Français me paraît encore une de celles qui méritent qu'on s'y arrête un moment.

Non seulement leurs discours ordinaires ont quelque chose de flatteur qui fait de la peine à un homme modeste et sensé, à tout homme qui n'est point fait à ce langage, et qui ignore la manière de repousser les louanges, ou d'y répondre en les faisant retomber sur ceux qui les donnent; mais même leurs discours prémédités sont le plus souvent consacrés à la louange, comme à ce qu'il y a de plus conforme au génie de la nation. C'est en quoi l'on excelle en France, et c'est en quoi l'on se fait gloire d'exceller. Il y a un corps d'hommes choisis entre tous les gens d'esprit, entre les plus fameux écrivains de la nation, et qui en prend même le nom, comme par excellence, un corps voué à la pureté du discours et à l'éloquence, et qui, par sa supériorité d'esprit, impose aux autres et les règle. Chacun d'eux, lorsqu'il est reçu dans ce corps, prononce un discours, comme pour montrer de nouveau et de vive voix qu'il est digne du choix qu'on a fait en sa personne; et ce discours qui servira de modèle à d'autres, et qui montre sur quoi, principalement, un orateur a bonne grâce de s'exercer, doit contenir des éloges, des éloges donnés aux vivants et aux morts. On y loue, comme par arrêt, des hommes loués déjà, et qui doivent être loués de nouveau dans toute la suite des temps. On les loue comme on tire au blanc: on les crible de louanges. Ceux qui louent recevront à leur tour la louange qu'ils ont donnée à d'autres, et ces hommes habiles et placés comme à la tête de la nation française, l'entretiendront, sans doute, dans l'habitude qu'elle s'est faite de louer, et de faire consister dans la louange, l'action la plus noble de l'esprit humain. Si les éloges dont je viens de parler, ne suffisent pas pour cela, ceux qu'ils mettent à la tête de leurs livres, leurs épîtres dédicatoires, achèveront de le faire : ils y savent louer magnifiquement, non seulement un homme ordinaire, mais même un homme indigne, et gâter un bon livre par une dédicace qui, dans les applications de ce que le livre contient, établit précisément le contraire de son contenu. En un mot, c'est ici le pays où on loue à quelque prix que ce soit, et où la louange, à force d'être répandue sur tout le monde, ne distingue et ne loue plus. Elle sert à montrer l'esprit de celui qui loue, s'il est assez ingénieux pour trouver des louanges nouvelles, ou pour donner aux louanges usées un tour nouveau. Parlons naturellement, et répandons du grossier sur toutes ces louanges. Louer des gens en face, quels qu'ils soient, c'est supposer qu'ils aiment les louanges, c'est les maltraiter. Louer, à la face de toute la terre, des hommes connus pour n'être rien moins que louables, c'est impudence. Louer des grands qui veulent être loués, sans qu'ils songent à mériter de l'être, c'est lâcheté. Enfin, faire métier de louer, quand même le plus souvent on louerait des gens vertueux, c'est faire un chétif métier; c'est nuire à la vertu qu'on loue. La vertu distingue les hommes; mais la louange rendue générale au point où elle l'est ici, confond les hommes vertueux avec les autres, et rend leur exemple sans effet. D'ailleurs, les hommes, au plus haut point de leur perfection, sont toujours des hommes faibles, sujets à l'erreur et aux misères humaines, des hommes imparfaits. Les panégyriques pompeux leur sont disproportionnés, et leur conviennent aussi peu que les statues colossales aux hommes qui, tout grands qu'ils puissent être, ne sont toujours que de petits hommes. Il est étonnant que des gens d'un bon esprit, des hommes de mérite, ne sentent pas cette vérité; qu'ils se laissent entraîner par la coutume à faire le personnage de panégyriste, qui, sans des ménagements qu'on n'y observe guère, est toujours un personnage indigne, qui met l'honnête homme de pair avec le flatteur, et peut-être même avec le corrupteur, quand ce sont des vivants qu'il loue. La politesse outrée et le faux goût des Français pour l'esprit, ont introduit chez eux toutes ces indignes louanges; et la médisance, qui n'est pas moins commune en France que la louange, et qu'ils savent débiter poliment, achève de mettre de l'extrême dans le caractère de cette nation, et du ridicule dans sa politesse. Envisageons les Français par d'autres endroits, et donnons-leur des louanges qui leur conviennent.

Une chose qui n'est pas fort importante, mais qui mérite pourtant d'être relevée en leur faveur, c'est qu'ils sont les gens du monde qui tiennent le mieux leur place à un repas, et qui font le plus agréablement la débauche. Il semble que ce soit pour eux que le vin a été fait : il leur donne une joie vive et ingénieuse, et c'est où l'esprit français se produit agréablement, et prend de nouvelles forces. Ils ont mille petites chansons qui incitent au plaisir, et exhortent à renoncer aux soins et à jouir de la vie ; et leur morale, ainsi débitée, fait son effet : on se trouve ridicule des soins qu'on se donne, on veut vivre pour le présent, et on ne manque guère d'en venir à bout. De toutes les ivresses, celle-ci est sans doute la plus heureuse ; et peu de gens, ailleurs, peuvent se vanter d'avoir une morale qui les abandonne moins dans l'occasion, et qui soutienne mieux l'épreuve. Au reste, comme les chansons bachiques, et peut-être les chansons en général, se chantent en France plus que nulle part ailleurs, c'est aussi une des choses où les Français excellent, et ont un talent qu'ailleurs on n'a point. Il faut dire encore, à leur louange, qu'au lieu des grands repas qu'on fait en d'autres pays, au lieu de ces formidables festins qui rassemblent une multitude de gens mal assortis, et leur présentent une profusion de mets mal apprêtés, ils savent faire leurs repas petits, en les réduisant à un petit nombre de personnes qui se conviennent, aussi bien qu'à peu de plats, et qui soient bons. Ils font leurs repas tels que l'ouverture de cœur, et une entière liberté pour dire ce qu'on pense, en font le plaisir principal. Mais surtout leur manière de joindre familièrement aux gens du logis ceux qui surviennent, et de manger ensemble ce qui se trouve apprêté, a quelque chose de cordial et qui tient de la société, plus que du boire et du manger : c'est une des circonstances de leur savoir-vivre, qui mériterait d'être imitée. Il y a une chose à ajouter au sujet de leurs plaisirs : ces gens qui les prennent si souvent, et qui semblent n'être faits que pour cela, savent s'y prendre de manière que les affaires qui leur sont confiées n'en souffrent point. Ailleurs, les débauches abrutissent, et les gens qui s'y abandonnent ne sont plus propres à rien ; ici ce n'est pas cela ; un débauché peut être un habile homme, qui non seulement ne perd aucune occasion d'aller à ses fins, mais qui souvent y fait servir les débauches mêmes. Il semble qu'il n'appartienne qu'aux Français d'étendre les plaisirs de la table au point où ils les étendent, et de faire un sujet d'éloge de ce qu'on reproche aux autres, et je serais d'avis de leur laisser en propre une chose dont eux seuls savent faire usage.

Un autre abus que les Français ont rectifié heureusement, c'est le jeu. Il est fort du goût de leur nation, et c'est peut-être celle où il y a le plus de joueurs. Mais ils se sont aperçus que

le grand jeu est une chose pernicieuse qui ruine
et rend furieux, et qui ne convient qu'à certaines
gens ; et ils ont établi généralement un jeu de
commerce, un petit jeu, qui ne doit ni ruiner,
ni troubler ; un jeu où la politesse et l'esprit
aient lieu, et y mettent de l'enjouement. Le
grand jeu est sérieux et tient de la tragédie ;
cela ne convient pas à des sociétés formées pour
la joie. Le petit jeu, le jeu de commerce, tient
plus de la comédie : les acteurs y jouent leur rôle
de bonne grâce, et en jouant, on y dit des gentillesses qui se rapportent au jeu, et qui y mettent du relief. Il a même ses spectateurs qui lui
font honneur et qui applaudissent. Ce sont les
petites comédies domestiques qui se jouent aujourd'hui en France, dans toutes les maisons où
le beau monde entre. Toute personne qui en est,
a chaque jour de la vie le plaisir de choisir, ou
d'être du nombre des acteurs, ou d'avoir la satisfaction du spectacle ; mais il convient davantage de jouer, et la dignité est ici du côté des
acteurs. Ne trouvez-vous pas, monsieur, que cela
soit bien imaginé, et que ce soit une moitié de
la vie passée innocemment, que celle qu'on passe
au jeu, ou à voir jouer ? En effet, perdre son
temps, n'est pas le plus grand abus qu'on en
puisse faire, et par le moyen du jeu on évite
l'oisiveté qui est la mère de tous les vices. Mais,
direz-vous, cet amusement ne fait pas honneur
à une nation spirituelle, et on voit, ailleurs, des

gens qui ne se piquent pas d'avoir de l'esprit,
s'entretenir de ce que leur fournit le cœur, et
passer ensemble des heures entières sans jouer,
et sans s'ennuyer. Il est vrai, mais outre que
cela approche trop du sérieux, et n'a lieu qu'entre
des gens d'un certain caractère, entre peu de
gens, c'est qu'ils n'ont pas le plaisir de recommencer le lendemain, et de faire de leur commerce le train ordinaire de la vie. C'est là le
grand avantage qu'on tire ici du jeu : il dispense
les hommes de se convenir personnellement, et
il les met tous en état de tirer parti les uns des
autres. Par là, principalement, les Français peuvent
se vanter d'être de tous les hommes les plus sociables.

De toutes les singularités des Français la plus
grande, et celle qui en comprend le plus d'autres,
c'est la mode ; c'est ce qui les distingue de tout
le reste du monde. La mode est la coutume dans
toute sa fureur, qui semble se jouer d'eux, et
faire essai et parade de sa toute-puissance. Tous
les peuples, à la vérité, sont soumis à la coutume,
et c'est sans doute le malheur des peuples. Par
cette dépendance, où il suffit de faire comme les
autres, on se dispense d'examiner ce qu'on fait,
et même les plus honnêtes gens, ceux qui pourraient
redresser les autres, se laissent entraîner et
craignent, en faisant mieux, de passer pour des
gens singuliers. Mais, du moins, la coutume, chez
tous ces peuples, a quelque chose de réglé, et

chacun sait tout ce qu'elle exigera de lui. En
France, ce n'est pas cela: la coutume n'y a rien
de fixe; c'est un torrent qui change de cours à
chaque fois qu'il se déborde, et qui, en se dé-
bordant, inonde tout le pays. D'une coutume
qui s'est assouvie, on passe à une autre coutume;
c'est toujours à une coutume fraîche et vigou-
reuse qu'on se soumet; et les hommes, dans tous
ces changements, se trouvent exercés sans cesse
et tenus en haleine, pour se soumettre toujours
de nouveau. Cet exercice, à quoi ils prennent
plaisir, leur paraît une liberté; semblables à des
prisonniers, à qui tous les jours on changerait
leurs chaînes, et qui, à cause de cela, se croiraient
libres. D'où vient cette singularité, direz-vous?
Pourquoi la coutume varie-t-elle davantage en
France, et son pouvoir y est-il plus grand qu'ailleurs? C'est que la nation française, plus que
toutes les autres, est sujette au changement et
sensible à la nouveauté, et en même temps à
une sorte d'uniformité: chacun y veut être fait
comme les autres. Ils sont peut-être aussi la nation qui a le plus de facilité à renoncer à une
certaine liberté que d'autres conservent. Tout
cela ensemble assujettit les Français à la mode
qui les unit dans la nouveauté et contente leur
humeur changeante, et insensiblement ils s'en
remettent à elle pour toutes choses. Tous aussi
reconnaissent son autorité, les grands et le roi
comme les autres: la mode ressemble au destin

dont parlent les poètes, qui est supérieur à toutes les divinités et à qui Jupiter même obéit. Vouloir entrer dans le détail de tout ce à quoi elle oblige les Français, ce serait recommencer à les décrire; car tout ce qui se fait en France et dont je vous ai parlé dans mes lettres, tout ce que je puis vous en dire encore, se fait sous le bon plaisir de la mode; et la matière est si riche qu'on ne sait presque à quoi se déterminer pour en parler. Commençons par les habits, dont ils font une chose importante.

Un étranger qui s'arrête en France, est surpris des changements continuels que la mode établit là-dessus. Il croit voir des gens qui essaient toutes sortes d'habits, sans en pouvoir trouver un qui leur convienne. Toutes les fois qu'ils passent à une mode nouvelle, ils assurent fort sérieusement et prouvent par bonnes raisons qu'elle sied mieux, ou qu'elle est plus commode que celle qu'ils viennent de quitter, et on croirait presque qu'il en est quelque chose. Cependant, au bout de cent changements, tous de bien en mieux, on les voit revenir aux anciennes modes; c'est-à-dire, qu'après bien du mouvement, ils se trouvent à l'endroit d'où ils étaient partis. Si quelque chose devait les arrêter, ce sont ceux de leurs voisins qui les imitent: de la manière dont ils outrent les modes, et prennent plaisir à renchérir sur toutes les nouveautés qui leur viennent de France, il semble que leur dessein soit de tourner les Français en ridicule, plutôt que de les imiter. Mais ce n'est pas cela : les Français ont bonne grâce dans leurs changements de mode ; ils les assortissent de tout ce qui leur convient, et toute nation qui veut les imiter, se tourne en ridicule elle-même. Ils semblent être faits pour leurs habits, et toujours pour le dernier qu'ils mettent ; et nous autres, avec chaque mode nouvelle, nous paraissons prendre un ridicule nouveau. Ce qu'il y a de merveilleux en cela, c'est que tant de peuples le prennent, et soient attentifs à détourner le ridicule des Français et à s'en charger eux-mêmes. Cela s'étend si loin que ceux d'entre les Français qui entreprennent de justifier leur nation au sujet de la mode, allèguent le profit qui lui en revient, en ce qu'elle vend chèrement ses babioles au reste du monde ; et il faut avouer que c'est une raison à alléguer, et qu'après tout il n'y a pas tant à rire des Français que de nous-mêmes, comme on se moque des dupes et non du charlatan, lorsqu'il débite bien ses drogues, et que ses farces servent à l'enrichir.

Les changements de la mode ne sont pas moins fréquents en autre chose qu'en habits ; souvent ils sont plus incommodes, lorsqu'ils roulent sur des choses plus difficiles à changer. Tel se ruine à renouveler ses meubles qui sont encore neufs, mais qui ne sont plus nouveaux ; cet autre à refaire sa vaisselle qui est bien faite, mais hors de mode. Celui-ci se dégoûte de sa maison avant qu'elle soit achevée, parce qu'il est survenu une autre manière de bâtir. Celui-là congédie ses domestiques, dont il est bien servi, mais qui ne sont plus à la mode; car les domestiques aussi en relèvent, même chez les femmes, où il semble que sur ce sujet il n'y doive rien avoir à changer. La mode leur permet de se faire servir par des hommes, et par là elle leur donne le plaisir du changement. Tantôt ce sont de petits laquais qu'il faut avoir; quelquefois ce sont de grands laquais; d'autres fois ce sont des pages; quelques-uns ont voulu avoir chez eux des Mores. Présentement j'entends dire qu'on voudrait avoir des muets, et je n'ai pas de peine à le croire: après une autre sorte de domestiques, que la politesse française sans doute ne leur permettra pas d'introduire, ceux-là, à en juger par le train que les choses prennent, doivent leur convenir. Les changements de la mode ne s'arrêtent pas aux domestiques; les gens de toute condition haussent et baissent avec son flux et reflux, et il faut qu'un mérite soit bien éminent, pour qu'elle ne le fasse pas perdre de vue. Il n'y a en échange caractère ou talent si abject, pourvu qu'il ait quelque chose d'apparent, dont on ne puisse se promettre de le voir une fois à la mode. L'esprit même, l'idole chérie de ce peuple, dépend de cette autre idole plus grande encore. Tantôt on a vu les pointes à la mode, tantôt les équivoques; il y a eu un temps où l'on n'entendait parler que par proverbes; une autre fois, ce n'était qu'énigmes. Le précieux et le phébus ont eu leur tour. Peut-être qu'après le brillant et le beau style d'à présent, la mode amènera les Français au simple et au sensé, où quelques-uns d'entre eux qui ont osé prendre le devant, sont déjà arrivés.

Leur langue aussi dépend de la mode et se ressent de ses caprices, et tout ce nombre de gens d'esprit ligués ensemble pour sa défense, ne sauraient la mettre en sûreté. Non seulement les expressions nouvelles que la mode introduit, ne la dédommagent pas toujours de celles qu'elle en retranche, mais les changements qu'elle y apporte, au lieu de la rendre plus parfaite, ne font ordinairement que la rendre plus bizarre, jusque-là que les Français eux-mêmes ne sont pas toujours d'accord pour décider des cas douteux qui se présentent. De tout cela il arrive que leurs meilleurs écrivains deviennent successivement hors de mode, c'est-à-dire ridicules pour la plupart des lecteurs. Car l'oreille délicate du Français supporte avec peine un mot qui vieillit; il y a là de quoi lui gâter toute la page, et pour quelques lecteurs très délicats, tout le livre: comme un de leurs auteurs nous assure l'avoir vu lui-même, et prend occasion de là de recommander la pureté du style aux écrivains qui

veulent être lus. Au reste, une chose très polie
que la mode établit pour leurs écrivains, et qu'il
faut remarquer en passant, c'est qu'ils ne mettent
plus leurs noms propres à la tête de leurs ouvrages : ce ne sont plus les Jean et les Pierre
qui écrivent ; cela serait trop naturel et du vieux
temps. Les auteurs des livres nouveaux sont
toujours, ou le plus souvent, des messieurs ; ils
ont soin de nous en avertir à la tête de l'ouvrage, et leurs ouvrages, où il y a effectivement
plus du monsieur, que de l'homme, plus de tour
et d'expressions que de sentiments et de réalité,
répondent à cela et en justifient le titre. Je
pense que les Français doivent cette politesse à
un débordement de la mode au sujet du titre
de monsieur, qu'elle a jeté partout. On le répète
à tout moment en se parlant, et à force de le
donner et de se l'entendre donner, on se le donne
enfin à soi-même. Cela ne se fait encore que
dans les livres, et la mode n'en est pas venue
dans la conversation ; mais il me paraît qu'on
n'en est pas loin. Déjà la femme en parlant à
son mari, aussi bien qu'en parlant de lui, ne
l'appelle plus que monsieur, monsieur un tel.
Monsieur n'appelle plus sa femme que madame,
et quand il parle d'elle, c'est toujours madame
une telle. Il n'y a plus qu'un pas à faire pour
se donner ces titres à soi-même, et pour convertir en monsieur et en madame tous ces chétifs
monosyllabes, ces *moi* et ces *je,* qui reviennent

si souvent dans la conversation, et qui, étant indignes de désigner des personnes de qualité, doivent être abandonnés au peuple à qui ils conviennent. Cela sera du dernier poli sans contredit, et il me tarde de le voir établi.

Enfin, la mode domine également sur ce qu'il y a de plus important et sur ce qu'il y a de plus petit. Elle domine sur les hommes mêmes, dont elle règle la conduite et le train de vie, aussi bien que l'extérieur et les manières : c'est selon qu'elle l'ordonne, que tel veut être athée ou dévot, savant ou ignorant ; qu'il s'attache au vin ou aux femmes, à la sienne ou à celle d'un autre. Ou plutôt, aujourd'hui la mode défend en France qu'un homme s'attache à sa femme, et qu'à la promenade, ou en d'autres occasions, ce soit à elle qu'il donne la main ; cela serait du dernier bourgeois et du vieux temps. Tout homme marié qui est du beau monde, doit laisser à un autre le soin d'entretenir sa femme et de lui dire qu'il la trouve belle, comme de son côté il doit avoir l'honnêteté d'entretenir la femme d'un autre et de lui parler de ses charmes. Et les charmes aussi dépendent de la mode. Tantôt ils résident dans les yeux bruns, tantôt dans les yeux bleus. On a vu les nez aquilins faire bien dans le visage ; on a vu aussi les nez un peu troussés, ou camards, avoir bonne grâce et l'emporter sur les nez aquilins. La mode ne s'arrête pas en si beau chemin ; elle découvre d'autres charmes.

Présentement elle en est aux seins qu'elle a tirés de l'obscurité et mis au jour, comme un des ornements du beau sexe, et il semble qu'elle se soit fixée là. Peut-être aussi qu'en se reposant, elle médite un plus grand dessein: comme elle a triomphé des hommes, en les poussant à étaler toute leur bravoure, jusqu'à se tuer de gaieté de cœur les uns les autres, il se peut qu'elle veuille achever son triomphe sur les femmes, en les portant à étaler tout ce qu'elles ont d'attraits. En ce cas-là les femmes des pays voisins, prêtes à tout ce que la mode voudra, et toujours disposées à mieux faire encore que les femmes en France, seront réduites à se contenter de les suivre, sans avoir le plaisir de renchérir sur elles. Venons à d'autres règlements de la mode.

Ils s'étendent, comme je vous ai dit, fort loin, et on les reconnaît jusque dans les contenances et les postures. Il y a manière de se tenir couché ou droit dans son carrosse, droit ou penché dans son fauteuil. Autrefois les Français portaient le chapeau sur la tête, et alors il y avait manière de le mettre et manière de l'ôter. A présent ils ne le mettent plus, pour ne pas déranger la perruque, à quoi surtout la mode veut qu'ils fassent honneur. Car la perruque est proprement la coiffure des Français, et une correction heureuse de la chevelure de l'homme, que la nature lui avait faite trop chétive de la moitié. Il y a manière de manger selon la mode, manière de se servir et de servir les autres, ce qui se doit faire artistement et avec de petites façons qui marquent de la politesse. Surtout on doit montrer une grande attention **aux** besoins que les autres peuvent avoir, les prévenir, et ne pas permettre qu'ils se trouvent réduits à la dure nécessité de se servir eux-mêmes. Mais en cela, comme en autre chose, la mode ne s'en tient pas aux manières; elle passe à l'essentiel; et c'est selon ses décisions qu'un mets est sain ou nuisible, insipide ou de bon goût, qu'il doit être apprêté de telle ou telle manière, servi au commencement du repas ou à la fin. Au repas elle fait succéder le jeu, dont je vous ai déjà parlé; car c'est encore la mode qui dispose du temps et de la manière de le passer, et difficilement en aurait-elle pu établir une plus généralement reçue, et où la dépendance fût plus volontaire. Elle règle l'espèce de jeu qu'il convient de jouer, et le change de temps en temps; cela sert à ranimer, par la nouveauté, les personnes qui pourraient s'en lasser, et pour engager au jeu quiconque ne joue pas encore.

Et la conversation, direz-vous, ne dépend-elle pas en France de la mode, pour le sujet aussi bien que pour le genre d'esprit? Ne s'y entretient-on pas sur certaines matières que la mode règle, plutôt que sur d'autres? Non, monsieur; c'est où le Français conserve sa liberté. Il discourt de soi-même et de tout ce qui lui vient dans l'esprit, autant qu'il le trouve bon, et je ne

pense pas que quelque chose le puisse gêner là-
dessus. Mais afin que la mode ne perde pas son
droit sur une chose importante au point où l'est
la conversation, les Français, de leur bon gré,
la font tomber très souvent sur la mode, et en
parlent avec toute l'application que la grandeur
du sujet mérite. Ou plutôt, ils respectent la mode
au point de n'en pas parler par rapport à elle-
même, à son origine et à sa dignité ; mais ils
s'entretiennent de ses arrêts qu'ils appellent des
modes. Ils les approuvent, et les justifient contre
celui qui y trouve à redire ; et ils examinent, ils
pèsent mûrement ce qu'il y peut avoir d'équivoque ou d'indéterminé sur ce sujet. La question
de la préférence entre les anciens et les modernes,
sur quoi ils font des parallèles, la grande question
qui occupe tous les beaux-esprits de France,
n'est pas plus agitée parmi eux, que le sont tous
les jours des questions sur les modes anciennes
et modernes. On fait des parallèles entre elles,
et on observe à quel point la dernière mode pare
davantage que la mode qui précède, combien les
modes d'à présent siéent mieux que celles d'autrefois. On raisonne sur la tournure d'une manche,
sur la bonne grâce d'un parement, sur le nombre
de boutons qu'il doit y avoir, et sur d'autres
pareilles matières, qu'on règle et à quoi on met
le prix avec beaucoup de justesse. S'appliquer
au détail de toutes ces choses et s'en instruire
exactement, c'est avoir du goût ; il y a de l'ému-

lation et de la gloire à y exceller. Les ignorer, ou les négliger, c'est être du vieux temps, ou, comme ils disent, de l'autre monde, qu'ils jugent assez différent de celui-ci, pour soupçonner que toutes ces choses pourraient bien n'y avoir pas lieu.

En un mot, la mode conduit et remue tout en France, et en toutes choses les Français se soumettent à elle d'une soumission parfaite. O l'histoire curieuse que celle de la mode, si nous en avions une, et que cette divinité mériterait bien d'avoir un temple dans un pays où elle est adorée si religieusement! à moins qu'on ne veuille faire son temple de Paris, où elle donne ses lois, et où tous s'assemblent pour se prosterner devant elle et lui faire des offrandes. Les Français y vont se faire, et ceux qui n'ont jamais été à Paris ne sont que des Français informes, des provinciaux, que les autres dédaignent. Les étrangers de même y accourent de tous côtés pour se façonner, pour prendre un titre de mérite, un extérieur et des habits qui imposent chez eux, et dont l'honneur retombe sur les Français. Par cet endroit, par les manières et par les habits, les Français ne sont pas éloignés de la monarchie universelle, se voyant tout soumis, si ce n'est l'indomptable Espagnol :

> *Cuncta terrarum subacta,*
> *Præter atrocem animum Catonis.*

Ce qui ne doit guère moins les contenter, que si les hommes leur étaient soumis dans un autre sens, puisque les manières et les habits sont une chose capitale chez eux, et qu'ils se croiraient dans la dépendance, si pour ces sortes de choses ils étaient obligés de se régler snr d'autres. Ce qu'il y a de surprenant en cela, c'est que les gens mêmes qui semblent n'avoir que de la haine et du mépris pour les Français, se soumettent à eux et reconnaissent leur supériorité à cet égard. C'est une merveille dont on aurait de la peine à rendre raison : haïr une nation dans ses habits et dans ses manières, sans haïr en même temps et ces manières et ces habits, ne me paraît guère moins extraordinaire que ce qu'on raconte de la foudre, qu'elle fond l'or dans une bourse sans la brûler.

Rendons justice à la mode, pour le bien et pour le mal qui en revient aux Français. Le mal général et important qu'elle leur fait, c'est qu'elle attache à la nouveauté aussi bien qu'à la bagatelle, à la nouveauté indépendamment de l'avantage qui doit l'accompagner. Elle incommode et ruine beaucoup de gens, rend toute distinction odieuse, et ramène à la foule ceux qui voudraient s'en détacher. Je ne sais même si la mode n'est pas un obstacle au bon sens et à la liberté d'esprit ; au moins est-il vrai qu'à mesure que la coutume domine dans un pays, ses habitants en doivent généralement être plus bornés, et plus éloignés d'écouter la raison ; et sur ce pied-là, il ne se peut que la mode ne fasse beaucoup de mal aux Français. Le bien qu'elle leur fait en échange, c'est qu'elle établit de temps en temps quelques bons usages, tels que la multitude ne les recevrait peut-être pas, s'ils lui venaient d'une autorité moins sacrée. Par tous les changements qu'elle introduit successivement, par ceux-là mêmes qui ruinent les uns, elle fait du bien aux autres, aux ouvriers et aux marchands, qui s'enrichissent par là, et à bien des gens encore que ceux-ci font subsister. Ajoutez à cela que la mode fournit à la conversation d'un nombre infini de gens d'esprit, de jolies gens, qui se trouveraient embarrassés sans elle et auraient de la peine à soutenir leur réputation. Il y a des peuples qui ne veulent pas recevoir l'imprimerie parmi eux, parce qu'un grand nombre de gens s'occupent à copier des livres et subsistent par ce moyen. Tous ces gens-là, disent-ils, seraient réduits à la mendicité, et il serait à craindre que la plupart ne devinssent voleurs de grands chemins. On pourrait alléguer une pareille raison à qui voudrait introduire un habillement et des manières fixes, et abolir la mode : tant de jolies gens, qui en font le sujet ordinaire de leurs entretiens, se verraient réduits à ne savoir que dire et se jetteraient sur le prochain. En un mot, la mode détourne l'humeur inquiète et changeante de ce peuple, des choses importantes, où elle pourrait avoir de mauvaises suites, et la détermine vers celles qui sont de moindre importance, et où les changements continuels, par la nouveauté qu'ils y mettent, ont leur usage. Par là la bagatelle reçoit du prix et devient importante à son tour, et le caractère des Français, en tant qu'il roule sur la bagatelle, en est relevé en quelque sorte. Serait-ce enfin que la mode, avec tout ce qu'elle a de bas, aussi bien que de singulier, fût un avantage pour cette nation? En ce cas-là il en sera du débordement de la mode en France, comme de celui du Nil en Egypte, dont le limon qu'il répand partout, est un bienfait de la nature en faveur de tout le pays.

Adieu, monsieur, il est bien vrai que je suis votre serviteur.

Quatrième lettre.

Je crois, monsieur, avoir de quoi vous faire encore une lettre au sujet des Français, et au hasard de vous faire essuyer quelques répétitions, je continue à vous écrire.

Le peuple en France me paraît doux et complaisant; du reste, son caractère n'est pas uniforme; il varie selon les différentes provinces. On prétend, par exemple, que les Normands sont rusés, les Gascons spirituels et braves, mais fanfarons avec cela, et si portés à se faire valoir et

à tirer vanité de tout, que les bons contes qu'on
fait en France roulent en partie sur leur sujet.
Il se pourrait pourtant que le caractère gascon
ne fût que le caractère français outré, et qu'en
riant d'eux, bien des gens, sans le savoir, rissent
d'eux-mêmes. Les Limousins ont la réputation
d'être grossiers; c'est-à-dire, moins polis que le
reste des Français; car vous croyez bien que ce
pays ne saurait rien produire de grossier. C'est
là sa prérogative, comme chaque pays a la sienne,
et comme on dit, par exemple, de l'Irlande, qu'elle
ne produit rien de venimeux, et de l'Angleterre,
qu'il n'y a pas de loups. Les habitants de Paris,
qui ne font pas moins qu'un peuple, passent pour
être badauds, pour des gens qui s'amusent à tout,
comme des niais, et à qui tout sert de spectacle.
Ils sont bons et honnêtes, et très sensibles aux
honnêtetés qu'on leur fait : un artisan à qui vous
demandez le chemin, quittera sa boutique pour
vous le montrer, et si en le remerciant vous
l'appelez monsieur, il se tiendra fort récompensé
de sa peine. Par toute la France, le peuple est
moins insolent et plus traitable qu'ailleurs; c'est
une suite du caractère de la nation qui y met
cette conformité. Il supporte la domination, quelque rude qu'elle soit; il admire avec soumission
tout ce qui a l'air de grandeur, et se réjouit aussi
constamment que la noblesse même de toutes
les chimères dont la cour veut qu'on se repaisse.

Le paysan français paraît tout-à-fait misérable : il est mal logé, mal vêtu, mal nourri, et ne vit qu'au jour la journée. Cependant il se trouve moins malheureux qu'il ne paraît ; il est fait à ce genre de vie, et la plus grande misère ne saurait ni l'abattre entièrement, ni le porter à se soulever : on n'entend pas parler ici de gens que le désespoir pousse à des résolutions violentes, ni contre eux-mêmes, ni contre le gouvernement. Ce qu'il y a de singulier, c'est que le paysan est sensible à la grandeur du prince sous laquelle il paraît accablé ; il semble qu'il trouve son pain noir plus savoureux toutes les fois qu'il apprend le gain d'une bataille, ou la prise d'une ville.

Les ouvriers sont adroits ici et fort industrieux, et ils ne peuvent que l'être dans ce pays où la mode change continuellement, et où rien ne plaît, ni ne se débite, que ce qui est bien fait. Car le Français est difficile à contenter sur la bagatelle ; il l'épluche sévèrement et c'est où il raisonne et où il raffine. Il s'arrête et s'amuse volontiers chez un ouvrier ; son argent lui donne quelque autorité sur lui, et il semble qu'il aime à étendre ce temps-là et à le faire durer. D'ailleurs, comme il n'est pas extrêmement riche, il n'y a que la beauté du travail qui puisse l'obliger à le bien payer. Il y a de l'apparence aussi que les ouvriers en France doivent quelque chose aux femmes : elles ont du goût ; et outre que la bagatelle est proprement de leur ressort, c'est qu'il est assez établi ici que ce soient elles qui règlent toutes sortes d'ouvrages. .

Les marchands sont extrêmement civils, empressés et infatigables à vous faire voir ce que vous ne leur demandez pas ; vous diriez qu'en tant que Français, ils prennent plaisir à étaler. Vous les voyez toujours contents, toujours honnêtes, quoique vous leur ayez donné de la peine sans rien acheter ; mais en échange ils surfont excessivement leurs marchandises, surtout celles dont on est ici le plus avide, les galanteries et les nouveautés qu'on invente sans cesse. A nous autres étrangers, ils les surfont encore plus qu'aux Français : ils supposent que ce qui n'a pas certaines manières, ou qui a l'air étranger, est marqué pour être leur dupe. Aussi, lorsqu'un Français trouve qu'on lui vend à un prix excessif, le terme ordinaire dont il se sert pour témoigner son indignation, c'est : vous me prenez, je crois, pour un étranger. C'est tout dire en effet : il est difficile de s'imaginer jusqu'où va leur hardiesse, et combien nous sommes embarrassés, quand avec des manières très polies, ces messieurs entreprennent de nous faire payer les choses trois fois plus qu'elles ne valent, et nous réduisent, ou à nous laisser voler, ou à leur faire sentir que nous les reconnaissons pour des gens qui volent. Les libraires en particulier méritent qu'on en dise un mot en passant, puisque leur manière d'agir à notre égard montre l'idée qu'on a de nous en fait de livres, et que ce doit être aussi celle que les étrangers leur donnent.

Ces messieurs présentent aux mieux équipés d'entre nous, à ceux à qui ils veulent faire honneur, le *Mercure galant,* les œuvres de monsieur Le Pays, quelques-unes de leurs historiettes du temps, quelques comédies nouvelles; et si les livres nouveaux ne sont pas reçus, ils finissent par *l'Homme de Cour,* comme par ce qu'il y a de plus excellent et que jamais étranger ne refusa. Je dis qu'ils présentent ces livres aux plus apparents d'entre nous; car avec les autres, avec les étrangers unis, ils n'y font pas tant de façon. Lorsque nous fûmes, monsieur * * * et moi, au Palais, qui est le lieu principal où se vendent les livres, nous en demandâmes à un libraire deux ou trois qui ne se trouvèrent pas. La femme du libraire, qui était présente, ne nous donna pas le temps d'en demander d'autres: indignée de notre présomption, elle dit tout haut à son mari, qui s'excusait honnêtement sur ce qu'il n'avait pas les livres que nous demandions: *ne voyez-vous pas que ce sont des étrangers, qui ne savent ce qu'ils demandent? Donnez-leur la gramaire de Chifflet, c'est là ce qu'il leur faut.* Il est bien vrai qu'une autre fois je fus jugé digne des *Conservations galantes* de mademoiselle de Scudéri, qu'un honnête homme de marchand pensa me forcer d'acheter. Au reste, quelle quantité de ces livres du temps, de ces productions indignes, ne vîmes-nous pas en ce lieu? Assez pour infecter toute l'Europe, et pour nous le faire envisager comme le cloaque du Parnasse. Ou, s'il faut faire une comparaison plus honnête, je dirai qu'en voyant tant de ces livres comme rangés en bataille et prêts d'envahir les peuples voisins, ils font souvenir de ces armées formidables qui ravagèrent autrefois l'Europe, et qui, après en avoir détruit les plus beaux ornements, la remplirent d'ouvrages gothiques. Les romans principalement font du ravage, et par là les Français ressemblent à des conquérants qui ne se contentent pas d'emporter les richesses qu'ils peuvent ravir eux-mêmes, mais qui envoient leurs troupes mettre le feu dans les pays éloignés, et se rendent tout tributaire. La chose est triste encore plus qu'elle ne divertit, et elle mériterait qu'on y fît attention. S'il est vrai que les ouvrages d'esprit, qui manquent d'instruction et qui ne font qu'amuser le lecteur, corrompent le goût, comme les gens sensés en tombent d'accord, que sera-ce de la foule des mauvais écrivains? De ceux qui ne se contentent pas de débiter des riens, mais qui, par leurs écrits empoisonnés, enseignent le mal, et corrompent le cœur aussi bien que l'esprit? Les Athéniens firent boire de la ciguë à Socrate, accusé de corrompre l'esprit de la jeunesse; et si on les blâme, ce n'est pas d'avoir attaché cette punition à ce crime, mais d'en avoir fait l'application à un innocent. Que ne méritent donc pas les faiseurs de romans et d'historiettes galantes, qui bouleversent l'imagination et empoisonnent le cœur à des milliers de jeunes gens? Ils mériteraient sans doute la ciguë que Socrate ne mérita point; mais le même esprit qui a fait accuser et condamner Socrate, les met en sûreté.

Une particularité des livres français, que je dois remarquer en passant, c'est que non seulement ils ont un nombre infini de romans et d'historiettes galantes, et d'autres livres dont l'amour fait le sujet; non seulement leurs nombreuses poésies chantent l'amour et le recommandent, comme aussi leurs tragédies et leurs comédies le représentent; mais leurs bons livres mêmes, leurs livres de réflexions, peignent l'amour d'une manière qui ne le décrédite point: ils en font une des qualités, ou des circonstances ordinaires à l'homme, et dont il n'a pas autrement sujet de se cacher, ou de sentir quelque confusion. Cela arrive apparemment, parce qu'en France, dans leurs sociétés mêlées d'hommes et de femmes, on se familiarise avec l'amour, qui y est entretenu au-delà même de la jeunesse, ou qui étend la jeunesse au-delà de son terme. C'est ce qui fait paraître ici les personnes qui aiment, moins ridicules qu'ailleurs, et qui, en échange, donne à cette nation, dans le général, ou du moins dans les personnes qui en doivent

faire l'ornement, un ridicule qui ailleurs ne se
trouve pas. L'opéra surtout, de la manière dont
il est composé et représenté en France, est une
des sources où cette nation, ou du moins le beau
monde qui influe sur toute la nation, puise son
caractère. L'amour y est représenté comme ce
qui fait la félicité de la jeunesse, et il se trouve
paré de tout ce qui peut lui donner un air d'innocence et en faire venir le goût aux spectateurs. Les danses d'hommes et de femmes mêlés
y contribuent, et la musique la plus tendre achève
de rendre ce spectacle intéressant, et de faire
passer jusqu'au fond du cœur l'amour qu'on
y respire. Les mères y mènent leurs filles, et
les maris y rencontrent leurs femmes; et après
que les unes et les autres ont cent et cent fois
assisté à ce spectacle, on ne prétend pas qu'elles
aient le cœur plus corrompu qu'auparavant, ou
que le pourraient avoir des personnes qui n'auraient jamais été à l'opéra. Cela pourrait prouver
qu'en France cette espèce de corruption est
montée à un degré à quoi il n'y a plus rien à
ajouter. Quoique ce soit là la source de la corruption grossière, elle est comptée pour rien; et
celle-ci même, la corruption grossière, semble être
généralement comptée pour peu de chose. Ils
savent l'exténuer et la rendre moins odieuse par
les noms honnêtes que leur politesse lui fait donner, en appelant les hommes débauchés, *hommes*

à bonnes fortunes, et les femmes corrompues, *femmes galantes.*

Un genre d'hommes qui ne devraient pas trouver ici leur place, et qui l'y trouvent néanmoins, par leurs mœurs entièrement opposées au nom qu'ils portent, ce sont des milliers d'abbés sans abbayes: gens propres et bien mis, qui se piquent de politesse et d'esprit, et qui ne vivent que pour le plaisir: c'est chez eux particulièrement que se trouvent les jolis airs, les manières à la mode, les façons de parler, et les chansons nouvelles, les vers nouveaux, et toutes ces autres choses admirables dont la France se fait honneur. Au reste, ces abbés ne demeurent pas tous sans abbaye, comme vous pourriez vous le figurer sur ce que je viens de vous dire, et croire que c'est ce train de vie qui les en exclut. On en confie à ces messieurs, et même des évêchés, quand la fortune leur en veut. Je m'imagine qu'un étranger qui entend dire que les gens du monde, dans leurs sociétés galantes, les appréhendent, croit d'abord que la présence de ces gens d'église rend messieurs les galants honteux, et les tient dans le respect, et qu'il n'a garde de s'imaginer qu'on les craint comme de redoutables rivaux, qui souvent l'emportent sur leurs concurrents.

Une autre singularité des Français, qu'il ne faut pas passer sous silence, c'est une espèce de gens qu'ils appellent petits-maîtres. Ce sont de

jeunes gens de qualité, qui représentent en abrégé
ce que la jeunesse, le caractère français et la
cour ont de plus mauvais et de plus incommode.
Pour se faire valoir et se mettre au-dessus du
reste des hommes, ils se mettent au-dessus des
bienséances que le reste des hommes observent,
et montrent en toute occasion de la hardiesse
et du dédain. Ils affectent les vices mêmes qu'ils
n'ont point, plutôt que de montrer les bonnes
qualités qu'ils pourraient avoir, et je ne pense
pas que jamais la vertu ait eu des sectateurs
plus fidèles et qui l'aient portée à un plus haut
point, que quelques-uns de ces gens ici portent
le vice, à quoi ils se dévouent et dont ils font
gloire. Si ces sortes de héros se forment, en ra-
massant de la nation française ce qu'elle a de
plus mauvais, ou de plus hardi, ils rendent à la
nation française avec usure ce qu'elle leur a prêté :
c'est en partie en copiant les petits-maîtres que
les gens qui ne voient point la cour, la copient,
et que l'air de la cour se répand par tout le
royaume. Les étrangers, en cela comme en autre
chose, commencent à imiter les Français et à se
rendre aussi ridicules qu'on peut le devenir, par
l'affectation de ce qui est mauvais et ridicule en
soi, et qui ne convient qu'à des gens tournés du
côté de l'extravagance, et qui s'en parent comme
d'un ornement. Les petits-maîtres sont, dans leur
genre, et parmi les hommes, précisément ce que
les femmes découvertes sont parmi les femmes,

et il a fallu que la France produisît ces deux singularités, afin que les peuples qui les copient eussent pour l'un et pour l'autre sexe des originaux bien marqués.

Une sorte de gens encore peu connus ailleurs, et qu'on entend souvent nommer ici avec envie et mépris, ce sont les partisans; gens de néant pour l'ordinaire, qui font des fortunes subites et immenses, telles que, mettant un homme tout à coup en état de se satisfaire, elles servent plaisamment à en découvrir toutes les extravagantes fantaisies. Elles font voir aussi ce que peut le changement de condition sur les autres hommes: des grands qui ne cherchaient qu'à s'éloigner de toute roture, rebroussent chemin et s'empressent de devenir les gendres de ces messieurs. Des dames d'un haut rang descendent, dit-on, jusqu' à eux, et se jettent entre leurs bras. Tel est le pouvoir des richesses:

> *Vel cœlo possunt deducere lunam,*
> *Et vertere sidera retro.*

Mais le plus souvent ces fortunes ne durent guère; soit que ces partisans se ruinent eux-mêmes par des dépenses excessives, soit qu'ils donnent prise sur eux et se fassent dépouiller. Figurez-vous les *Souhaits* de Lucien, représentés sur un grand théâtre; les acteurs qui paraissent avec éclat, attirent les yeux des spectateurs, font rire les uns, donnent de l'admiration aux autres, et disparaissent ensuite.

Les filous peuvent trouver ici leur place, ce me semble. Ils sont en grand nombre, ils excellent dans leur métier, et sont une des singularités qui se trouvent en France. Je ne parle pas des joueurs de mauvaise foi; ceux-là sont de tout pays, et en plus grand nombre en France qu'ailleurs, parce qu'en France il y a plus de joueurs. Par filous j'entends des gens qui forment des entreprises hardies, des stratagèmes bien concertés qui surprennent par leur nouveauté, et qu'ils exécutent avec prudence et bravoure. Toutes sortes de vertus militaires sont requises pour réussir dans ce périlleux métier, et ces petits conquérants mériteraient sans doute que quelqu'un célébrât leurs prouesses. Aussi ont-ils leur historien, mais qui n'a écrit que la moindre partie de leur histoire. Ils ont augmenté depuis en habileté et en nombre, et ils sont arrivés à un tel point de perfection, que s'il suffisait d'exceller dans une profession pour être digne de louanges, ils mériteraient d'avoir leur panégyriste aussi bien que leur historien. Il y a de l'apparence que c'est la nécessité de paraître, et de faire figure, pour être du nombre de ceux qu'on appelle les honnêtes gens, qui produit ces gens ici, comme c'est aussi sous la figure d'honnêtes gens, ou de gens bien mis, qu'ils font ordinairement leurs coups. Passons à de meilleures distinctions et ayons encore le plaisir d'envisager la nation française par ses beaux côtés.

La noblesse, par bien des endroits, est ici véritablement noble : par sa générosité, par ses manières ouvertes et par un point d'honneur assez délicat ; du reste, elle ne se distingue presque plus que par l'épée. Messieurs les abbés lui disputent la galanterie dont elle était en possession, et renchérissent sur elle en fait de loisir, qui était encore un de ses apanages. Elle est obligée de le céder pour la dépense, non seulement aux gens d'affaires, mais aussi au clergé, qui, voyant que les richesses accompagnent fort bien les honneurs et les dignités, a su les y joindre, et se fait remarquer par là, autant que par la prééminence dont il est en possession. La politesse, qui semble convenir principalement aux personnes nobles, pourrait encore les distinguer ; mais toute la nation se croit en droit d'y prétendre, et là-dessus ils ont peu d'avantage sur les autres. Il ne reste de distinction éclatante à la noblesse que la bravoure, qu'elle pousse fort loin. Il n'y a pas longtemps qu'elle s'en piquait si fort, et si mal à propos, qu'elle se serait exterminée elle-même, si le roi n'y avait mis ordre, en punissant les duels avec la dernière sévérité. Ces messieurs se forment à la guerre et dans le commerce des femmes ; écoles opposées, qui se corrigent réciproquement, et qui jointes ensemble font l'homme du monde, le galant homme. Il leur arrive volontiers de faire de la dépense au-delà de leur revenu, et les dettes d'un gentilhomme français sont presque comptées parmi les choses annexées à sa noblesse. De là vient qu'ils sont moins scrupuleux pour la conserver en son entier qu'ils n'étaient autrefois, et qu'ils ne perdent guère l'occasion de rétablir leurs affaires, quand ils trouvent quelque riche fille de marchand ou de partisan à épouser : la folie des Français en matière de grandeur et de qualité leur rend cette ressource facile.

Que je vous dise un mot des gens de guerre. Je le fais d'autant plus volontiers qu'ils font honneur à la nation française, et que ce sont ceux d'entre les Français que je connais le plus particulièrement. Il y a du bon parmi eux plus qu'on ne s'attend d'y en trouver, et peut-être plus qu'il n'y en a dans des corps, ou dans des ordres, où naturellement il y en devrait avoir davantage. Je ne sais si ce sont les dangers à quoi on se trouve exposé dans cette profession, ou si c'est un certain point d'honneur établi parmi eux, qui en est cause ; toujours me paraît-il qu'il y a généralement parmi les gens de guerre moins d'étalage et plus de réalité que parmi ces autres. Ils forment aussi entre eux une société mieux liée et qui n'a pas besoin de tant de ressources frivoles. Dans leur extérieur il y a quelque chose de plus naturel ou de moins affecté, et c'est ici que les manières françaises sont comme rectifiées : la politesse y est moins raffinée et la conversation plus simple. Peut-être qu'ils ont ces avantages et d'autres encore, parce qu'ils ne se gâtent pas l'esprit par la lecture des mauvais livres, des livres du temps, qui sont, sans contredit, une des sources de ce qu'il y a de trop recherché dans le caractère des Français. Au reste, une preuve que c'est la guerre, ou le service même, qui produit les bonnes qualités qu'on trouve chez les gens de cette profession, c'est que les régiments qui sont sur pied depuis longtemps, les vieux corps, comme ils les appellent, sont ceux où l'on remarque davantage de ces gens de mérite et qu'ils en ont même la réputation. Une particularité qui fait encore honneur aux gens de guerre, c'est qu'on en voit de temps en temps se retirer du service et se faire religieux; et, en ce cas-là, il leur est ordinaire de se choisir quelque ordre sévère, où ils passent le reste de leur vie dans les austérités.

Je crois avoir oublié de vous dire des Français une chose qui leur fait honneur, ou, du moins, je pense ne vous en avoir parlé qu'en passant. Ils aiment leur roi, plus que ne font d'autres nations. Il semble que tout le cas qu'ils font de la leur se réunit en sa personne, et je crois qu'il y a peu de Français qui ne voulussent tirer leur gloire et leur félicité de la faveur du roi, plutôt que de tous les avantages qu'ils pourraient avoir d'ailleurs. Jamais leur roi ne leur fait du mal; ce sont toujours ses ministres. Il n'y a que le bien qui leur vienne de lui, et toute la gloire qu'il peut acquérir, se tourne en bien pour eux. Quand on dirait que les Français adorent leur roi, ce ne serait peut-être pas trop dire; du moins les louanges, dans les termes qu'ils les lui donnent, ne s'en éloignent pas beaucoup. Lorsqu'ils l'assurent fort sérieusement, que tous les peuples de la terre s'estimeraient heureux d'être sous sa domination, et ambitionnent le nom français, s'ils n'en font pas une divinité, ils lui donnent lieu du moins de se regarder comme le prince à qui toute louange est due, et se mettent dans la nécessité de la lui donner. La vérité est que l'amour pour le prince, si naturel à ce peuple, ne pouvait produire quelque chose d'excessif pour le prince qu'ils ont aujourd'hui. Outre qu'il y a de la majesté en sa personne, et qu'il a des qualités qui le distinguent et qui les satisfont à plusieurs égards; il étend les bornes de la monarchie française plus loin que ses prédécesseurs n'ont fait, et rend cette nation fameuse, plus qu'elle ne l'a jamais été, c'est-à-dire, qu'il contente les Français par leur endroit sensible. Mais ce qui achève de faire voir que ce prince n'est pas un prince ordinaire, et qu'ils pouvaient le mettre en butte à toutes leurs louanges, c'est qu'il en soutient le choc sans s'ébranler; semblable à ce Romain, dont l'histoire nous apprend que sa vigueur le soutint et l'empêcha d'être accablé des guirlandes et des fleurs que les Grecs lui jetèrent aux jeux olympiques.

Après tout ce que je vous ai dit des Français et de l'opinion qu'ils ont du reste du monde, il faut, monsieur, vous dire un mot sur l'opinion que le reste du monde a d'eux, qui n'est pas tout à fait telle qu'ils la supposent, et que l'imitation de leurs manières et de leurs habits, qu'ils voient autour d'eux, la leur fait concevoir. Ces choses-là concluent beaucoup sans doute, et donnent lieu à prôner cette nation, qui veut être prônée ; mais enfin elles n'imposent pas si généralement au reste du monde, qu'il n'y ait des gens qui regimbent, et qu'on ne varie dans l'idée qu'on a de leur nation. Ils ont le suffrage des étrangers qui ont de quoi faire de la dépense et qui voyagent pour le plaisir ; ceux-là iront plutôt en France qu'ailleurs. Plusieurs d'entre eux, qui ont connu des gens de mérite en France, s'en souviennent agréablement, et assurent qu'ils n'ont pas trouvé ailleurs ce qu'ils ont laissé en ce pays. Les Français peuvent compter encore sur les hommes qui s'attachent aux exercices du corps, sur ceux qui aiment la parure, les ameublements et toutes sortes de nippes et de bagatelles curieuses ; pendant tout le temps que ce goût leur dure, ils sont pour cette nation et en font l'éloge. Un parti plus considérable encore, qui est dans ses intérêts, ce sont les galants de profession, les joueurs, tout ce qui se voue aux plai-

sirs, et surtout les personnes qui les fournissent :
toute cette troupe choisie dont parle le poète :

Ambubajarum collegia, pharmacopola,

Mendici, mimæ, balatrones; hoc genus omne.

Les liseurs de romans et d'historiettes, de contes,
de recueils de poésie, de Mercures galants et
d'autres ouvrages du temps qui sont particuliers
aux Français, ne sauraient manquer d'avoir d'eux
une idée magnifique. Ils ont encore pour eux la
jeunesse et les femmes : je pense que partout
les Français leur plaisent, et que partout les
jeunes gens sont charmés des manières françaises et de l'idée qu'ils ont du train de vie de
ce pays : c'est ce qui fait la force de leur parti.
L'âge de raison ne leur est pas si favorable : au
delà de trente ans la vivacité française commence à lasser, et le sang-froid des gens faits
a de la peine à compatir avec elle. Tout ce qu'il
y a d'hommes libres, ou qui font cas de la liberté, n'envisagent pas les Français comme des
modèles à suivre, et ne les admirent point. Les
gens qu'ils appellent philosophes, c'est-à-dire,
ceux qui voient de leurs yeux et qui ont des
sentiments propres, en rient. Les personnes qui
tiennent du misanthrope les haïssent. Ceux qui
aiment la simplicité et le repos, et qui ne cherchent
qu'à passer la vie doucement et sans bruit; ces
hommes du vieux temps, qui ne veulent pas
changer leur train de vie, ni donner leur temps
aux visites; ceux qui veulent préserver leurs

maisons des mœurs d'à présent, qu'ils appellent pernicieuses et extravagantes, et quelques autres gens singuliers, leur veulent du mal. Ils ont encore à craindre les gens grossiers qui nomment tout par son nom, et en donnent de choquants à plusieurs choses qu'on nomme avec éloge en France. Mais surtout, les progrès des Français se font lentement parmi les gens qui ne les connaissent que hors du royaume, et par des personnes que le hasard, plutôt que le choix, leur a fait connaître ; ils se préviennent contre cette nation, et il faut qu'un hasard plus favorable, ou leurs amis qui ont été en France, les désabusent.

A cette occasion, il faut vous dire une singularité des Français qu'on a remarquée il y a longtemps, et dont on ne s'est point désabusé de nos jours : c'est qu'il vaut mieux les connaître en France que hors de là ; tout au contraire des autres peuples, qu'on croit plus sociables, plus accommodants, dans les pays étrangers que chez eux. En effet, il n'arrive guère qu'un Français, chez lui, trouve mauvais que les étrangers n'aient pas tout à fait les manières françaises ; il se contente des efforts qu'il leur voit faire, et en attendant qu'ils réussissent, il les supporte : c'est un point de leur savoir-vivre, de ne point décourager ceux qui vont à eux, qui rendent hommage au caractère français. Mais dès qu'un Français vient dans un autre pays, surpris de voir tout un peuple différer de lui, il ne peut plus se contenir, et il s'échappe à la vue de tant d'horreurs. Les manières et le savoir-vivre étant chez lui une espèce de religion, un zèle de faire des prosélytes le saisira, et il entreprendra de faire changer toute une ville, plutôt que de s'y conformer lui-même le moins du monde. A une cour, il trouvera mauvais qu'on ose prétendre à quelque politesse avec des manières si étrangères; c'est ainsi qu'il les envisagera partout; partout il se fera le modèle des autres, d'autant plus que partout il trouvera des gens qui voudront se mouler sur lui. A le voir seul, et à l'entendre parler de la manière de vivre établie chez lui, on conçoit une grande opinion de son pays. Mais dès qu'il a lieu de se joindre à d'autres Français, et qu'il s'agit de former en effet cette douce société, elle n'a pas lieu, et ces gens si sociables chez eux, cessent de l'être dans d'autres pays: la plupart préfèrent le commerce des étrangers à celui des personnes de leur nation, et le plus petit intérêt les désunit entre eux. Alors c'est à se nuire réciproquement chez les personnes qu'ils fréquentent et à se décrier les uns les autres; et ils font si bien, qu'ils donnent par leur conduite une aussi mauvaise opinion de leur nation, qu'ils en avaient donné une bonne par tout ce qu'ils en avaient raconté d'avantageux. On pourrait presque conclure de tout cela, que les Français sont faits pour être en France, que c'est en France où leurs mœurs et leurs manières sont en leur place, et qu'il y a assez de Français dans le monde pour la diversité de caractère qu'il doit y avoir ; que d'étendre ce caractère davantage, en l'imitant comme nous faisons, et en répondant aux intentions des Français, c'est mal répondre à celles de la nature, et ne guère connaître le bien qu'elle nous a fait. C'est comme si nous mettions en parterres et en promenoirs, les prairies et les champs qu'elle nous a donnés.

C'est n'être guère galant, dites-vous, que de vous écrire trois grandes lettres de Paris et sur le sujet de la nation française, sans y parler des femmes qu'en passant, ou à certains égards seulement. Il faut vous en parler plus au long, au hasard que vous me trouviez moins galant encore. Je n'ai pas eu besoin de faire des recherches particulières pour m'informer de leur caractère et de leurs mœurs : la voix publique, qui ne varie point sur ce sujet, et qui s'accorde parfaitement avec ce que les galants de profession en racontent, les fait connaître suffisamment, à qui n'est pas assez curieux pour les connaître par elles-mêmes. Les femmes en France ne sont pas extrêmement belles ; les Français eux-mêmes en tombent d'accord. Et pour le grand agrément qu'ils leur trouvent, et en quoi elles doivent surpasser les femmes des autres pays, je ne sais si vous y seriez fort sensible, et si elles ne vous

paraîtraient pas trop hardies. Les qualités essentielles de ce sexe, la timidité, la modestie, la
pudeur, en font sans doute l'agrément, aussi bien
que le mérite, je ne dis pas aux yeux d'un
philosophe, ou d'un homme du vieux temps,
mais aux yeux de tout homme du monde, placé
de manière à en pouvoir juger. Les mœurs d'à
présent ont éloigné insensiblement les Français
de ce goût : ce qui rend une femme aimable à
leurs yeux, c'est la vivacité, c'est l'esprit ; éter-
nel sujet de ridicule pour cette nation. Les
femmes de qualité, surtout, dédaignent cette
timidité, cette pudeur scrupuleuse. Elle leur paraît quelque chose de petit et de contraint, qui
sied bien à des bourgeoises, et pour s'éloigner
de cette extrémité, elles s'éloignent de la modestie. Elles l'envisagent comme un égard pour
les autres, pour qui elles n'en veulent pas avoir,
plutôt que comme un égard pour elles-mêmes,
pour leur propre caractère, à qui elles le doivent ;
et dans cette opinion, elles se laissent aller à des
libertés qui ne leur siéent pas. En bien des choses
vous trouveriez qu'elles sortent de leur caractère :
elles s'intriguent beaucoup, et jusqu'à se mêler
de politique ; c'est par leur moyen que se font
toutes sortes d'affaires. Dans les intrigues d'une
autre sorte, et vers lesquelles elles se trouvent
portées plus naturellement, elles sortent encore
du caractère de femmes : ce n'est pas à la tendresse qu'elles se rendent, ce qui pourrait enfin

mériter quelque indulgence à ce sexe faible et tendre, exposé par les mœurs du pays aux entreprises des hommes hardis et aguerris dans ce métier; on les gagne avec de la dépense et du bruit. En tout seos le bruit ne les rebute point: comme les hommes sont intrépides à la guerre, les femmes le sont en amour; elles bravent les dangers, et tous les exemples d'indiscrétion qu'elles ont devant les yeux, tous les contes qui se font là-dessus, n'empêchent point un grand nombre d'entre elles de courir le même risque et de favoriser des gens qui se font honneur des faveurs qu'ils en reçoivent. Quelques-uns le font en vers, et les pièces de poésie faites sur ce sujet, sont appelées *jouissances,* et vont tête levée parmi les sonnets et les madrigaux dans leurs recueils de poésie, comme les femmes galantes parmi celles qui sont de bonne réputation. Dans la conversation, les femmes parlent haut et décident; vous ne leur voyez nul embarras, peu de naïveté, aucun air d'innocence. Tout ce qu'elles disent et font, a un certain tour de routine qui ne sied pas aux femmes, ce me semble; et vous conviendrez, je crois, avec moi, qu'en elles l'esprit devrait être couvert presque autant que le corps; que de même elles devraient le laisser entrevoir seulement. Ici on est fort éloigné de ce ménagement: les femmes se découvrent le corps et l'esprit. Elles oublient que c'est prodiguer ses charmes

que de les produire en tout temps, et les hommes
devraient les en faire souvenir. Comme elles sont
accoutumées aux choses obligeantes, et qu'il est
établi de leur en dire, elles en disent de même
assez facilement ; mais vous n'en êtes guère
touché ; vous sentez que la douceur n'a pas été
faite pour vous ; d'autres l'ont déjà dite, ou on
l'a déjà dite à d'autres : c'est manière de parler
plutôt que sentiment. En un mot, comme en
France les hommes donnent trop dans la bagatelle et ne sont pas assez hommes, les femmes
ont trop de hardiesse et ne sont pas assez femmes.
Dans le commerce continuel qu'il y a entre les
deux sexes, il se fait comme un échange de
caractères, qui les fait un peu déroger l'un et
l'autre ; mais les femmes principalement, dont le
caractère délicat souffre moins qu'on y touche,
prennent le change, et excellent en beaucoup de
choses qui ne sont point de leur ressort. Elles
chantent des chansons trop libres, et les chantent
bien. Elles font la débauche à table, et la font
agréablement. Elles jouent, et s'en acquittent aussi
bien que les hommes. Elles vont à la chasse
avec eux, et suivent les hommes de près en
toutes sortes de choses : elles excellent à n'être
pas femmes. Au reste, c'est du sexe en général
que je parle, et sans doute que le mal que j'en
dis, n'approche pas du bien qu'il y aurait à dire
d'un assez grand nombre d'entre elles, à qui une
bonne éducation a sauvé les agréments naturels
et y a ajouté tout ce qui peut orner leur sexe :

des femmes qui y sont ce que l'homme de mérite est dans le sien, c'est-à-dire, aimables par-dessus toutes les femmes du monde.

Les filles méritent un article à part et plus petit. Il est établi en France qu'elles ne fassent point parler d'elles ; celles qui feraient autrement se distingueraient, et auraient de la peine d'en revenir. Leurs mères les gardent à vue, et ne leur laissent pas la liberté de voir les hommes en particulier. Mais en voyant les hommes elles-mêmes, et de la manière dont elles les voient, elles donnent mauvais exemple à leurs filles, et il est à craindre qu'à la longue, l'exemple ne fasse son effet.

Je reviens aux Français en général, et j'y joins un mot sur les Anglais, qui ont fait le sujet des premières lettres que je vous ai écrites. Les Français, comme toutes les nations, dans leur caractère général, ont leur mérite, et sont peut-être de toutes les nations la plus humaine : ils méritent l'amitié des autres. Mais dans leur uniformité, ils n'osent pas se livrer à des caractères propres et particuliers, et, le plus souvent, ils n'ont que celui de la nation. Nous devons moins aux Anglais qui nous aiment moins ; mais par d'autres endroits, les Anglais méritent l'attention et l'estime des hommes ; et quand le caractère général de leur nation ne vaudrait pas son prix, ce que personne n'oserait soutenir, les Anglais vaudraient par le nombre des caractères particuliers, par les hommes originaux qui se trouvent parmi eux. Nous leur devons aussi notre estime, en ce qu'ils nous donnent l'exemple de gens qui osent se servir de leur raison, et qui savent vivre chacun avec soi-même; plus hommes encore et plus libres par là, que par la liberté qu'ils ont su conserver à l'égard du gouvernement modéré qui subsiste chez eux. En échange les Français, quoique dans la dépendance de la coutume, qui sans doute est une dépendance indigne, bien plus que celle qu'on leur reproche à l'égard du gouvernement despotique, ont les vertus de la société; ils savent vivre entre eux et avec les hommes en général. L'Anglais a du courage pour prendre son parti dans de grandes occasions, où il s'agit du bonheur ou du malheur de la vie, et il est sensible principalement à la honte de s'être démenti dans ses entreprises. Du reste, il dépend peu de l'opinion, et dans la conversation il préfère le plaisir de dire la vérité à celui de dire des choses obligeantes aux gens à qui il parle, et de les rendre contents de lui. Le Français compte pour beaucoup l'opinion des autres, et il cherche d'en donner une bonne de soi, aussi bien que de rendre les autres contents d'eux-mêmes; de là viennent tant de douceurs, tant de choses flatteuses qu'il dit dans la conversation. Sa grande sensibilité est pour la honte qu'il a attachée au ridicule, à la distinction, en tant qu'elle pourrait l'y exposer, et au lieu de résolution, pour prendre de grands partis et couper court aux difficultés, qui, hors de là, se présentent, il paye d'adresse pour y remédier. Surtout, il sait se déterminer sur le champ et se tirer d'affaire dans ces rencontres inopinées qui arrivent souvent dans la vie, et qui demandent de la présence d'esprit, et même, en galant homme, il prend plaisir à tirer d'affaire les autres. Le genre de vie des Anglais suppose des qualités plus grandes, et les Français, dans le leur, en doivent avoir en plus grand nombre. Les Anglais, outre qu'ils estiment leur nation et la préfèrent à toutes les autres, s'estiment encore chacun personnellement : leur nation est composée de personnes vaines de leur propre vanité ; et les Anglais font la nation anglaise. Les Français, au contraire, se préfèrent aux autres hommes, principalement parce qu'ils sont Français ; dès là il ne se peut qu'ils n'aient plus de vivacité, plus d'esprit que ces Anglais ou ces Allemands : c'est la nation française qui fait les Français. Les Anglais, en méprisant les autres hommes, et les Français surtout, les envisagent par des endroits qui effectivement les rendent méprisables : par leurs vains projets de fortune, par leur indifférence pour la liberté, par leur trop d'attachement à la bagatelle, en un mot, par le peu de mérite qu'ils trouvent à la plupart des étrangers. S'il était permis aux hommes de se mépriser les uns les autres, on n'aurait pas de grands reproches à

faire aux Anglais là-dessus. Aussi ne se cachent-
ils pas du mépris qu'ils ont pour nous, et ils
osent nous le faire sentir; mais ils en reviennent
pour les étrangers qui ont quelque mérite. Les
Français, en méprisant les autres peuples, ont en
vue des choses qui ne les rendent point méprisables: des manières différentes des leurs, le peu
d'esprit, ou de savoir-vivre, qu'ils leur trouvent;
du sang-froid, qu'ils prennent pour médiocrité
d'esprit. En un mot, les Français méprisent le
genre humain, parce qu'il n'est pas français. Ils
nous cachent le mépris qu'ils ont pour nous, ou
croient nous le cacher, et ils prennent ce parti
avec raison; mais ce mépris caché en dure d'autant plus longtemps, et il ne leur arrive guère
d'en revenir. A ce mépris, ils ajoutent l'envie de
redresser le reste des hommes et de dominer sur
eux: ils se regardent comme le peuple civilisé,
qui, par l'esprit et par les manières, se trouve
déjà au-dessus des autres, et à qui il ne manque
que de leur devenir encore supérieur en puissance.
Cette ambition est peut-être ce qu'il y a de plus
mauvais dans le caractère des Français, et une
des choses qui les distingue des Anglais, qui se
contentent de trouver leur manière de vivre la
meilleure, et qui consentent que le reste du
monde, à qui ils laissent la sienne, se gouverne
comme il le trouve bon. Du reste, les Français
ne méritent ni la haine que tant de gens, et les
Anglais surtout, leur portent, ni l'admiration qu'ils

causent à d'autres; il semble que l'effet qu'ils doivent faire sur qui les connaît, c'est qu'on les aime et qu'on en rie un peu. Le mal qu'il y a à dire d'eux occupe beaucoup de place; mais il concerne le plus souvent d'assez petites choses; c'est une liste des bagatelles auxquelles ils mettent un trop grand prix, et par où il leur arrive de se rendre petits. Le bien en est plus tôt dit, mais il regarde des qualités essentielles, qui s'étendent sur toute la vie et dont nous tirons parti en cent occasions. Le mal qu'il y a à dire des Anglais, tout comme le bien, est plus important, et il ne va pas tant au ridicule qu'au mauvais; il étonne plus qu'il ne divertit; mais il est moins général que le mal qu'il y a à dire des Français, et par là les choses se compensent. J'aimerais mieux, je crois, être un digne Anglais qu'un digne Français; mais l'inconvénient serait peut-être moins grand d'être un indigne Français qu'un indigne Anglais. J'aimerais mieux aussi faire la rencontre d'un Français homme de mérite, que d'un homme de mérite anglais, comme il y aurait plus de plaisir de trouver un trésor en pièces d'or, dont on pourrait d'abord jouir, que d'en trouver un en lingots qu'il faudrait premièrement convertir en espèces. Enfin, pour donner en peu de mots, et par une comparaison sensible, une juste idée de ce qu'il y peut avoir à blâmer dans le caractère de ces deux nations, on pourrait dire que chez l'une, le grand chemin est couvert de boue; que la foule qui y marche est crottée, et que la plupart de ceux mêmes qui s'en écartent se crottent, comme dans un pays sujet à l'inconvénient de la boue, et où l'on ne tient presque pas à déshonneur d'être vu crotté; que chez l'autre de ces nations, le grand chemin, plus battu encore, est plein de poudre, qui de là se répand par tout le pays et pénètre tout; que ses habitants en sont couverts et rendus uniformes; que peu de gens osent entrer dans des sentiers et secouer la poudre de dessus eux, parce, que cette poudre est en estime dans le pays, et qu'on en fait parade. L'une de ces nations reproche à l'autre sa boue, et s'estime plus pure, parce qu'elle est moins crottée. L'autre préfère sa boue à la poudre de celle-ci; elle se sait gré de l'éviter à ce prix, et dédaigne ces gens poudreux. C'est-à-dire que l'estime que les nations font d'elles-mêmes, et le mépris qu'elles ont les unes pour les autres, redouble le ridicule de l'amour-propre des particuliers qui les composent, et il se trouvera enfin, qu'il y a à gagner d'être né d'une nation qui n'ait pas sujet de se glorifier si fort du nom qu'elle porte.

Je vous embrasse, monsieur, et suis à vous de très bon cœur.

Cinquième lettre.

Je croyais, monsieur, vous avoir dit des Français tout ce que j'avais à vous en dire, mais j'y reviens encore. Je ne vous ai parlé qu'en deux mots du bel esprit, qui est ce qu'il y a de plus important dans leur caractère; il me paraît que le sujet mérite que je vous en entretienne plus au long.

Il est difficile de dire au juste ce que c'est que le bel esprit; rien ne varie si fort, et les hommes ne conviennent là-dessus qu'en ce que les diverses choses qu'ils prennent pour de l'esprit, sont le plus souvent de peu de valeur. Les uns le font consister dans la facilité de s'exprimer et de s'énoncer en beaux termes; d'autres, dans le talent de faire agréablement un conte. Celui-ci le place dans les plaisanteries et les bons mots; celui-là le met dans les pointes et les équivoques. Plusieurs ne le reconnaissent que dans les railleries et les médisances. La plupart ne doutent pas qu'il ne soit dans les discours fleuris, et le trouvent partout où il entre beaucoup d'imagination. On lui prête autant de figures différentes que serait capable d'en prendre un esprit, à entendre ce mot dans son sens propre, et c'est de là que je pense qu'il tire son nom. On pourrait dire aussi, pour rendre l'étymologie complète, que de même qu'on le croit souvent là où il n'est pas, souvent aussi on ne le voit pas là où il est, ou du moins que peu de gens l'y voient. Quoi que le bel esprit puisse être, et quand même ce serait quelque chose de fort différent de tout ce que je viens de dire, s'il vaut son prix, comme il le vaut sans doute, ce n'est pas celui qu'on y met d'ordinaire, ou du moins l'usage n'en est pas si général qu'on le croit. Les Français en font une chose essentielle, une des qualités par où un honnête homme doit se faire valoir, et il me paraît que ce l'est si peu, que tout honnête homme peut aisément s'en passer; je ne dis pas pour soi, où l'on comprend assez qu'il n'est pas d'un grand usage, mais même à l'égard des autres et dans la société, où il doit être en sa place. L'esprit est un ornement de l'homme qu'il ne dépend pas de nous d'acquérir; c'est la nature qui nous le donne, et par là, aussi bien que par le petit nombre de personnes à qui elle fait ce présent, elle nous prouve assez que ce n'est pas une nécessité pour nous de l'avoir.

Ce qui met les hommes en état de converser ensemble, et qui est de tout temps et de tout pays, c'est le bon sens, qui est une qualité essentielle de l'homme. On pourrait peut-être l'envisager comme la vue de l'âme, qui lui est donnée pour connaître le vrai, l'essentiel des choses, et pour en tirer parti. Car il paraît que c'est en partie pour cela que l'homme a été fait et mis

sur la terre, où tant de choses se présentent à
lui ; et le bon sens doit être, ce semble, ce qui
le conduit et lui sert de moyen pour remplir sa
destinée à cet égard. Ce bon sens a son langage,
et ce langage nous suffit. Il n'y a qu'à avoir les
yeux bons ; les objets ne nous manqueront pas,
et nous aurons suffisamment de quoi nous entretenir. Ceux d'entre les hommes qui y voient clair,
et qui rapportent ce qu'ils voient à un but qui
soit digne de l'homme, ont ce bon sens, et il
me semble qu'ils ont dès lors tout ce que demande la nature de l'homme, en tant qu'il est
créature raisonnable. Ceux qui s'attachent plutôt
à discerner les particularités dont toutes choses
sont diversifiées et embellies, et qui se plaisent
à en diversifier et embellir leurs discours, pourraient bien être les gens d'esprit. Dès là, l'esprit
ne serait autre chose qu'un bon sens délicat ; et
il faudrait tomber d'accord que l'homme qui
l'aurait en partage, en serait très orné ; mais
aussi, qu'il doit concourir au même but avec le
bon sens dont il fait partie, que de même il doit
nous faire tirer parti de toute chose, nous porter
au bien, en nous le représentant plus vivement,
ou plus agréablement, et nous éloigner du mal,
en achevant de le rendre hideux et haïssable à
nos yeux. De cette manière, l'esprit pourrait
ajouter quelque chose au bon sens, et le fortifier
en l'embellissant ; du moins cela serait-il ainsi à
l'égard des gens qui sont sensibles au brillant et

se laissent attirer par là. Mais d'ordinaire l'esprit,
à moins qu'il ne soit très bien ménagé, ou plutôt
qu'il ne soit rendu comme imperceptible, a cet
inconvénient qu'il fait plus d'effet pour soi, pour
se faire admirer, que pour recommander la vérité
par l'agrément qu'il y ajoute, et il est toujours
vrai que le simple bon sens, lorsqu'il est dans
sa force, et qu'il met la vérité dans tout son
jour, s'en passe et lui est préférable.

Si vous me demandez quelque chose de plus
précis encore sur la distinction du bon sens et
de l'esprit, et que vous vouliez bien me passer
un raisonnement encore plus sérieux, je vous
dirai que je me figure dans l'entendement de
l'homme deux facultés qui répondent au bon et
au beau, aux deux perfections des objets qu'il
considère. Celle qui répond au bon, et qui, dans
notre nouveau système, tiendra le premier rang,
sera ce qui connaît et découvre l'essentiel des
choses. Il lui conviendra d'avoir du corps, si l'on
peut parler ainsi, de la profondeur, et elle con-
tiendra encore plus de vérité qu'elle n'en montre:
c'est ce que j'appellerai bon sens. Je me le représente comme la faculté mâle de notre âme,
si l'on peut se servir de ce terme, et il me paraît
convenir aux hommes principalement. Le beau
sera ce qui accompagne le bon, et l'embellit; il
aura quelque chose de plus apparent, et il fera
apercevoir des rapports qui plaisent par leur délicatesse, autant que par leur justesse: c'est ce que

j'appellerai esprit. Ce sera la faculté féminine de l'âme, comme c'est peut-être aussi ce qui devrait faire le partage des femmes. Le bon sens et l'esprit auront également le vrai pour fondement, et ne pourront pas subsister sans lui; et comme le simple bon sens n'est pas sans beauté, de même l'esprit ne méritera pas ce nom, si avec le beau, il n'a encore du bon et du solide. Tout ouvrage où le beau domine, sera un ouvrage d'esprit; et celui où domine le bon, sera un ouvrage de bon sens. Lorsque le beau et le bon se trouveront ensemble; lorsqu'ils concourront au même but, et que l'esprit ne se fera pas remarquer comme ajouté seulement au bon sens, mais qu'il fera son effet, comme faisant corps avec lui, nous reconnaîtrons ce mélange pour quelque chose de très agréable, et nous ferons grand cas des ouvrages où il se trouve. Mais nous estimerons encore davantage ceux où le bon excelle, au point de se passer de tout embellissement. Ceux-là sont beaux par eux-mêmes et au-dessus de tous ceux où il y a du mélange. C'est principalement dans ces ouvrages du premier ordre, qui sont en très petit nombre, que se trouvera le sublime, où il est donné à si peu de personnes d'arriver, et dont on ose à peine se hasarder de déterminer l'idée. Ne consisterait-il point à mettre dans tout son jour une vérité grande et composée, en la ramenant au simple, à l'unité, par la manière de la concevoir et de l'exprimer? Sur ce pied-là, l'esprit n'aurait-il point son sublime aussi, et ne serait-ce point le **naïf** fait d'une certaine sorte? Je veux dire, lorsqu'il a autant de sens que de délicatesse. C'est là le simple de l'esprit, et il en faut toujours revenir au simple, comme à ce qui fait l'essentiel du sublime, de quelque espèce qu'il soit. Non seulement le naïf se trouve très rarement dans les ouvrages d'esprit; non seulement les personnes qui ont du goût en sont plus charmées que des pensées les plus brillantes; mais lorsqu'il est tel que nous le supposons, il a encore ce caractère du sublime, que l'origine en est inconnue. Il ne dépend pas de nous de le former et d'en enrichir nos productions; il semble naître de lui-même, et il se présente à l'esprit, comme lui appartenant, presque sans que celui-ci y ait part. Il faut avouer à l'honneur des Français, qu'il leur est mieux connu qu'à d'autres. Revenons à leur bel esprit, et à ceux d'entre eux en qui il brille davantage, et voyons le cas que nous en devons faire. Ici encore il vous faudra essuyer bien du raisonnement, plus que vous ne vous attendiez d'en trouver, et que je n'étais dans le dessein d'en faire.

Que le bon, dans toutes sortes d'écrits, puisse subsister sans le beau, du moins sans celui que l'imagination ou la vivacité d'esprit est capable d'y ajouter, cela est très certain, et les ouvrages excellents que nous avons dans ce genre, le prouvent. Il s'agit de savoir si le beau peut de même subsister sans le bon, l'agréable sans l'utile; c'est où il en faut revenir, et trouver le prix qu'il y a à mettre à ces sortes d'ouvrages: à ceux de Voiture et de Sarasin, par exemple, qui étaient, je crois, les premiers d'entre les beaux-esprits de leur temps, du temps où le bel esprit semble avoir eu particulièrement son époque. Je n'hésite point là-dessus, et ce que j'ai déjà dit, je le dis encore: dans les productions d'esprit, le beau ne peut pas être séparé du bon, comme dans la nature la beauté de l'homme ne saurait être séparée de la santé qui la produit; sans le bon, il n'y a point de véritable beauté. Car l'homme étant fait pour le bon, il ne saurait se dispenser de l'avoir, sous peine de n'être pas cet homme dont il a la figure; et la nature du bon étant de se communiquer à tout ce qui en est susceptible, il ne saurait se dispenser de le faire entrer dans tout ce qui part de lui, dans toutes les productions de son esprit. C'est donc au bon, comme à son but, que l'homme doit tendre, et tourner de ce côté-là tout son bon sens et en même temps aussi tout l'esprit qu'il a, s'il en veut faire quelque usage, puisque l'esprit ne doit pas être séparé du bon sens, et qu'enfin, il n'y a que le bon qui mérite d'être orné du beau. On comprend assez dès là, que les véritables productions d'esprit ne sont pas de la nature de celles de Voiture et de Sarasin, où il n'y a que

du beau, ou de ce qui peut plaire, et dont le but
est seulement de causer une agréable surprise.
Voiture et Sarasin ont été de beaux esprits de
profession, qui ont orné le beau dont ils faisaient
leur capital, du bon qu'il pouvait y avoir en eux,
mais dont ils n'avaient pas l'abondance qui le
fait écouler dans ce que l'esprit produit. C'est-
à-dire que Voiture et Sarasin ne pouvaient
manquer de faire ce qu'ils ont fait, ils ne pouvaient que changer l'ordre qui fait la beauté des
objets de l'esprit, et éblouir les hommes par des
apparences qu'ils leur ont présentées. Ils n'ont
pas assez connu le prix du bon, pour le faire
valoir, et par conséquent leurs ouvrages, ne con-
venant point à l'humanité fondée sur le bon, ne
sauraient avoir le prix qu'on y met. Au hasard
d'avancer un grand paradoxe, je dirai que le
prix des ouvrages d'esprit, et généralement de
tous ceux où le bon peut trouver sa place, dépend principalement du prix de l'auteur, du bon
qu'il y a en lui; que son caractère y influe partout, et lui donne sa dignité, plus que tout l'esprit qu'il y peut mettre, et que, sur ce pied-là,
il n'appartient qu'aux hommes qui sont riches en
bon, de se parer du beau et de le produire, de
s'égayer par des productions d'esprit, et d'égayer
les autres; qu'il n'y a que ceux-là qui le fassent
noblement. Envisageons la chose par un autre
endroit; elle est importante, et c'est elle qui nous
mène à connaître le prix des ouvrages d'esprit.

Il me paraît que tout ce que les hommes écrivent, et où il entre du raisonnement, tend à découvrir les divers rapports que les choses peuvent avoir, soit entre elles-mêmes, pour former un tout bien proportionné, soit à l'homme qui se trouve placé au milieu d'elles, et qui apparemment en doit tirer quelque parti. La découverte des rapports que les choses ont entre elles, ne demande que de l'attention et du discernement; et la plupart de ceux qui aiment à faire usage de leur raison, la tournent de ce côté-là. Nous voyons de ces productions sans nombre; et les ouvrages d'esprit qui ont quelque réalité, sont pour l'ordinaire de ce genre. La découverte des rapports que les choses ont à l'homme, demande, outre la droiture d'esprit, de la droiture de cœur, de l'inclination pour l'ordre. Car, pour sentir ces rapports, il faut que l'homme lui-même soit dans l'ordre, qu'il soit tel que toutes choses se puissent rapporter à lui comme à un but fixe. Tout homme de bien, qui fait attention à ce qui l'environne, se tourne vers cette sorte de découverte, à quoi il subordonne cette autre; car il comprend que les rapports que les choses ont entre elles ne lui importent que par ceux qu'elles ont à lui, et c'est par ce qui lui importe qu'il se conduit. Si un homme de ce caractère se met à écrire, il ne manque guère de produire d'excellents ouvrages; l'utile s'y trouve mêlé à l'agréable, ou plutôt l'agréable y est mis pour faire valoir l'utile, le vrai, qui découle de lui plus naturellement encore que l'agréable. Les beaux esprits que nous avons cités pour exemples, Voiture et Sarrasin, n'étaient point dans cette situation : ils n'ont point fait attention à ces rapports, et l'agréable, au lieu d'embellir leurs productions, en a fait l'essentiel. Se sentant une imagination vive et fertile, et avec cela un grand loisir, ils se sont mis à inventer des rapports, soit entre les choses mêmes, soit entre les choses et l'homme, l'homme oisif à l'égard du bon, dont il doit faire son occupation ; et ils ont embelli ces rapports de tout ce que la fertilité de leur esprit leur a pu fournir. De pareilles nouveautés ne pouvaient que faire plaisir aux hommes pour qui ils les inventaient, puisqu'ils les confirment dans leur oisiveté, et il n'y a pas de quoi s'étonner, si, ne connaissant pas les rapports véritables qui regardent l'homme actif et tourné vers le bon, ils admirent ces ouvrages et les regardent comme des chefs-d'œuvre de l'esprit humain. Il n'y a pas de quoi être surpris non plus, s'il y a des gens qui, reconnaissant ces rapports pour des rapports inventés, pour des choses de nulle valeur, prennent de là occasion de mépriser les productions de l'esprit, de quelque nature qu'elles puissent être, et ne veulent pas convenir que l'esprit soit de quelque utilité dans le monde.

Soyons moins sévères, et consentons qu'il y ait du jeu dans les ouvrages et dans les entretiens des hommes, puisque la nature leur donne de l'esprit et qu'elle les forme avec de l'inclination à se jouer; mais exigeons d'eux que ce soit d'une manière qui ait sa dignité et son usage, comme les jeux qui regardent le corps ont le leur, et servent à lui donner de la vigueur et de l'agilité. Un homme sensé ne se fait ni danseur de corde ni bateleur, mais il se choisit des exercices qui aient de la bienséance, et personne ne l'en blâme; faisons la même chose à l'égard de l'homme raisonnable: ayons des plaisirs nobles qui lui conviennent, qui, en nous délassant, nous encouragent à retourner au travail. Que le but des ouvrages d'esprit soit le bon, rendu agréable; qu'ils nous instruisent en se jouant, et même, si l'on veut, sans qu'il y paraisse du dessein de nous instruire. Que ceux d'entre les hommes qui ont reçu de la nature du talent pour badiner, badinent s'ils veulent; mais qu'ils badinent en hommes qui se jouent avec des enfants, à qui ils donnent des idées saines de tout ce dont ils leur parlent, et non pas en enfants qui badinent avec d'autres enfants, qui ne se disent que des riens les uns aux autres. Que tout homme d'esprit mette le prix à ce qu'il débite et dans ses écrits et dans sa conversation, le prix que les choses ont par rapport à l'homme. Car tout étant fait pour l'homme, pour lui mettre devant les yeux certaines vérités qui au fond regardent le prix des choses, tout se rapportant à lui, de manière ou d'autre, il faut que toute production d'un homme de génie ait cette marque de sa réalité, qu'elle contienne ces rapports et ce prix, et les fasse connaître à ceux qui les ignorent. Cela a lieu chez un homme sensé, dans ses jeux aussi bien que dans son sérieux, et c'est ce qui achève d'y mettre de la dignité. Il faut aussi que tout y soit manié à proportion du peu ou beaucoup qu'il vaut, et que par là encore, le prix de tout ce que ces productions contiennent, s'y trouvant marqué, elles puissent servir à la plus utile de toutes les connaissances, à celle à qui toutes les autres doivent se rapporter. Sur ce pied-là, tout ce qu'il y a dans la nature peut servir aux hommes de sujet d'entretien, et l'esprit peut entrer et trouver sa place partout, dans les petites choses autant et peut-être plus que dans les grandes; car elles ont la même origine, et toutes méritent notre attention, puisque la nature nous les met toutes devant les yeux. Le simple bon sens s'occupe plus volontiers des grandes choses, laissant à l'esprit à se jouer à ce qu'il y a de petit; et l'esprit, de son côté, s'accommode de ce partage et se porte au petit naturellement, comme étant plus propre à lui servir de jouet. Jouons-nous donc de ce qu'il y a de petit dans le monde, et mettons cent et cent choses à cet usage, en attendant qu'on leur en trouve un autre, et qu'on trouve à l'esprit le sien, si ce n'est pas celui de se jouer. Revenons aux ouvrages de Voiture et de Sarrasin.

Les Français en font un cas extrême, et ce sont des choses importantes pour eux. Voiture surtout leur impose; ils le mettent comme à la tête de leurs beaux esprits, et*) un d'entre eux l'en appelle le roi. Sarrasin de même a ses admirateurs qui l'élèvent fort haut, et qui ont raison aussi bien que les admirateurs de Voiture, s'il est vrai que le genre d'écrire de ces auteurs soit ce que l'on veut faire valoir. Il faut avouer qu'ils y excellent tous deux: Voiture dans ses lettres, et Sarrasin dans quelques-unes de ses pièces de poésie, où, à mon avis, il l'emporte sur Voiture. Jamais on ne badina plus agréablement ni plus finement que ces écrivains l'ont fait; jamais il n'y a eu d'imagination plus féconde que la leur; les fleurs naissent sous leurs mains, comme elles naissent sous les pieds de leurs bergères; et ils les répandent sur tout ce qu'ils manient; jamais il n'y eut d'écrits plus merveilleux dans leur genre; mais aussi jamais genre d'écrire ne fut plus imaginaire que celui-là. A ces deux écrivains, j'ajouterai Balzac, dont la réputation n'est pas moins grande, et qui est, dans le style sérieux et élevé, ce que ceux-là sont dans le style fa-

---

*) Pellisson, dans son discours sur les œuvres de Sarrasin.

milier et enjoué, et je dirai qu'ils sont des bizarreries de la nature; qu'elle a voulu essayer jusqu'où
l'imagination des hommes pouvait être ou agréablement ou pompeusement déréglée; de quelle
espèce seraient les choses que cette imagination
produirait d'elle-même, et lorsqu'elle aurait le
bon sens à son service, au lieu de se mettre au
sien. Si je n'avais déjà dit que le bon, ou le
sensé, doit faire l'essentiel de ce que les hommes
écrivent, je le dirais ici, et je demanderais que
le sensé fût comme le corps de tout ouvrage.
Si l'écrivain se plaît à l'embellir et à le rendre
agréable, à la bonne heure; c'est où il peut se
servir de l'esprit qu'il a, et habiller ou orner ce
corps. Mais de l'esprit, ou de l'imagination sans
réalité, c'est comme une ombre revêtue, c'est
quelque chose qui tient du fantôme. Ou, si je
dois faire une comparaison moins effrayante, je
dirai qu'il en est de l'esprit comme du sucre; il
adoucit certains mets, qui seraient moins agréables
sans cela, et en relève le goût, il sert à faire des
confitures, qu'on mange avec plaisir; mais de
soi-même ce n'est guère un mets à servir. Les
ouvrages de Voiture et de Sarrasin, de Voiture
surtout, ne sont pas des confitures; c'est du
sucre déguisé en différentes manières; c'est de la
pâte sucrée mise en figures. On les regarde un
moment et elles font plaisir; mais il faut être
enfant et prendre le change, pour en manger
beaucoup et en faire son repas.

Il y a une autre remarque à faire sur les ouvrages de Voiture: elle regarde en particulier ses lettres, qui sont ce qu'on en estime davantage, et que surtout on voudrait imiter. Nous écrivons des lettres à nos amis pour leur faire connaître ce qui se passe en nous, et principalement ce qui s'y passe à leur égard, et nous leur écrivons tout ce que nous leur dirions si nous les entretenions de bouche. La perfection de ces sortes de lettres consiste donc en ce qu'elles ressemblent aux discours ordinaires, qu'elles soient familières et naïves, et que non seulement elles ne sentent point la composition, mais qu'elles la surpassent et que le langage du cœur s'y fasse connaître. Ce n'est point là le caractère des lettres de Voiture. Au lieu d'être naturelles, elles ne sont qu'ingénieuses, et elles imitent l'amitié, qui ne veut point d'imitation; elles s'en jouent. Cet écrivain feint de sentir tout ce qu'il ne sent point, et il l'outre, pour lui donner du prix et pour paraître sentir beaucoup. C'est un jeu dont au fond les personnes qui reçoivent de pareilles lettres n'ont pas lieu d'être fort contentes; car il est fâcheux pour nous que nos amis, en nous écrivant, soient réduits à avoir recours à la fiction, et qu'à chaque lettre que nous recevons d'eux, nous sentions que nous ne sommes pas encore parvenus à leur inspirer quelque sentiment pour nous. Les personnes à qui Voiture écrit, n'ont pas lieu non plus d'être contentes de ce qu'il leur dit également tout ce qu'il peut imaginer de plus flatteur, et qu'il les élève chacun à son tour au-dessus de tous les autres. De toute manière ces lettres font un effet contraire à celui qu'elles doivent faire; elles mènent à Voiture bel esprit, et non pas à Voiture ami, et il semble qu'en lui l'écrivain ait englouti l'homme. A la vérité, toutes les professions où les hommes s'engagent sont sujettes à cet inconvénient, et rarement excelle-t-on en quelqu'une, que ce ne soit aux dépens du fond, qui est l'humanité. Mais cela devrait avoir son exception précisément à l'égard de l'esprit, qui doit être l'ornement de l'humanité, comme les fleurs que l'on voit dans les prairies servent à les orner, sans diminuer en rien leur valeur. Cet écrivain devait s'exercer sur d'autres sujets, sur des sujets de pur badinage et qui n'intéressassent pas l'homme, pour qui il ne sentait rien. Quelques-unes de ses pièces sont de ce genre, et ce sont celles-là qu'il faut lui passer, et placer là la royauté où on l'élève. Voiture est le roi du badinage et de la bagatelle, et sur ce pied-là il sera, si l'on veut, le roi des beaux esprits d'un pays où la bagatelle est en crédit, et son éloge sera précisément celui que Sarrasin lui donne, et qu'en changeant de nom, on pourrait donner à Sarrasin : *Veturius, nulli nugarum laude secundus.* Continuons à examiner les principaux d'entre les beaux esprits dont les Français se font honneur, et essayons de trouver le prix qu'il convient de leur mettre.

Ils ont des poètes fameux dans le dramatique, c'est-à-dire, dans ce qu'il y a de plus estimé en fait de productions d'esprit. Corneille et Racine ont excellé dans le tragique, et Molière dans le comique. Essayons de mettre le prix, non pas à ces poètes, mais à ce genre d'écrire, où il suffit d'exceller pour être compté parmi les grands génies, et qui en effet demande une force de génie plus qu'ordinaire. Ici, les rapports vont à l'homme, mais le but du dramatique étant uniquement de nous donner du plaisir, ces rapports ne sauraient avoir toute leur justesse, et dans le général, le poète ne peut que leur faire violence pour les accommoder au goût du public. Dans le comique, il les diminue et les met au-dessous de l'homme, et dans le tragique, il les étend pour les rendre héroïques et les met au-dessus de l'humanité. Ces productions d'esprit, comme la plupart des autres, n'ont pour but que les applaudissements, et le tout aboutit enfin à en donner au poète. Nous en donnerons donc aussi à ceux que nous avons nommés, et nous dirons encore une fois qu'ils ont excellé dans ce genre d'écrire et l'ont, peut-être, porté plus loin que qui que ce soit avant eux. Mais nous ne reconnaîtrons pas leurs compositions pour aussi importantes qu'elles sont ingénieuses, et le beau du dramatique nous imposera aussi peu pour lui donner du prix, qu'il impose au public, sur qui il ne fait d'autre effet que de lui plaire et de l'amuser. Au reste, monsieur, et pour vous dire tout ce que je pense sur cette matière, le tragique qu'on élève si fort au-dessus du comique, et qui en effet le surpasse infiniment par la noblesse du sujet, non seulement me paraît de peu d'usage, mais il me semble qu'il est moins convenable au théâtre, qu'il a quelque chose de plus comique dans un sens, que le comique même. Le théâtre n'est point fait pour donner aux hommes ce qu'ils n'ont pas, les grands sentiments, qui font le sujet de la tragédie; il n'est propre, tout au plus, qu'à leur faire perdre ce qu'ils ont de trop, les folies qui les rendent ridicules; la comédie, en mettant ces folies dans tout leur jour, peut les en dégoûter; par là, le comique est en sa place sur le théâtre. Il l'est encore en ce qu'il est proportionné à l'esprit de l'homme, qui aime à se jouer et se porte volontiers à la bagatelle. Tout ce qui est vain et sujet à disparaître, est propre à être représenté sur le théâtre, et la comédie étant en abrégé ce que le monde est en gros, les hommes qui la voient jouer, en riant, y mettent le prix assez au juste. Si elle était rectifiée et purgée de ce qui n'est que farce, si elle était vouée à la correction autant qu'elle l'est à l'amusement, il se pourrait enfin qu'elle eût son usage et que ce fût un jeu à donner au peuple. Il n'en est pas de même de la tragédie: elle expose sur le

théâtre des objets sérieux et graves, et fait un
jeu des choses dont on pourrait tirer tout un
autre parti. Elle convertit le bon en beau, à sa
manière, en le faisant servir à des représentations,
à des peintures dont il n'est question que de
savoir si elles sont bien faites. Elle expose et
avilit en quelque sorte la vertu, même en la
recommandant. On n'ignore pas le prix de la
vertu, et on sait assez qu'elle doit avoir son
usage dans le monde. La question est de savoir
où il la faut placer, et de la manière dont les
hommes sont faits, si quelqu'un peut la leur
montrer comme dans l'éloignement et hors de
l'ordinaire de la vie; si, de quelque manière que
ce soit, il peut les dispenser de la pratiquer eux-
mêmes, il leur fait plaisir. Les poètes leur rén-
dent ce service par le moyen des tragédies. Ils
y étalent la vertu, mais dans une sphère si extraordinaire et si éloignée du familier, et ils savent
si bien la convertir en belles paroles et en sentiments étalés, qu'ils mettent une espèce de proportion entre le jeu et la vertu. Les spectateurs
la voyant devenue la thèse, le jouet magnifique
de l'esprit, s'accoutument à l'envisager comme
faite pour cela, et il leur paraît qu'une chose si
pompeusement servie, a tout ce qu'elle peut
exiger de l'esprit humain. En approuvant et admirant ces compositions, en se laissant toucher
de ce qu'elles ont de pathétique, il leur semble
qu'ils ont satisfait à ce qu'elles peuvent exiger

d'eux du côté du cœur. Ainsi, la vertu devient un spectacle donné à la curiosité du peuple, un objet de théâtre où les hommes la relèguent ; et tous ces grands sentiments leur paraissent éloignés de l'ordinaire de la vie, autant que les habillements et les attitudes du théâtre le sont de ceux qu'ils voient dans leur domestique. L'amour seul, qui d'ordinaire fait l'essentiel de ces représentations, et en quoi toutes les pièces de théâtre conviennent et s'entr'aident, l'amour qui est ce qu'il y a le plus à la portée de la jeunesse, fait son effet dans ces jeux inventés pour elle, et se communique réellement. A cet égard surtout, on peut dire que la tragédie fait du mal aux hommes. Elle avilit le bon en le mêlant avec le mauvais, avec l'amour, comme elle autorise le mauvais en le faisant aller de pair avec le bon. Nous aurons donc raison de compter les plus grands efforts de l'esprit pour le tragique, parmi les choses disproportionnées et vaines, et ceux pour le co-mique, parmi celles qui pourraient avoir leur usage, si elles étaient tout ce que l'esprit de l'homme conduit par le bon sens pourrait les faire ; mais qui, tel que nous le voyons, corrompt les hommes plus qu'il ne leur fait de bien.

Les Français ont multiplié et achevé d'avilir le comique par un genre d'écrire tout singulier, par le burlesque qui ne se trouve, je pense, que parmi eux, et il ne faut pas oublier de mettre dans la liste de leurs beaux esprits le poète à qui ils en sont redevables. Scarron, auteur célèbre de ce siècle, a excellé dans ce genre d'écrire et l'a porté à sa perfection. Ici tous les rapports vont non seulement à l'homme oisif, mais même à l'homme qui extravague, et ce bel esprit mérite d'être déclaré le roi de l'extravagance, comme Voiture le roi du badinage; le nombre de ses admirateurs fait voir aussi que son royaume n'est pas moins grand. Au reste, il semble que la nature et ce bel esprit se soient fait la guerre réciproquement: la nature le logea mal et dans un corps difforme, et lui de son côté, comme pour se venger d'elle, rendit difforme Virgile, le poète dont le génie fait honneur à la nature; il le travestit comme elle l'avait travesti lui-même. Ce ridicule ouvrage a dû trouver cours autant qu'il a fait, pour montrer aux hommes jusqu'où l'on peut être la dupe de l'imagination, lorsqu'on s'éloigne du bon sens et de la simplicité; et à quel point on se corrompt le goût, lorsqu'on le cultive par tout autre chose que par le vrai, par ce qui convient à l'homme.

Un autre écrivain, qui parut sur la scène au siècle passé, s'était déjà joué de ce goût dépravé. Il avait écumé de l'esprit dans son *Pantagruel,* où, par le moyen de quelques traits ingénieux, qu'il semble y avoir fourrés par-ci par-là, comme pour leurrer le lecteur, il lui fait parcourir des pages entières, non seulement d'ordures, où la foule se laisse mener sans peine, mais même de

choses insensées, de véritables délires; c'est-à-
dire qu'il accompagne ses bons mots de ce qui
les assortit naturellement, et qu'il présente aux
gens qui courent après cette sorte d'esprit, ce
que leur goût mérite. Ici, il ne faut point chercher
de rapports; car le plaisir de ce bel esprit a été
de les détruire, et de mettre au monde un ouvrage où il n'y en eût point, un ouvrage qui fût
au-dessous de l'humanité et que, par une apparence mystérieuse qu'il lui a su donner, on crût
au-dessus d'elle. On se fait néanmoins honneur
en France de cet auteur, et il est compté parmi
leurs*) excellents hommes. Mais quelqu'un lui a
rendu meilleure justice, en faisant dériver le nom
de Rabelais de *rabie læsus,* c'est-à-dire, atteint
de rage; et l'on pourrait dire que tant de gens
qui puisent là leur langage et ont ses bons mots
dans la bouche, confirment cette étymologie, et
font voir que c'est un enragé qui les a mordus.
Il n'y a pas là, je pense, de quoi recommander
le bel esprit, et je crois que d'autres peuples
n'envieront point aux Français la gloire d'avoir
produit ces deux hommes extraordinaires. Il y
aurait encore d'autres beaux esprits du temps
passé à considérer, et on pourrait faire voir à
leur occasion, que le bel esprit, lors même que
l'on y excelle au jugement du public, a quelque
chose de fort équivoque, et qu'une nation qui aurait

---

*) **Voyez** sous le nom de Rabelais le dictionnaire
de Moreri.

à cet égard de l'avantage sur les autres, n'aurait pas de quoi se glorifier autant qu'il le paraît d'abord. Mais laissons là les beaux esprits du temps passé, pour en venir à ceux qui brillent à présent, ou du moins à quelques-uns d'entre eux.

Le premier qui se présente est leur poète célèbre, l'auteur des *Satires,* qui balaye le Parnasse français et en chasse la foule des beaux esprits qui le sont à faux titre. Ses ouvrages ont leur mérite, et justifient en quelque sorte le cas que le public en fait : ils sont compassés et élégants, et ils ont quelque chose qui impose. L'art et le travail s'y trouvent joints à des talents de nature, et le poète a su employer heureusement les plus beaux traits des poètes anciens, et s'en parer. Ici, les rapports vont à l'homme, à l'homme en tant qu'il est sociable et qu'il se garantit du ridicule ; et, généralement parlant, ils ne manquent pas de justesse, ni l'ouvrage de dignité. Mais le prix que l'auteur y met au bien et au mal, au bien surtout, paraît moins partir du cœur que de la tête, comme aussi l'effet que ses satires font, va plus à la tête qu'au cœur. Par là encore elles ne sont pas du premier ordre, pour ce qui regarde la beauté, qui est l'endroit par où on les envisage et qu'on leur applaudit. Au reste, cet auteur n'a point de caractère dominant. Il a du bon sens et de l'esprit, assez, pour être au-dessus des génies ordinaires ; mais on ne peut pas dire de lui que ce soit un grand génie. Il semble souvent employer son bon sens et son esprit séparément, et l'un au défaut de l'autre, plutôt que de se servir de l'un et de l'autre conjointement, pour mettre dans leur jour les sentiments du cœur, qui font le poète. Il lui arrive de s'élever; mais il a de la peine à se soutenir; il a le vol court, et ses poésies sentent l'effort et le travail; on s'aperçoit que la recherche du beau, d'un certain éclat, en fait le grand ressort; de là viennent les bons mots, où il lui arrive si souvent de s'échapper, aussi bien que toutes ces malignités hors d'œuvre, ces traits qui divertissent le lecteur, mais qui ne font pas honneur au poète. Ils font sentir que le tout n'est qu'un jeu, que le poète n'a d'autre vue que de s'égayer, et de remporter l'approbation du public, du grand nombre qui prend goût à ces malignités. C'est encore ce qui lui a donné lieu à se jeter sur des matières générales, plutôt que sur les défauts de sa nation, et, par cet endroit, aussi bien que par son caractère d'esprit, il ne fait pas aux Français tout le bien qu'un poète satirique pouvait leur faire. Par cette raison, principalement, je le crois autant au-dessous de l'excellent où la voix publique le place, qu'au-dessus du médiocre qu'il attaque avec succès dans ses satires; et je suis persuadé que le temps qui met le vrai prix aux auteurs, ne placera pas celui-ci au premier rang où son siècle le place.

Que je fasse une remarque sur les écrivains français à l'occasion de ce poète: d'ordinaire ils écrivent pour le public, non pas pour lui faire du bien, mais pour lui plaire et avoir son approbation; ils en étudient le goût, et tout ce qu'ils jugent lui être désagréable, ils ne le hasardent point. Le public est leur idole, comme le bel esprit est celle du public, et je crois qu'on peut dire, sans se tromper, que quelque génie qu'un écrivain pût avoir, cette vue trop basse suffirait pour le borner, et l'empêcherait de prendre l'essor, comme il ferait sans cela. Un génie véritablement grand a le public en vue, pour lui donner la loi, et non pas pour la recevoir de lui; c'est ce qui produit les excellents ouvrages.

Les Français ont un écrivain à qui le titre de bel esprit convient, je crois, davantage, et très précisément. Il donne, et en vers et en prose, un tour aisé et ingénieux à ce qu'il écrit, et il y sait faire entrer le naïf aussi bien que le brillant. Il connaît la nature, et il s'en écarte peu dans les ouvrages où on doit la suivre. Quelque sec que soit le sujet qu'il traite, il sait l'embellir de pensées vives et délicates, et en lui paraît, dans tout son agrément, et peut-être même dans toute sa profusion, l'esprit enjoué et galant, qui fait proprement le bel esprit, l'esprit des Français. Mais ses ouvrages manquent, comme tant d'autres, par ce qui en devrait faire l'excellence: par le bon, que le cœur seul, quand il en est plein, y sait répandre. Il semble que cet auteur se tienne comme neutre entre le bien et le mal qu'on peut faire aux hommes en écrivant: s'il est vrai, du moins, que ce ne soit pas leur faire du mal que de les entretenir de ce qui flatte le goût ordinaire, de peindre de couleurs vives et d'une manière touchante, l'amour qui les séduit, et de faire un jeu d'esprit de plusieurs sujets dont on pourrait tirer meilleur parti. Les rapports sont moins inventés dans ses ouvrages que dans ceux de Voiture et de Sarrasin, au rang desquels on le peut mettre pour la beauté de l'esprit, s'il ne les surpasse; mais ces rapports ne vont pas moins à l'homme oisif, et qui ne vit que pour le plaisir; et le prix des choses n'y est guère mieux observé. Par là, surtout, on n'en saurait mettre un fort grand à ses ouvrages, quelque bien écrits qu'ils puissent être, quelques éloges qu'ils méritent d'ailleurs. S'il est vrai qu'on ne puisse guère aller plus loin en matière d'esprit que cet auteur est allé, comme quelques personnes le croient, et le mettent à la tête des modernes, celui de ses ouvrages qui fait faire ce jugement de lui, servira de preuve aussi, que le bel esprit, quelque essor qu'il prenne, ne saurait de lui-même aller fort loin. Il s'élève à l'aide des ouvrages de bon sens, que d'autres lui fournissent; et les écrivains de ce caractère ont raison de prendre ce parti; mais nous aurons raison aussi de dire, que s'ils veulent l'emporter sur le bon sens, si le bel esprit veut se faire proclamer roi, il se trouve réduit au stratagème du roitelet, qui se cacha sous l'aile de l'aigle, pour être porté au haut des airs, et ne prit son vol, pour le surpasser, que lorsque l'aigle eut fini le sien.

Il se présente ici un bel esprit d'un autre caractère, un auteur renommé, qui après s'être exercé dans ses écrits sur toutes sortes de matières avec une facilité extrême, et avoir acquis beaucoup de réputation, s'est avisé, enfin, de vider toute son érudition, et de la décharger dans un grand livre critique, pour en régaler le monde curieux. Cet auteur surtout, peut faire voir jusqu'où un homme qui manque par le cœur, peut s'égarer par l'esprit; et son ouvrage, qui, par la manière agréable dont il est écrit, impose à tant de gens, peut montrer de quel côté est tourné le goût presque général de nos temps. Les rapports que les choses ont entre elles se trouvent bien observés ici; le raisonnement est le fort de cet écrivain; mais les rapports que les choses ont à l'homme y sont renversés et détruits entièrement. Ils ne vont ni à l'homme oisif, ni à l'homme extravagant, mais à l'homme corrompu, qu'ils corrompent encore davantage. L'auteur s'est plu à y répandre des obscénités, aussi bien que des railleries sur des sujets que toute personne sensée fera toujours profession de respecter, et il fait valoir les unes et les autres par le moyen de l'esprit, qui s'ajuste à tout, au sale et au mauvais, comme au bon, et qui, sur le mauvais ᵉncore plus que sur le bon, se plaît à montrer les merveilles qu'il sait faire. Le gros du livre est une merveille lui-même, par toutes les inutilités qu'un style agréable et un tour naturel et ingénieux fait valoir et admirer; c'est l'ouvrage du monde où les hommes qui courent après l'esprit, ceux qui veulent être amusés et trompés, le sont davantage. Ce terrible volume, cette montagne d'entre les livres, après avoir jeté de grands cris dans une préface qui l'assortit au juste, et qui dispense un homme judicieux de la lecture de l'ouvrage, n'enfante véritablement qu'une souris; ou plutôt elle en enfante toute une nichée, qui se fourrent partout pour ronger et faire du dégât, et qui n'épargnent pas même les choses les plus sacrées. Cet écrivain qui pense si mal de ce que nous respectons, dira-t-il tout ce qu'il pense, et se fera-t-on une bienséance de ne pas dire ce qu'on pense de lui? Disons hardiment que le caractère d'esprit de l'auteur du *Dictionnaire critique,* est celui d'un charlatan, et que c'est peut-être de tous les charlatans qui aient jamais paru, le plus signalé. Paré d'une fastueuse érudition, d'un ramas de faits et de circonstances, qui ne méritèrent jamais l'attention d'un homme sensé, il se produit avec une espèce d'éclat, et attire sur lui les yeux de tout le monde; et la fertilité de son esprit qui le rend propre à jouer toutes sortes de personnages, le met en état d'amuser agréablement la foule qu'il attire. Tantôt il fait le philosophe qui témoigne faire cas des bonnes mœurs, et il fait des réflexions qui les recommandent; tantôt c'est un libertin qui se joue de tout, et se laisse aller à son penchant. Quelquefois il paraît comme un esprit fort, devant qui rien ne doit tenir; d'autres fois il se met en posture contre les esprits forts eux-mêmes, et vous diriez qu'il va les combattre. C'est un savant qui cite ou qui réfute d'autres savants; c'est un cavalier qui imite le langage de la cour; quelquefois il affecte celui de la guerre, d'autres fois il emploie celui du barreau; souvent il en parle un qui n'est propre qu'à charmer la canaille, et il le parle si bien que, par là principalement, il l'emporte sur tous les charlatans qui ont paru avant lui. Il n'est rôle qu'il ne joue, ni figure qu'il ne prenne, pour grossir la foule des spectateurs, aussi bien que pour les contenter; et le fruit de tout cela est de leur faire envisager toutes choses comme faites pour servir de matière au raisonnement, et le raisonnement comme fait pour se jouer de toutes choses. Quelques-uns se contentent d'être simples spectateurs de ses singeries, et n'y perdent que leur temps. D'autres, plus à plaindre, ajoutent foi à ses discours et se pourvoient de ses drogues, comme de quelque chose d'exquis, et qui préserve les hommes des scrupules et des terreurs incommodes que la religion leur cause, et ils trouvent, en effet, ce qu'ils cherchent. De toute manière, c'est un ouvrage propre à séduire ceux qui veulent bien être séduits.

Il y aurait ici riche matière à décréditer le bel esprit, si on voulait appuyer là-dessus; et aux auteurs que j'ai cités, je pourrais en joindre d'autres, qui achèveraient de prouver ce que j'ai dit d'abord: que l'esprit, lorsqu'il n'est pas conduit par le bon sens, est sujet à toutes sortes d'égarements, et que même dans ses plus grands efforts, il ne produit pas des choses aussi excellentes qu'elles le paraissent d'abord. Mais il vaut mieux le considérer dans son véritable usage, lorsque, conduit par le bon sens, il est voué conjointement avec lui au bien de la société, par le cœur tourné de ce côté-là, et rempli de bons sentiments. Deux ouvrages de ce caractère se font remarquer de nos jours, et c'est la France qui nous les fournit: ouvrages excellents par leur but qui est d'instruire, embellis par la délicatesse d'esprit, et les agréments qui s'y trouvent répandus. L'un fait un espèce de parallèle entre les caractères des hommes d'autrefois, décrits par un des écrivains les plus estimés de l'antiquité, et les caractères des hommes d'à présent. En même temps aussi il fait, par sa manière d'écrire, un parallèle entre le génie simple de l'antiquité, ou du moins de l'auteur qu'il a traduit et mis à la tête de son ouvrage, et le génie fertile en tours ingénieux de nos temps, qui lui est naturel, et il y réussit au point que les partisans de l'antiquité même doivent être tentés de se déclarer pour le génie moderne, pour l'ingénieux. Mais l'ouvrage est si bon par ce qu'il contient et qui en fait l'essentiel, que le plus souvent il permet à peine de faire attention à l'esprit qui l'orne. L'auteur y dépeint principalement les mœurs de sa nation, à laquelle il cherche d'être utile, et il ne faut point douter qu'il ne le soit. On remarque, dans ce qu'il écrit, outre le génie français qu'il a dans toute sa beauté, tout le discernement qu'un homme désintéressé, un étranger, y pourrait joindre ; et sa peinture vive et pleine de grâce, vaut sans doute, et pour l'instruction et pour l'agrément, les satires les plus ingén euses que l'antiquité nous a laissées, comme elle surpasse de beaucoup les satires écrites de nos jours.

L'autre de ces deux ouvrages nous présente en style poétique, aussi doux et harmonieux, aussi riche que la poésie même, la suite d'un des plus fameux poèmes de l'antiquité encore ; et cette suite, où la fiction, si avilie par l'abus qu'on en fait de nos temps, reparaît dans son ancien lustre, est remplie d'instructions importantes, dignes de l'attention des personnes pour qui, principalement, elles sont écrites ; c'est-à-dire, de ceux qui sont destinés à gouverner, et à qui préférablement à tous les autres, les hommes de génie doivent leurs veilles. Cet ouvrage est peut-être pour nos temps, ce que ceux du poète grec étaient pour les temps où ils parurent, je veux dire excellents par-dessus tous les autres. On pourrait dire quelque chose de semblable de celui que nous lui associons, et qui ne lui cède en rien dans son genre : dans l'un et l'autre de ces ouvrages, tout se rapporte à l'homme, à l'homme dans l'ordre, et tout tend à l'y faire rentrer. Ces deux auteurs ne sont pas de beaux esprits ; ils ne sont pas de ceux qui se servent du bon, qu'ils n'ont que dans la tête, pour orner le beau, ou ce qui est fait pour plaire, et qu'ils ont dans le cœur. Ce sont des hommes d'esprit qui ont le bon dans le cœur et le beau dans la tête. L'esprit en eux n'absorbe pas l'homme, il l'orne seulement, et entremêle le beau au bon, qui fait leur capital, aussi bien que l'essentiel de leurs ouvrages. Le caractère d'homme de bien qui se fait sentir en tout ce qu'ils écrivent, fait son effet sur le lecteur plus que tout ce qu'il y a de beau ou de bien dit dans l'ouvrage même, ou plutôt ce caractère en fait la véritable beauté ; il est aux ouvrages d'esprit ce qu'une physionomie heureuse est aux personnes : il prévient en leur faveur, et nous met dans la disposition la plus propre à nous laisser persuader.

A ces deux ouvrages ajoutons-en un troisième : les *Fables,* embellies de la poésie ingénieuse et naïve d'un beau génie encore, d'un génie original, et peut-être unique dans son genre. Cet ouvrage qui fait les délices des personnes même les plus sérieuses, et qui font le moins de cas de ce qui est agréable seulement, fait voir ce qu'un de ceux dont nous avons parlé tantôt nous a déjà montré en quelque sorte: que tout homme qui n'a que de l'esprit en partage, fait bien de prendre de ceux qui ont en partage le bon sens, de quoi faire valoir son esprit; que de quelque manière que ce soit, il doit le vouer au sensé, **au bon** qui mérite des ornements, et qui, par là, s'il n'augmente pas de prix, est du moins mis en vogue. L'esprit en s'attachant au bon, y participe et prend de là sa dignité, il s'élève et il éclate bien plus que lorsqu'il se produit et s'orne soi-même, ce qui n'aboutit guère qu'à des productions de nulle valeur, à des riens. Cet auteur peut montrer encore de quoi l'esprit, le bel esprit, lorsqu'il vient à se détacher du bon, est capable. Il a sali son talent et taché sa réputation par un ouvrage tout différent de celui dont nous avons parlé: l'agréable y est employé pour donner cours au mauvais, au sale, et le fait goûter à des personnes qui le dédaigneraient sans cela. Sans son premier ouvrage, le second ferait moins de mal, et cet assemblage fait voir que pour être un écrivain utile à la société, et mériter les louanges dues aux hommes qui se distinguent, il ne suffit pas d'avoir des talents extraordinaires, et qui puissent être d'un grand usage; il ne suffit même pas de les employer de manière qu'il en puisse résulter du bien; il faut avoir le bien en vue, et lui vouer ses talents; il faut qu'un cœur rempli de ce qui fait le mérite de l'homme, détermine en lui l'esprit vers un même but, vers le seul qui est digne de lui; à moins de cela, un ouvrage peut mériter toutes sortes de louanges, sans qu'elles aillent jusqu'à son auteur. Les extrêmes regrets que celui dont nous parlons a eu, à ce que l'on dit, sur la fin de sa vie, d'avoir écrit l'ouvrage qui donne lieu à ces réflexions, font voir que l'esprit séduit les personnes mêmes qui ont naturellement de la vertu, de la bonté de cœur, mais qui en font trop peu de cas, parce qu'ils en font trop de l'esprit, qui leur donne une réputation plus générale ou du moins plus prompte.

Ne mettrons-nous point parmi les ouvrages d'esprit distingués le livre des *Réflexions morales?* S'il est vrai que l'esprit soit un bon sens délicat, cet ouvrage sera sans contredit un ouvrage d'esprit, et même un des premiers dans son genre. Mais comme il est tout simple et sans brillant, le bon sens pourrait le réclamer et s'en faire honneur, et en ce cas-là, ce serait un chef-d'œuvre de bon sens. C'en est un sans contredit, et il peut servir à prouver ce que j'ai dit au commencement de ma lettre: que le simple bon sens, lorsqu'il paraît dans toute sa force, l'emporte sur les ouvrages où l'esprit entre et où il y a du mélange; que le bon a sa propre beauté qui lui suffit. En ouvrage du premier ordre, celui-ci vaut par l'importance du dessein, autant que par la manière dont il est exécuté. Il met le prix à des choses qu'il importe aux hommes de connaître, et qu'ils ne connaissent guère; à ce qui se passe en eux dans tout le cours de la vie; et en leur faisant une douce violence, il ravit leurs prétendues richesses, leurs vertus imaginaires dont ils se contentent, et qui les empêchent d'en acquérir de réelles. Ici encore tout va à l'homme, que cet ouvrage démasque, et réduit à connaître son naturel pour ce qu'il est, pour corrompu. Les faux rapports, sur quoi sa corruption est fondée, y sont détruits, et par là l'homme est poussé à chercher les rapports véritables, à se porter à la religion qui les renferme tous. Ces réflexions, insensiblement, le conduisent à en comprendre la nécessité, et en lui donnant de saines idées sur l'état de l'homme, elles lui apprennent à ne pas prendre si facilement le change sur ce qui doit le rectifier. Il comprend que la religion n'est pas ce qui augmente ces apparences et les pallie, mais ce qui les détruit et rend l'homme réellement tel qu'il veut paraître. Tout ce que les hommes écrivent, tout ce qu'ils produisent d'ingénieux ou de sensé devrait tendre à quelque chose de pareil, comme il y a de l'apparence que toutes les productions de la nature y tendent secrètement, et sont faites pour nous y conduire. L'esprit, aussi bien que le bon sens, est donné à l'homme pour son bien, et le bien de l'homme consistant dans la religion, le véritable usage et de l'esprit et du bon sens ne saurait ne la pas regarder. Ils doivent nous y acheminer, du moins en nous faisant connaître le prix de tout ce qui se présente à nous. Le bon sens sert à nous marquer ce prix, et l'esprit, en se joignant au bon sens, sert à le faire recevoir aux autres. Mais il ne faut pas quitter ce sujet sans faire encore quelques remarques qui le regardent, et surtout il faut vous parler d'une sorte d'auteurs peu connus chez les autres nations, et en faire honneur à celle-ci.

Les femmes en France se sont aperçues que le bel esprit était de leur sphère, autant que de celle des hommes, et elles sont entrées en lice avec eux. Il n'y en a pas moins de dix ou douze qui se sont mises à écrire, et qui, en vers et en prose, ont réussi assez pour l'emporter sur la plupart des hommes, et pour conserver à leur sexe les droits qu'il peut avoir sur le Parnasse; c'est-à-dire que dans ce pays, toute femme qui voudra écrire ne fera rien dont le public soit surpris, et qu'il désapprouve par un préjugé qu'il ait contre leur capacité. En effet le Parnasse n'est pas habité par des hommes, mais par des filles, et je vous avoue que si j'avais à régler quelque chose dans ce pays-là, ce serait en faveur de leur sexe. Il est bien vrai que le caractère d'auteur ne paraît pas tout-à-fait leur convenir, et ce n'est pas sans quelque raison que jusqu'ici on a vu peu de femmes se mettre à écrire ; mais depuis que la bagatelle, le rien, fait la matière des livres, quand même les femmes n'auraient pas le génie de celles dont je parle, elles peuvent se faire auteurs, et donner au public le *je ne sais quoi,* qui suit le rien immédiatement et qui ne se trouve, je crois, qu'en France. On doit, dit-on, écrire comme on parle, et les femmes sont déjà en possession du bel esprit pour la conversation autant que les hommes, c'est proprement parmi elles que le rien et la bagatelle s'étalent, et parent les personnes qui savent les mettre en œuvre. Elles ont donc raison de se mettre à écrire, et les hommes devraient non seulement se les associer pour le bel esprit, mais même le leur céder. Ils se sont emparés du gouvernement, et ils ont en main la force et l'autorité ; galamment ils devraient laisser aux femmes l'agrément et la parure, de quelque nature que ces choses-là fussent. Les femmes en seraient plus accomplies, et les hommes, dans le commerce qu'ils ont avec elles, en seraient plus heureux, puisqu'après tout les femmes apportent aux hommes tout ce qu'elles ont d'aimable, et qu'il est sûr qu'elles ne voudraient briller que pour leur plaire, comme elles ne sont belles que pour eux. Conformément donc aux réflexions que j'ai faites dès le commencement de ma lettre, et en protestant contre tout abus, en cas qu'elles ne se servissent pas de cet avantage avec ménagement, j'adjugerais à leur sexe le beau, l'agréable et le délicat en matière d'esprit, comme elles l'ont déjà en ce qui regarde le corps; je joindrais ces deux choses comme faites pour être ensemble, et qu'on n'a nulle raison de séparer, et je ferais valoir en leur faveur la nature même. Il est certain que ce sexe, lorsqu'il conserve l'agrément qui lui est propre, et qu'il n'y mêle rien d'étranger, a l'esprit plus fin et plus délicat que ne l'ont les hommes. Il sied mieux à une femme de dire de jolies choses qu'à un homme, comme il leur sied mieux d'être jolies; elles le disent avec plus de douceur et de timidité, et par conséquent, avec plus de grâce, et il n'est pas jusqu'à leur ton de voix qui n'assortisse ce qu'elles disent, et n'y ajoute un nouvel agrément. Un homme a bonne grâce de dire des choses sensées et qui aient de la dignité, comme il a bonne grâce d'être grand et d'avoir l'air majestueux, et il y devrait avoir là de quoi le contenter. Mais la vérité est qu'en bon sens, non plus qu'en bon air, n'est pas homme qui veut, et il y en a peu d'entre eux que la grandeur et la force de l'esprit dispense de l'avoir beau et délicat. Surtout cela est ainsi à l'égard des Français. Leur politesse et d'autres choses encore leur énervent l'esprit, et outre les femmes auteurs, ils ont parmi eux des auteurs femmes, ou des écrivains de ce caractère en très grand nombre. Il faut vous en dire un mot.

Les beaux esprits de ce genre font consister leur principal mérite dans le beau style, dans la pureté de la diction et dans la manière d'écrire à la mode. Le style, indépendamment de ce qu'il exprime, est une affaire importante en France, et on y met un très grand prix. Il ne faut pas douter que pour la plupart des lecteurs, un livre qui en beau style ne dit rien, ne soit un livre à lire, bien plutôt que celui qui en mauvais style dirait de bonnes choses, ou même des choses spirituelles. Le cas n'est pas arrivé que je sache, parce que chacun se garde ici d'une pareille incongruité ; mais si jamais il arrivait, je suis persuadé qu'il y aurait une grande consternation au Parnasse français, et qu'on verrait toutes les Muses effrayées d'un si sinistre évènement. Car les filles du Mont sacré ressemblent à toutes les autres en ce qu'elles n'aiment pas à paraître en mauvais équipage, et souvent elles prennent tant de goût à se parer, qu'elles se méprennent, et qu'elles inspirent l'esprit de parure au lieu de celui des pensées et des sentiments. La foule des lecteurs fait de son côté ce que le peuple a coutume de faire, lorsqu'il voit beaucoup de parure : ils s'amusent au spectacle qui les éblouit, et ne font guère attention au reste. Peut-être aussi qu'il y a du dessein dans ce genre d'écrire, et que les écrivains, pour faire honneur à la langue française, pour laquelle on a ici une vénération extrême, essaient s'il n'y aurait pas moyen de la faire valoir indépendamment des pensées, à la place de quoi ils mettent du tour et de l'harmonie. Ils leur substituent aussi des manières de parler figurées, que la langue française a par milliers, et qui sont comme autant de pensées qui lui sont annexées et qui l'ornent. Quelque chose de plus réel que l'harmonie, et les manières de parler figurées, ce sont les romans et les historiettes galantes, qui se trouvent en France presque en aussi grand nombre que ces manières de parler. Ce sont des réalités parmi les riens, et leur usage est de faire passer les hommes du rien au mauvais, à quoi le rien sert d'acheminement. Le beau style joint à l'approbation du public, que les écrivains regardent comme le grand but de tout ouvrage, sont les deux choses qui multiplient en France le nombre des mauvais auteurs au point où nous les voyons; et qui diminuent le mérite des bons, de ceux, du moins, qui n'ont pas le courage de se mettre au-dessus de ces choses, autant qu'il serait nécessaire. Il faudrait ou ne pas écrire, ou écrire des choses qui fussent au-dessus du style, et être soi-même, par son caractère, autant que par ce que l'on écrit, au-dessus de la foule qui fait le gros du public

A la suite de ces beaux esprits il faudra placer ceux qui se distinguent sur toutes sortes de petits sujets, et qui font honneur à leur nation

par leur nombre, aussi bien que par le brillant
de ce qu'ils produisent. Par cet endroit, autant
que par celui de leurs femmes auteurs, cette
nation l'emporte sur chacune des autres, et je
pense, sur toutes les nations ensemble. Si ces
autres beaux esprits font de la France le pays
des éloges et des panégyriques, des comédies et
des historiettes, ceux-ci en font le pays des
chansons: des chansons à boire et des chansons
à danser, des chansons satiriques et des chansons
d'amour, des chansons obscènes et des chansons
impies, et enfin des vaudevilles, qui donnent lieu
au peuple à prendre part aux plaisirs des honnêtes gens, et font retentir les chansons par les
rues des villes, et dans les grands chemins de la
campagne. Cette fertilité d'esprit remplit encore
la France de stances et de sonnets, de fables et
de contes, de portraits et d'étrennes, de parodies
et de bouts-rimés, de rondeaux et de ballades,
d'idylles et d'églogues, de madrigaux et d'épi-
grammes, d'énigmes et d'épitaphes, d'odes et
d'épîtres, d'élégies et de jouissances. Tout galant
homme est censé y fournir quelque pièce pour
sa part: c'est comme une capitation que la mode
lève sur ce peuple, et il y en a qui, se sentant
hors d'état d'y fournir, s'adressent à leurs amis
qui paient pour eux. Il faudrait ajouter à leurs
richesses les impromptu, dont on voit des essais
de temps en temps, et qui sont ce qui fait le

plus d'honneur à ceux qui y réussissent. Mais malheureusement, ce n'est pas ce qui a le mieux réussi jusqu' ici ; et tous ces jeux d'esprit, de même que ces autres plus célèbres qui ont leur théâtre, sont des jeux pour les gens à qui on les fournit, bien plus que pour ceux qui les leur fournissent et qui ne font rien moins que se jouer en les produisant. Les impromptu sont le partage des gens qui brillent dans la conversation, et à qui il reste les bons mots, les belles saillies, les rencontres heureuses, les choses obligeantes, les plaisanteries et les railleries agréables, les reparties adroites, les équivoques et les jeux de mots, les proverbes, les bons contes, les jolies expressions, les manières de parler, à la mode, et d'autres avantages qui, s'ils ne donnent pas des titres, attirent du moins des éloges aux gens qui se font remarquer par là, et les distinguent du peuple, qui ne sait parler que naturellement. Ne seriez-vous pas d'avis, monsieur, de laisser aux Français ces avantages que la nature leur a accordés, et qu'ils achèvent de se rendre propres par leur application à les cultiver, et de nous contenter du caractère d'esprit simple, que nous tenons d'elle, de nous ranger à cet égard du côté du peuple, où ils nous rangent? Je vous embrasse, monsieur, de très bon cœur.

Sixième lettre.

Depuis que je vous ai écrit ma dernière lettre, par où je croyais finir ce que j'avais à vous dire sur la nation française, il est arrivé une chose[1]), qui me donne lieu, monsieur, de vous en écrire encore une. L'aventure n'est pas des plus mémorables; mais un voyageur en train d'écrire tire parti de tout. Voici ce que c'est: nous sommes venus de Paris à Lyon par la diligence, en compagnie d'un abbé bel esprit, et de quelques marchands. L'abbé lisait les *Satires* de M. D***. Les marchands écoutaient et admiraient. M.*** et moi, que ces autres prenaient pour des Anglais, écoutions sans rien dire. A la première couchée, l'abbé ne pouvant plus supporter notre silence, nous demanda si nous avions lu les ouvrages de ce poète, ce qu'il nous en semblait, et s'il s'en trouvait dans notre pays qui le valussent. Nous lui répondîmes que nous les avions lus, et lus avec plaisir, comme un des livres fameux de nos temps; que nous y trouvions du bon plus que du mauvais; mais que, cependant, nous croyions que quelques poètes anglais avaient plus de génie que celui-là. Il ne nous parut pas tout-à-fait content de notre réponse, et après

---

1) Ceci n'est point une fiction; la chose est arrivée comme on la raconte, et c'est ce qui a donné lieu à cette lettre.

avoir feuilleté le livre un moment, il nous le présenta, nous disant avec un souris moqueur : *Vous venez de Paris, messieurs ; voici une satire sur le sujet de cette ville. Voudriez-vous bien, messieurs, nous faire voir ce que vous y trouvez de bon et de mauvais ?* Nous ne nous attendions pas à cette proposition ; mais n'ayant rien de meilleur à faire, nous l'acceptâmes comme un divertissement qui se présentait. La satire fut critiquée, et il m'a pris envie de mettre notre critique sur le papier, pour vous l'envoyer. Elle pourra vous servir d'amusement pour une demi-heure, et à moi pour le temps que j'aurai de reste pendant les deux ou trois jours que je serai obligé de m'arrêter ici. Cela seul n'aurait pas suffi pour me la faire écrire ; mais après vous avoir entretenu dans mes lettres sur le caractère et le bel esprit des Français, il m'a paru que le récit de cette critique, qui a quelque rapport à ces choses, pouvait les suivre. Elle regarde un écrivain qui non seulement est bel esprit lui-même, mais qui règle en quelque façon l'esprit des autres, et j'avoue que je me croyais un petit divertissement permis sur ce sujet, quand je me le donnerais de gaieté de cœur et sans que personne m'eût rien proposé là-dessus. S'il est vrai que nous ne puissions pas avoir de l'esprit, comme ces messieurs le prétendent, ils doivent s'attendre à nous voir prendre le parti qu'on prend d'ordinaire en de pareilles rencontres, et qu'autrefois les philosophes prirent à l'égard des richesses: faire profession de mépriser ce qui nous manque, soutenir que c'est une chose pernicieuse, et surtout crier contre ceux qui l'ont. Je mets ici toute la satire, parce que toute la satire fut critiquée, et que pour bien juger d'une pièce il faut la voir toute entière.

Satire VI.
de M. D. * * *.

Qui frappe l'air, bon Dieu! de ces lugubres cris?
Est-ce donc pour veiller qu'on se couche à Paris?

Voilà de grandes exclamations. Elles ne conviennent peut-être pas trop bien à un début, qui a bonne grâce d'être simple. Mais elles conviennent à la satire, et au sujet que le poète s'est choisi; car à Paris il y a peu de nuits où il n'arrive quelque triste évènement.

Et quel fâcheux démon, durant les nuits entières,
Rassemble ici les chats de toutes les gouttières?

Ce n'est pas à cette chute que le lecteur s'attend, et ces chats, quoique rassemblés par un démon, ne doivent pas trouver ici leur place.

J'ai beau sauter du lit, plein de trouble et d'effroi;
Je pense qu'avec eux tout l'enfer est chez moi.
L'un miaule en grondant comme un tigre en furie.
L'autre roule sa voix comme un enfant qui crie.

Ces chats ressemblent aux chats de tout pays, c'est ce que leur description nous apprend. Du reste, ces derniers vers sont bons, et peignent bien la chose.

Ce n'est pas tout encore. Les souris et les rats
Semblent, pour m'éveiller, s'entendre avec les chats;

C'est encore tout comme ailleurs ; on ne reconnaît jusqu' ici, ni une grande ville, ni un grand poète, et tout cela tient plus du comique que du satirique.

> Plus importuns pour moi, durant la nuit obscure,
> Que jamais, en plein jour, ne fut l'abbé de P * *.

Voilà apparemment de l'esprit, ou une pensée vive qui doit relever le reste. Il faut en ce cas-là qu'il y ait du mystère là-dessous, quelque rapport caché entre l'importunité que peut causer cet abbé, et celle que cause le bruit des souris et des chats. Hors de là, ce trait n'a que de la malignité, et la malignité, lorsqu'elle n'est pas tournée contre le mauvais, est mauvaise elle-même, dans la satire aussi bien qu'ailleurs, et ce n'est jamais ce qui embellit une pièce de poésie. Ces petits traits à quoi on ne s'attend point, donnent plutôt l'idée d'un satyre qui heurte ou qui rue, que d'un satyre qui se joue.

> Tout conspire à la fois à troubler mon repos,
> Et je me plains ici du moindre de mes maux.

C'est-à-dire, que nous allons entendre des choses plus terribles que celles qui lui ont fait croire *tout l'enfer chez lui.*

> Car à peine les coqs, commençant leur ramage,
> Auront de cris aigus frappé le voisinage,
> Qu'un affreux serrurier, que le ciel en courroux
> A fait pour mes péchés trop voisin de chez nous,
> Avec un fer maudit, qu'à grand bruit il apprête,
> De cent coups de marteau me va fendre la tête.

Le génie de la satire devait engager le poète à nous donner une description des désordres de Paris. Car la satire doit corriger les hommes de leur corruption, ou comme les habiles gens s'expriment là-dessus, [1] c'est un *ouvrage fait pour reprendre, pour censurer les vices, les passions déréglées, les sottises, les impertinences des hommes;* cependant jusqu' ici, nous ne voyons rien qui réponde à cette idée. Le poète s'attache plutôt à censurer les animaux, ou la nature qui leur a donné des qualités incommodes, et ce qu'il dit là-dessus, peut se dire du moindre village aussi bien que de Paris, et mieux encore. Surtout les cris aigus, qu'il appelle *ramage,* se font plus entendre à la campagne qu'à la ville. Son chagrin contre le serrurier a le même défaut que la censure des animaux: il retombe sur la nature qui a disposé les choses de manière qu'il faut des serruriers, des gens faits comme celui qu'il dépeint ici, et contre qui il n'y a rien à dire. Ce n'est pas le chagrin du poète contre ce qui l'incommode, qui mérite d'être raconté au public, mais le mal qui se trouve dans ce qui le chagrine; c'est là ce qui fait la beauté d'une satire. Mais surtout il a tort en ce que, pour si peu de chose, pour le bruit que peut faire un serrurier dans le voisinage, il fait intervenir le

---

[1] Voyez le dictionnaire de l'Académie française sur le mot de satire.

courroux du ciel. On aurait déjà pu lui reprocher sur ce pied-là le début de cette pièce, où il s'adresse au *bon Dieu* mal à propos. Il vaudrait mieux tourner l'esprit de satire contre de pareilles manières de parler, que de les autoriser en les employant dans un poème satirique. Elles ne font bien nulle part, mais dans la poésie encore moins que dans la prose, et ce n'est que faute de génie qu'un poète y a recours. A parler naturellement, cette satire, ou cette pièce de poésie, car on ne sait au juste ce que c'est, jusqu' ici est très peu de chose. Mais peut-être que la poésie, comme un genre d'écrire particulier, et voué principalement à l'harmonie, a quelque chose de privilégié, et qu'au lieu de reconnaître le simple bon sens pour juge, elle a son propre tribunal où l'oreille préside. En ce cas-là, il y aurait de la témérité à nous de juger de cette pièce comme nous faisons, et ce n'est qu'en tant que nous la supposons sujette au bon sens, que nous nous hasardons d'en dire notre pensée.

> J'entends déjà partout les charrettes courir,
> Les maçons travailler, les boutiques s'ouvrir ;

Ces deux vers sont bons en ce qu'ils sont simples et qu'ils donnent une idée de ce qui se passe à Paris à la pointe du jour. Du reste ils ont le défaut des précédents ; ce n'est pas un abus qu'ils attaquent ; ce ne sont point les vers d'une satire. Si le poète continue ainsi, ce n'est plus sur le pied de satire qu'il faudra examiner cette pièce, mais sur celui d'une description du bruit et des incommodités de Paris.

> Tandis que dans les airs mille cloches émues
> D'un funèbre concert font retentir les nues,
> Et se mêlant au bruit de la grêle et des vents,
> Pour honorer les morts, font mourir les vivants.

La description du bruit des cloches est bonne, supposé qu'il soit si grand à Paris que le poète ait raison de le relever. Du reste, Paris n'est pas autrement dans un pays de *grêle* et de *vents*, et la grêle surtout semble être ici de trop. Mais quand même il y grêlerait plus souvent, le bruit des cloches est un très petit inconvénient au prix d'un grand orage; cependant, c'est ce petit bruit, ce *concert,* comme il l'appelle, qui fait ici le grand mal, et que dès là il n'était point nécessaire de faire accompagner de la grêle et des vents. La vérité est qu'il fallait une rime à *vivants,* où le poète en voulait venir; les *vents* sont bons à cela, et voilà l'origine de cette tempête. Elle devait renforcer le bruit des cloches pour lui aider à produire une pointe d'esprit, s'il est vrai, du moins, qu'il y ait de l'esprit à étendre ce bruit jusqu' à faire mourir les gens.

> Encor je bénirais la bonté souveraine,
> Si le ciel à ces maux avait borné ma peine.

La bonté souveraine et le ciel sont ici précisément la même chose, ainsi l'un est de trop; ou plutôt ils sont de trop tous deux; le sujet

est trop petit pour remonter jusque-là, et il ne
faudrait jamais se servir de pareilles expressions
que sérieusement et avec dignité. Le poète donne
souvent lieu dans cette pièce à lui faire ce reproche : cela ne lui fait pas honneur.

> Mais si seul en mon lit je peste avec raison,
> C'est encor pis vingt fois en quittant la maison.

Ces deux vers sont très peu de chose ; le
premier surtout ne dit rien, et les expressions,
si notre critique doit s'étendre jusque-là, n'en
valent pas mieux que le sens. *Pester* en est une
qui n'est rien moins que noble. *Pester avec raison,* est plus mauvais encore ; c'est la rime qui
fait employer au poète ces termes, et c'est sur
les mots qui font la rime, que la critique tomberait assez souvent, si on voulait y faire attention, et lui relever de petites choses. Mais au lieu
de critiquer sa pièce par là, par ce qu'il peut y
avoir de désagréable seulement, comme on peut
lui reprocher d'avoir fait la satire de Paris, on
voudrait ne lui relever que les défauts qui regardent l'essentiel, si du moins il y a de l'essentiel dans sa pièce.

> En quelque endroit que j'aille, il faut fendre la presse
> D'un peuple d'importuns qui fourmillent sans cesse.

Ce dernier vers est si méchant et si parfaitement inutile, que si cette satire en général, ou
du moins ce que nous en avons vu jusqu' ici,
et la rime en particulier ne le réclamaient, on le

croirait supposé. C'est une explication du mot de *presse,* qui s'explique assez de soi-même. Que signifie *peuple d'importuns? Peuple* dit tout: *importun* se dit plutôt d'une personne à une autre, ou du moins il ne désigne que ceux qui ont tort en incommodant quelqu'un. En quoi tous ces gens-là ont-ils tort à l'égard du poète? Il semble qu'il veuille dire qu'ils sortent dans la rue pour le voir passer. Et *sans cesse;* qu'ajoute-t-il ici à *fourmiller,* si ce n'est la rime? Tantôt nous avons trouvé que, jusque-là, les vers de cette satire étaient peu de chose. Ceux que nous avons vus depuis né valent pas mieux, et il est certain que, jusqu'ici, cette pièce ne méritait pas même d'être critiquée, si elle n'était faite par un poète qui a de la réputation, et qui en a fait de meilleures.

> L'un me heurte d'un ais, dont je suis tout froissé.
> Je vois d'un autre coup mon chapeau renversé.
> Là d'un enterrement la funèbre ordonnance
> D'un pas lugubre et lent vers l'église s'avance;
> Et plus loin des laquais, l'un l'autre s'agaçants,
> Font aboyer les chiens, et jurer les passants.
> Des paveurs en ce lieu me bouchent le passage.
> Là je trouve une croix de funeste présage;
> Et des couvreurs, grimpés au toit d'une maison,
> En font pleuvoir l'ardoise et la tuile à foison.

On ne sait que dire de ces vers; ils ne sont ni assez bons pour être loués, quelque purgés d'esprit qu'ils soient, ni assez méchants pour être blâmés: ils peignent passablement bien des choses qui ne valaient peut-être pas la peine d'être peintes.

> Là sur une charrette une poutre branlante
> Vient menaçant de loin la foule qu'elle augmente.
> Six chevaux, attelés à ce fardeau pesant,
> Ont peine à l'émouvoir sur le pavé glissant.
> ·D'un carrosse en passant il accroche une roue,
> Et du choc le renverse en un grand tas de boue;
> Quand un autre à l'instant, s'efforçant de passer,
> Dans le même embarras se vient embarrasser.

Tout cela est bon, à n'envisager ce poème que comme la description des incommodités d'une grande ville. Sur ce pied-là on reconnaît Paris à cette peinture, et elle vaut encore son prix par la beauté des vers.

> Vingt carrosses bientôt arrivant à la file,
> Y sont en moins de rien suivis de plus de mille;

Les carrosses, même hors des cas singuliers, tels que celui que le poète dépeint, sont pour les passants une des incommodités de Paris. Il semble qu'un poète satirique aurait bonne grâce de se jeter ici sur le faste de cette grande ville, sur ce qu'il a d'incommode aussi bien que de blâmable d'ailleurs.

> Et pour surcroît de maux, un sort malencontreux
> Conduit en cet endroit un grand troupeau de bœufs.
> Chacun prétend passser: l'un mugit, l'autre jure.

En prenant en main une des satires du célèbre poète des Français, nous nous attendions à critiquer des pensées, des censures trop ou trop peu sévères; mais elle ne présente que des expressions. Ce sont donc les expressions, au cas qu'elles manquent de justesse, qu'il nous reste à critiquer; c'est-à-dire, qu'il faudra nous résoudre à faire sur une pièce qui n'est guère bonne, une critique de peu de valeur. Sur ce pied-là nous dirons que de la manière dont ceci est exprimé, il semble qu'à Paris ce soient les bœufs, qu'on entende, les uns *mugir* et les autres *jurer*. Ou si cela est dit des hommes, que le mot de *cha-cun* doit désigner, l'inconvénient de les faire mugir ne sera pas moins grand que celui de faire jurer les bœufs. Est-ce donc là ce poète si exact, si scrupuleux dans le langage, *que son esprit tremblant sur le choix de ses mots, n'en dira jamais un, s'il ne tombe à propos?*

Des mulets en sonnant augmentent le murmure.

Le bruit de quelques clochettes doit être compté pour peu de chose parmi ce tumulte qui, en faveur de ces clochettes, et afin qu'on les entende, devient un *murmure*. Ici encore, comme au vers précédent, la critique tombe sur le mot qui fait la rime.

Et bientôt cent chevaux dans la foule appelés,
De l'embarras qui croît ferment les défilés.

A Paris comme ailleurs, les chevaux se trouvent engagés dans la foule par rencontre, et sans que personne les y demande. C'est le poète qui les *appelle* pour rimer à *défilés*. Il bronche trop souvent au bout du vers; et c'est là une remarque fâcheuse pour un ouvrage de poésie, qui doit tirer en partie sa beauté d'une rime naturelle, et qui ne soit nullement affectée. Mais peut-être que dans ces vers encore, il y a du mystère qui nous passe, et que les *chevaux appelés,* aussi bien que les bœufs qui *jurent,* sont de ces endroits où le poète aux *Saumaises futurs prépare des tortures.*

> Et partout les passants enchaînant les brigades
> Au milieu de la paix font voir les barricades.
> On n'entend que des cris poussés confusément.
> Dieu, pour s'y faire ouïr, tonnerait vainement.

On entend les clochettes des mulets à un point qu'elles augmentent même le bruit, ou du moins, on entend les cris des hommes; et *Dieu* en *tonnant,* ne viendrait pas à bout de se faire entendre? Voilà apparemment de l'esprit: l'envie d'en faire voir, ou de s'éloigner du simple, fait dire quelquefois de grandes niaiseries; et s'il faut, à l'exemple du poète, appeler chaque chose par son nom, et n'avoir point d'égard à la réputation d'un fameux auteur, nous dirons que la liberté qu'on se donne de parler de la Divinité mal à propos et sans respect, conduit insensiblement à dire de grandes sottises. Celle-ci en est une qui sent plus le corps de garde que le Parnasse, et je doute qu'il s'en trouve de plus grandes dans les ouvrages des écrivains qu'il appelle si souvent des sots.

Moi donc, qui dois souvent en certain lieu me rendre,
Le jour déjà baissant, et qui suis las d'attendre,
Ne sachant plus tantôt à quel saint me vouer,
Je me mets au hasard de me faire rouer.

Puisque le poète parle de Dieu cavalièrement et sans respect, il ne faut pas attendre de lui qu'il respecte les saints, ainsi il ne faut pas lui relever cette manière de parler proverbiale et basse, du moins par l'abus qu'il en fait. Au reste, on serait tenté de dire qu'il ne sait plus à quel saint se vouer pour continuer son poème, aussi peu que pour continuer son chemin; car il n'y a nul rapport entre le premier et le second de ces quatre vers, entre la nécessité de se rendre *souvent* en certain lieu, et le jour qui baisse *déjà*. Ce *qui suis las d'attendre* est encore quelque chose de bien froid à la suite du tumulte qu'il a dépeint, et le hasard où il se met de se faire rouer, doit avoir aussi une cause plus forte que cet ennui.

Je saute vingt ruisseaux, j'esquive, je me pousse:
Guenaud sur son cheval en passant m'éclabousse.

Comme ce poète, d'un côté, néglige de blâmer ce qu'il y aurait à blâmer à Paris, et de donner de la dignité à son poème, de l'autre, il va chercher de petites circonstances qui ne valaient pas la peine d'être relevées, et nomme les gens par leur nom, ce qui a toujours quelque chose d'odieux. A la vérité il ne fait pas grand mal à Guenaud, en disant qu'il en est *éclaboussé;* mais cela n'empêche pas qu'il n'ait tort de le nommer, pour lui donner mal à propos une espèce de ridicule. On pourrait dire que c'est le poète qui, en chemin faisant, se plaît à mettre le pied dans la boue, et à éclabousser les passants.

> Et n'osant plus paraître en l'état où je suis,
> Sans songer où je vais, je me sauve où je puis.

Deux vers simples, qui viennent bien à la suite des précédents, et qui sont bons par là.

> Tandis que dans un coin en grondant je m'essuie,
> Souvent pour m'achever il survient une pluie,
> On dirait que le ciel qui se fond tout en eau,
> Veuille inonder ces lieux d'un déluge nouveau.

Ces vers sont bons, supposé qu'à Paris il pleuve plus souvent qu'ailleurs, et que les pluies y soient plus abondantes. Hors de là cette pluie, quelque bien décrite qu'elle soit, pourrait bien être ici de trop. On dirait que D..., le spirituel D..., ainsi que les hommes du commun, se trouve réduit à parler du temps, des vents et de la pluie, pour se tirer d'affaire.

> Pour traverser la rue, au milieu de l'orage,
> Un ais sur deux pavés forme un étroit passage.
> Le plus hardi laquais n'y marche qu'en tremblant.
> Il faut pourtant passer sur ce pont chancelant.

Nous compterons ces vers parmi les bons : ils décrivent un inconvénient de Paris, et le décrivent bien. Mais que ne saute-t-il ce ruisseau, comme il a sauté les vingt autres ? En voici la raison, qui commence par un *Et,* et non pas par un *Car,* comme les raisons ordinaires.

Et les nombreux torrents qui tombent des gouttières,
Grossissant les ruisseaux, en ont fait des rivières.

L'eau qui tombe abondamment des gouttières pourrait bien dans la poésie former des torrents, mais non pas des torrents qui *grossissent les ruisseaux et en font des rivières.* Cette gradation représente l'ordre de la nature, et alors ces torrents poétiques n'ont plus lieu. A cela près ces vers sont beaux, et l'on ne saurait mieux décrire ce qui se passe à Paris dans le temps des grandes pluies. Au reste, s'il est permis de deviner, en passant, pourquoi, aux dépens du bon sens, le *Car* par où ils devaient commencer se trouve changé en un *Et:* c'est, je pense, qu'un second *Car* le suivait de trop près, et que l'oreille délicate du Français ne saurait supporter deux *Car* si près l'un de l'autre.

J'y passe en trébuchant; mais malgré l'embarras,
La frayeur de la nuit précipite mes pas.

Ces vers encore sont bons; ils achèvent de peindre l'incommodité des rues de Paris inondées.

Car sitôt que du soir les ombres pacifiques
D'un double cadenas font fermer les boutiques,
Que retiré chez lui, le paisible marchand
Va revoir ses billets, et compter son argent;
Que dans le Marché neuf tout est calme et tranquille,
Les voleurs à l'instant s'emparent de la ville.

Cette description encore est belle, et l'on y reconnaît Paris. Mais la circonstance de la tranquillité du Marché neuf a quelque chose de petit, et ne renchérit point sur les *boutiques fermées* et sur le *marchand retiré;* et le dernier vers, qui d'ailleurs serait très bon, a le défaut de se rapporter à cette circonstance. On dirait que la tranquillité du Marché neuf est le signal qui donne lieu aux voleurs de s'emparer de la ville. Il fallait rendre cette tranquillité plus générale, et telle qu'elle regardât tout Paris, puisque c'est de tout Paris que *les voleurs s'emparent.* Ici, le poète perd encore une belle occasion de blâmer : ce n'est guère pour subsister que l'on vole à Paris, ou du moins, ce n'est pas ce qui y rend le nombre des voleurs si grand ; on y vole pour avoir de quoi fournir au train de vie qui y est ordinaire.

> Le bois le plus funeste et le moins fréquenté
> Est, au prix de Paris, un lieu de sûreté.
> Malheur donc à celui qu'une affaire imprévue
> Engage un peu trop tard au détour d'une rue ;
> Bientôt quatre bandits, lui serrant les côtés :
> La bourse ! il faut se rendre ; ou bien non, résistez !
> Afin que votre mort, de tragique mémoire,
> Des massacres fameux aille grossir l'histoire.

Ce morceau qui nous représente ce qui se passe à Paris, et qui s'y passe assez souvent pour mériter d'entrer dans une satire, peut, je crois, passer pour ce qu'il y a de meilleur. C'est un trait de peinture naturel et hardi, qui frappe comme venant de main de maître. En effet, on dirait qu'un maître n'a touché à cette pièce que par-ci par-là, comme il est ordinaire aux peintres fameux de relever de quelques traits les ouvrages de leurs apprentis, et de les faire passer ensuite sous leur nom.

> Pour moi, qu'une ombre étonne, accablé de sommeil,
> Tous les jours je me couche avecque le soleil.
> Mais en ma chambre à peine ai-je éteint la lumière,
> Qu'il ne m'est plus permis de fermer la paupière.

Ces vers ne sont plus de la même force : le poète dit qu'il se couche avec le soleil, parce qu'une ombre l'étonne ; c'est sa principale raison ; et il ajoute, comme en passant, qu'il est accablé de sommeil, qui en est une beaucoup plus naturelle et plus forte. A ces circonstances, il en ajoute une autre assez plaisante : *il se couche avec le soleil, et il éteint la lumière.*

> Des filous effrontés, d'un coup de pistolet,
> Ebranlent ma fenêtre, et percent mon volet.

C'est un hasard bien extraordinaire que celui-là, et qui ne doit point être compté parmi les incommodités de Paris. Il y aurait autre chose à dire sur les filous, qui les caractériserait mieux ; et de tous les personnages que le poète pouvait leur faire jouer, il n'y en a peut-être aucun de si recherché que celui de leur faire tirer ce coup de pistolet, ni qui les distingue moins des voleurs. Au reste, ces six vers, aussi bien que plusieurs autres de ce poème, ne sont rien moins que des vers aisés et libres, dont la rime soit heureuse; elle est trop chargée, trop clouée au vers. Ce poète avait raison de vouloir apprendre de Molière *l'art de la trouver*, et si plusieurs de ces poèmes ressemblaient à celui-ci, on pourrait dire qu'il avait raison de vouloir apprendre de lui *l'art de ne rimer plus*.

> J'entends crier partout: au meurtre, on m'assassine!
> Ou: le feu vient de prendre à la maison voisine.

Les assassinats, quoique fréquents à Paris, ne le sont pas au point qu'il en donne l'idée, en faisant crier *partout* au meurtre, et les embrasements n'y sont pas plus ordinaires qu'ailleurs; peut-être même l'y sont-ils moins qu'en aucune autre grande ville, et que c'est le poète qui met ici le feu à une maison pour se tirer d'affaire.

> Tremblant, et demi-mort, je me lève à ce bruit,
> Et souvent sans pourpoint je cours toute la nuit.
> Car le feu, dont la flamme en ondes se déploie,
> Fait de notre quartier une seconde Troie,

Vous diriez que tout son *quartier* est réduit en cendres, que le feu le poursuit dans sa fuite; et même que cela lui arrive *souvent*.

> Où maint Grec affamé, maint avide Argien,
> Au travers des charbons va piller le Troyen.

Ce pillage achève de donner l'idée d'un grand embrasement.

Enfin sous mille crocs la maison abîmée
Entraîne aussi le feu qui se perd en fumée.

C t embrasement, comparable à celui de Troie, et qui l'oblige de courir toute la nuit, se réduit enfin à une *maison* brûlée. Les évènements généraux qui se trouvent ramassés dans cette pièce, devraient du moins avoir leur exactitude, et être par là au-dessus de la critique; mais il faudra nous contenter de la beauté particulière des vers. Ces deux ici sont très beaux, et peignent bien la chose. C'est dommage qu'ils en renversent tant d'autres.

Je me retire donc, encor pâle d'effroi:
Mais le jour est venu quand je rentre chez moi.
Je fais pour reposer un effort inutile:

Ces trois vers peuvent, je crois, être mis au rang des bons; ils sont simples et sans esprit. Il y a un peu plus d'esprit dans celui qui suit, et il vaut un peu moins.

Ce n'est qu'à prix d'argent qu'on dort en cette ville.

Ne dirait-on pas que le sommeil se vend à Paris? que c'est à tant par heure, ou à tant par nuit qu'on y dort?

Il faudrait dans l'enclos d'un vaste logement
Avoir loin de la rue un autre appartement.

C'est trop s'arrêter sur ce qui regarde son sommeil. Au lieu de nous dire comme quoi on ne peut pas dormir à Paris, ou y passer tranquillement la nuit, et d'appuyer là-dessus, il pouvait se plaindre de ce qu'on n'y peut pas passer tranquillement le jour, qu'on n'y est point à soi, à cause du grand nombre de gens dont il faut essuyer les visites. Cet inconvénient doit être très grand pour un homme d'esprit, pour un poète fameux, et il convient mieux à la satire; c'est sur ce pied-là qu'il serait bon d'avoir *loin de la rue un autre appartement.*

Paris est pour un riche un pays de Cocagne.

Pas trop *pays de Cocagne,* puisque tantôt le feu prend à la maison voisine, que tantôt on est menacé d'un déluge nouveau; que les filous tirent des coups de pistolet et font crier au meurtre, que le bruit des cloches, des vents et de la grêle font mourir les gens, et que le riche lui-même est renversé dans son carrosse, qui se trouve jeté dans un tas de boue, dans un grand tas.

Sans sortir de la ville, il trouve la campagne.
Il peut dans son jardin, tout peuplé d'arbres verts,
Recéler le printemps au milieu des hivers,
Et foulant le parfum de ses plantes fleuries,
Aller entretenir ses douces rêveries.

Fouler du *parfum* est une expression hardie, et la pensée l'est aussi: à Paris les jardins ne présentent point en hiver des plantes fleuries à fouler. Mais quand cela serait, il n'y aurait pas là de quoi remplir l'idée d'un *pays de Cocagne,* et si la ville de Paris la donne, c'est par de tout autres endroits. Ce *pays de Cocagne,* de quelque manière qu'on l'entende, est une conclusion à laquelle on ne s'attend point dans un poème sur les incommodités de Paris.

> Mais moi, grâce au Destin, qui n'ai ni feu ni lieu,
> Je me loge où je puis, et comme il plaît à Dieu.

D'abord le poète a un *chez-soi* au voisinage d'un serrurier; après cela il insinue qu'il a un *appartement,* quand il dit que pour dormir il en faudrait avoir *un autre.* Ici il n'a *ni feu ni lieu;* le tout en vingt-quatre heures de temps. N'est-ce pas là *sur la scène, en un jour, renfermer des années?* Mais ce qu'il importe davantage de lui relever, c'est que, finissant comme il a commencé, il fait intervenir Dieu mal à propos, Dieu et le Destin, et en parle d'une manière indigne. C'est qu'un peu d'esprit fort, qui met au-dessus des sentiments vulgaires, fait bien; cela donne un air cavalier qui impose et fait honneur dans le monde. En cela le poète n'imite pas son modèle: Horace non seulement prononce avec respect les noms de Jupiter et d'Apollon, mais il pare même plusieurs de ses poésies de sentiments religieux; il se fait gloire de les avoir, et il veut que les Romains les aient de même; qu'ils respectent les dieux. Pour Virgile, qui est un poète sans défaut, outre qu'il fait de la religion le grand mérite de son héros, du pieux Énée, les plus beaux endroits de son poème tirent leur beauté des sentiments religieux que l'on y remarque. Mais Virgile et Horace valaient par le cœur autant que par l'esprit; ils ne se réglaient pas sur le goût du peuple, mais, en génies supérieurs, ils en réglaient le goût. La plupart de ceux qui prennent aujourd'hui le nom de poètes, pourraient bien n'être que des génies subalternes, des imitateurs de poètes. Ou ils ne sentent pas les grandes folies des hommes, les folies en vogue, ou ils n'osent les attaquer, ils sont peuple eux-mêmes. Au reste, comme il n'y a rien de plus triste que de n'avoir pas les sentiments de religion qui font le mérite de l'homme, il n'y a rien de plus lâche que de n'oser pas faire paraître ces sentiments lorsqu'on les a, d'être homme et d'avoir honte de ce qui fait l'essentiel de l'humanité.

Mais quoi! c'est là une des poésies applaudies en France, une des dix ou douze satires de leur fameux poète, et Paris ne fournit que cela à D***? Cette ville, dit-il, a toutes sortes d'incommodités: il arrive qu'on y entend du bruit pendant la nuit, qui empêche de dormir; dès la pointe du jour, les ouvriers y commencent à travailler, et le bruit redouble; il y grêle, et il y vente; il y a de la presse dans les rues, de l'embarras qui incommode les passants, et qui augmente quelquefois jusqu'à les arrêter, et les retarder dans leurs affaires; la nuit expose aux voleurs les personnes qui s'écartent, et il est inutile de se coucher pour y trouver du repos; car il arrive que le feu prend à une maison et vous expose à de nouveaux embarras; il n'y a qu'un homme riche à qui le séjour de Paris convienne, et le poète, qui ne l'est pas, n'y est guère agréablement. Voilà à peu près ce qu'en beaux termes cette pièce de poésie nous apprend. et qui ne méritait pas de nous être appris. Elle ne vaut ni par le bon sens, ni par l'esprit, mais par l'expression seulement: c'est ce qu'elle a de poétique. On envisage un vers prosaïque, ou qui s'explique en termes ordinaires, comme un grand défaut dans un poème; à plus forte raison un poème prosaïque par son contenu, un ouvrage qui ne dit rien, doit-il être envisagé comme un mauvais ouvrage parmi les ouvrages de poésie; ou le prosaïque ne se trouverait-il que dans les expressions? Si cela est, si l'expression est le seul avantage que la poésie ait sur la prose, c'est peu de chose que la poésie. Mais ce n'est pas cela; ce langage des dieux, comme les poètes l'appellent, doit nous dire des choses divines, aussi bien que nous les dire divinement; de là vient que le médiocre dans la poésie est envisagé comme mauvais; ce qui, apparemment, doit s'étendre sur le sens, aussi bien que sur l'expression. Il est certain que d'habiller en belles expressions des pensées ordinaires, c'est nous donner des apparences de la poésie, et non pas de la poésie même. Mais dans cette pièce il y aurait peut-être aussi à redire à l'expression, et même à la rime qui doit faire un des principaux ornements de la poésie; j'en ai déjà dit un mot en passant; je ne sais si j'ai raison : il me paraît que la rime, pour donner de la grâce au vers, n'en doit pas contenir l'essentiel, mais quelque circonstance seulement; qu'elle doit servir à l'orner autant qu'à le finir, et avoir quelque chose de libre, et qui joue; que le vers en doit dépendre le moins qu'il est possible. Ceux de ce poète n'ont pas cet agrément: souvent le sens y appuie sur la rime, et elle les fait trébucher plutôt que de les relever. En faveur du sens, s'il était digne de la poésie, il faudrait lui passer ce défaut; mais hors de là, et si l'essentiel de la poésie y manque, ce sera une nouvelle raison pour mettre ce poème au rang des poèmes médiocres. Mais peut-être que tout poète fameux, jusqu' à un certain point, peut faire valoir une pièce, en lui faisant prendre rang parmi ses autres productions, comme les princes peuvent ennoblir ceux de leurs sujets qu'il leur plaît, ou légitimer leurs enfants naturels. Si cela était, notre critique irait plus loin qu'elle ne doit aller, et nous aurions tort de condamner ce poème autrement que sur le pied d'une satire, dont elle porte le nom, sans en avoir le caractère. Que si l'on s'obstine à en vouloir faire une bonne pièce satirique, il reste un endroit par où elle pourra le devenir; je ne sais si on voudra nous le passer. C'est de l'envisager comme une pièce chagrine, où le poète a ramassé les incidents qui peuvent mettre de mauvaise humeur, non pas un homme raisonnable, ce qui fait le sujet des satires ordinaires, mais les incidents qui font cet effet sur un homme bizarre, qui se chagrine de tout ce qui n'est pas à son gré. C'est un caractère qui mérite effectivement d'être dépeint ; sur ce pied-là ce poème sera bien une satire, et il faudra tomber d'accord que, généralement parlant, le poète a bien traité son sujet. Voilà, monsieur, si j'ai bonne mémoire, quelle fut la critique que nous fîmes de la satire de M. D***, à cela près qu'elle fut plus étendue. Pour en faire une meilleure, il aurait fallu avoir une meilleure pièce à critiquer ; mais monsieur l'abbé qui nous présenta celle-ci, crut apparemment qu'il devait nous en choisir une qui ne traitât pas de choses trop relevées, et que, du moins, nous pussions comprendre ; et il la choisit telle qu'elle est plus aisée à critiquer, qu'elle ne fournit de quoi faire une bonne critique.

Adieu, monsieur, je compte de suivre de près ma lettre, et d'avoir dans peu de jours le plaisir de vous embrasser.

Notes.

Page III. *Ce vœu que Sainte-Beuve exprimait* . . . .
Sainte-Beuve a parlé de Muralt en rendant compte
(Causeries du Lundi, XV*)* d'un ouvrage de M. Sayous *(Le dix-huitième siècle à l'étranger,* Paris,
1861) où se trouve une notice sur l'écrivain bernois
(tome premier, pages 144 – 153). Il y a des erreurs
dans ces pages de M. Sayous: nous nous garderons
de les reprocher à cet homme de goût et de savoir,
qui a eu le mérite d'être le premier à rappeler
l'attention sur un auteur trop longtemps oublié.

M. Charles Berthoud a publié en 1868, dans le
Musée neuchâtelois, un article intitulé: *De Colombier à Solingen,* qui contient la lettre où madame de Muralt raconte le voyage qu'elle fit avec
son mari au mois d'octobre 1740; ce document est
accompagné d'un dessin de la maison de Muralt
à Colombier, et de quelques pages où M. Berthoud
a réuni beaucoup de renseignements biographiques.
Plus tard, dans la *Galerie suisse* (Lausanne, 1876,
tome second) M. Berthoud a inséré une notice
sur Muralt. Auteur de recherches piquantes sur
l'histoire religieuse du pays neuchâtelois, écrivain
sobre et délicat, littérateur de la vieille école, de la
bonne école, M. Berthoud était préparé mieux que
personne à parler de Muralt, qui n'était pas alors
d'un abord facile. Il y a vingt ans en effet, les
traces de sa vie, perdues „dans les sentiers cachés“,
se dessinaient au regard moins bien qu'aujourd'hui.

Un jeune auteur bernois, M. Otto de Greyerz,
a publié en 1888 une thèse de doctorat qui a été

justement remarquée: *Beat Ludwig von Muralt,*
112 pages 8°. C'est le travail le plus complet qu'on
ait sur ce sujet; en particulier, le retentissement
du livre de Muralt dans les journaux de l'époque,
y a été étudié avec soin. On trouvera d'utiles remarques dans les comptes rendus qui en ont été
faits par M. Hirzel *(Gœttingische gelehrte Anzeigen,*
1889) et par M. Chuquet *(Revue critique* du 5 novembre 1888.)

Dans une *feuille du jour de l'an* (Berne,
1894) M. de Greyerz s'est appliqué et a réussi à faire
de Muralt un portrait attachant et fidèle, éclairé de
cette flamme intérieure qui servait de guide au
chrétien solitaire, pendant qu'il s'enfonçait dans la
retraite.

M. Texte a publié d'intéressantes études sur
Muralt dans le premier numéro de la *Revue
d'histoire littéraire de la France* (1894) et dans sa
thèse de doctorat: *Jean-Jacques Rousseau et les
origines du cosmopolitisme littéraire,* 1895.

J'ai fait moi-même quelques recherches sur
Muralt. Les résultats en ont été publiés dans la
*Zeitschrift für französische Sprache und Litte-
ratur* (tomes III et XI) les *Etrennes chrétiennes*
(Genève, 1886 et 1889) les *Etrennes religieuses*
(Genève, 1894) et le *Bulletin de l'Institut genevois*
(tome XXXII).

M. de Greyerz avait formé le projet de publier
une nouvelle édition des *Lettres sur les Anglais
et les Français;* il m'a proposé de m'associer à lui
pour cela, et je me suis empressé d'accepter cette
offre aimable. Le corps du livre, qui contient les
lettres de Muralt, est le même pour les deux éditions qui se publient parallèlement. L'édition alle-

mande contient une introduction et des notes, rédigées par M. de Greyerz; l'édition française, que le lecteur a entre les mains, contient ma notice et mes notes. Nous avons marché de concert, mon jeune et savant collaborateur et moi-même, en profitant des recherches que nous faisions tous deux, sans nous copier servilement l'un l'autre: notre public n'est pas le même.

Dans les premières éditions des *Lettres sur les Anglais et les Français,* cet ouvrage se termine par une *Lettre sur les voyages,* que nous n'avons pas reproduite. Elle se rattache naturellement aux précédentes, qui ont été écrites pendant les voyages et les séjours que Muralt a faits à l'étranger; et elle se rattache aussi d'un autre côté à l'*Instinct divin,* comme on le voit, par exemple, dans un passage où Muralt parle de „l'Instinct qui est en nous: cet Instinct est la conscience, où la Divinité se fait connaître à nous et nous parle."

La première édition des *Lettres sur les Anglais et les Français* a 543 pages in 8⁰, précédées de huit feuillets non paginés, pour le titre, une *Lettre d'un ami de l'auteur au libraire,* et un errata. Elle a été revue avec soin, puisqu'elle a une dizaine de cartons.

Le lieu d'impression et le nom de l'éditeur ne sont pas indiqués sur le titre; mais toutes les têtes de page, lettrines et fleurons, qui sont dans ce volume, se retrouvent dans d'autres ouvrages publiés à la même époque par la librairie Fabri et Barillot, à Genève.

Page IV. *Béat de Muralt* .... Le nom de baptême de Muralt est celui d'un saint de son pays, qui, d'après la légende, avait sa retraite dans une caverne *(Beatenhöhle)* au bord du lac de Thoune, au pied d'une montagne *(Beatenberg)* qui porte aussi son nom.

Page IV. *En 1693 ou 1694* . . . . Le séjour de Muralt en Angleterre n'est pas antérieur à 1693, puisqu'il cite (page 6) un évènement qui se passa cette année-là ; et il n'est pas postérieur à 1694, puisqu'à la veille de son départ, il a vu (page 104) madame Temple, qui mourut dans les premières semaines de 1695.

Page IV. . . . les *Remarques sur l'état des Provinces Unies.* . . . Voir notamment le chapitre IV: *De leur peuple et de leur humeur.*

Page 1. *Pendant que je suis en Angleterre.* . . . On peut glaner çà et là des mentions de quelques voyages que des écrivains français avaient faits en Angleterre, avant le temps où Muralt visita ce pays. Claude de Buttet, dans son *Amalthée* (1575) disait à un ami :

> Tu verras donc l'écartée Angleterre
> Et les terroirs du froid Septentrion . . . .

Au retour de son voyage en Espagne, Voiture a passé par Londres ; et dans une lettre datée de Douvres, 4 décembre 1633, il ne dit que peu de mots de ce qu'il y a vu. Le Pays, trente ans après Voiture, trente ans avant Muralt, fit aussi à Londres un séjour assez court, à propos duquel il a écrit quelques pages intéressantes. Si je n'avais craint de trop grossir ce volume, je les aurais citées ici, ainsi qu'un chapitre du cosmographe Pierre Davity (1613) sur les mœurs des Anglais. Ces deux morceaux sont ce qui avait paru de plus digne de remarque, sur le sujet que Muralt a traité dans ses premières lettres.

M. Texte, dans le premier chapitre de son livre déjà cité, a écrit quelques pages des plus intéressantes, où il énumère tout ce qui a été entrepris, avant la publication des Lettres de Muralt en 1725, pour faire connaître l'Angleterre à la France.

Page **6.** *En 1693. . . .* La guerre entre l'Angleterre et la France, qui avait commencé en 1689, se termina en 1697 par la paix de Ryswick.

Page 10. *Les Anglais réussissent dans les sciences...*

> . . . Les Anglais pensent profondément.
> Creusant dans les sujets, et forts d'expériences,
> Ils étendent partout l'empire des sciences.
> Je ne dis point ceci pour vous faire ma cour:
> Vos gens, à pénétrer, l'emportent sur les autres
>
> (La Fontaine, dans les premiers vers de la fable: *Le Renard anglais* (1685) qui sont adressés à madame Harvey.)

Page 15. *Ce courtisan . . . se dit grand astrologue et se vanta d'avoir des secrets . . .* Hamilton a fait le récit de cette aventure du comte de Rochester, dans les *Mémoires du comte de Grammont.*

Page 18. *Leur pays est sans hypocrites.* „Ce qui me fait aimer l'Angleterre, c'est qu'il n'y a d'hypocrite en aucun genre. (Voltaire, Lettre au père Bettinelli, mars 1761.)

Page 22. *Un Anglais, sur sa nation, et sur tout ce où il croit qu'elle excelle, ne manque guères d'outrer les choses.* „J'en demande pardon aux Anglais; mais je les ai presque toujours vu exagérer leurs avantages, et élever leurs gens à talents au-dessus de ce que les autres nations ont de célèbre et d'illustre“. (Grimm. *Correspondance,* juillet 1765.)

Page 22. *Ben Johnson, qui vivait au commencement de ce siècle . . .* Ben Johnson est mort en 1637.

Page 27. ... *une traduction de l'*Avare *de Molière, qu'un de leurs plus fameux poètes a faite.* ... Ce fameux poète est Shadwell, mort en 1692. Dans sa *Vie de Molière, avec des jugements sur ses ouvrages* (1739) Voltaire a cité ce passage de la préface de Shadwell, que Muralt avait relevé avant lui.

Pages 28. ... *les fades comédies françaises d'aujourd'hui.* A la date où les lettres sur les Anglais ont été écrites (1694) Dancourt avait déjà fait jouer quelques pièces de théâtre; mais les comédies de Regnard n'avaient pas encore paru.

Page 34. *Ils ont ce qu'ils appellent houmour* ... „Les Anglais ont un terme pour signifier cette plaisanterie, ce vrai comique, cette gaîté, ces saillies qui échappent à un homme sans qu'il s'en doute; et ils rendent cette idée par le mot *humeur, humour,* qu'ils prononcent *yumor;* ils croient qu'ils ont seuls cette humeur, que les autres nations n'ont point de terme pour exprimer ce caractère d'esprit. Cependant c'est un ancien mot de notre langue, employé en ce sens dans plusieurs comédies de Corneille." (Voltaire. Lettre à l'abbé d'Olivet, 20 août 1761.)

Page 35. *Shakespeare, un de leurs meilleurs anciens poètes* ... M. Rathery a prétendu que ce passage de Muralt était le premier où se rencontrât le nom de Shakespeare, dans un ouvrage de langue française. Mais M. Jusserand, dans la *Revue critique* du 14 novembre 1887, et l'*Intermédiaire des chercheurs et curieux* du 25 juillet 1889, ont signalé la mention de ce nom dans des textes antérieurs aux Lettres de Muralt.

Page 48. *Tant ils ont de haine et de mépris pour cette nation* ... Dans une de ses comédies *(Sir*

Politick Would-be, acte II, première scène) Saint-Evremond fait parler un Français en ces termes:

„Voulez-vous que je vous parle franchement? Les Anglais n'aiment point notre nation: nos bons vins de Grave les font toujours souvenir de la perte de la Guyenne, ils ne sauraient nous le pardonner. Comment! je ne pouvais faire deux pas dans la rue, sans entendre à mes oreilles: *Francheman,* c'est un *Francheman.* Ah! monsieur, qu'on nous hait! Sur la perte de mon salut, j'entendais *Francheman* à droite, *Francheman* à gauche, *Francheman* partout. De se fâcher sottement, et de se commettre avec un peuple, il faut être fou. Je pris le parti de repasser la mer.“

Page 52. *Ce mépris de la mort, qu'ils affectent* . . . Dans le *Discours général de l'Europe,* en tête de l'édition du livre de Davity: *Les Estats du monde,* qui parut en 1637, Ranchin écrit à ce propos:

„Les Anglais méprisent la mort, et se portent facilement aux hasards et actions pour l'encourir et souffrir, même par la voie du Magistrat: d'où vient que venant à se servir d'une muraille blanchie, qui est communément le papier des fous, ils n'ont pas accoutumé d'y peindre ce que les Français y représentent pour marquer leur humeur lascive, ni ce que le Flamand ou Hollandais y laisse pour témoigner le plaisir qu'il prend à boire, mais bien des potences!“

Page 55. *Ces gens semblent démentir la réflexion qui dit:* . . . Cette réflexion est la dernière des *Maximes* de la Rochefoucauld.

Page 56. *Paete, non dolet.* Pline le jeune a rapporté ce mot (Epist. III, 16) sur lequel Martial a fait une épigramme (I, 14).

Page 59. *Le bon sens est donné à toutes les nations; c'est ce qui fait l'homme.*

C'est l'idée même que Descartes avait placée à la base de sa philosophie. Le *Discours de la méthode* commence en ces termes: „Le bon sens est la chose du monde la mieux partagée; car chacun pense en être si bien pourvu, que ceux même qui sont les plus difficiles à contenter en toute autre chose n'ont point coutume d'en désirer plus qu'ils n'en ont. En quoi il n'est pas vraisemblable que tous se trompent; mais plutôt cela témoigne que la puissance de bien juger, et distinguer le vrai d'avec le faux, qui est proprement ce qu'on nomme le bon sens ou la raison, est naturellement égale en tous les hommes.“

Page 64. ... *l'acte d'un parlement triennal* ... C'est dans l'hiver de 1692 à 1693 que cet acte fut soumis aux délibérations du Parlement d'Angleterre.

Page 73. *Une des voies .* . Rousseau avait gardé mémoire de ce paragraphe et du suivant, quand il disait dans la cinquième des *Lettres de la Montagne:* „On sait combien de coupables échappent en Angleterre, à la faveur de la moindre distinction subtile dans les termes de la Loi.“

Page 78. *Une femme, se sentant sur le point de mourir,* ... Dans le *Mélange amusant* de Lesage, publié en 1743, on trouve un autre récit de la même anecdote. C'est chez Muralt sans doute que Lesage l'avait lue; il l'a récrite de mémoire, et il est intéressant de comparer les deux écrivains.

„Il y a des traits historiques qui demeurent comme gravés dans la mémoire des lecteurs. En voici un de cette nature: Un avocat anglais, homme froid et dissimulé, avait une belle femme qui paraissait fort sage, et qui pourtant ne l'était guères.

Il savait bien que la bonne dame avait un tempérament qui l'écartait quelquefois de son devoir; mais il ne faisait pas semblant de s'en apercevoir; et même il avait pour elle d'autant plus de politesse et d'honnêteté qu'il était moins content de sa conduite.

„Cette fausse Lucrèce tomba malade; et son mal augmentant de jour en jour, elle se vit bientôt réduite à l'extrémité. Alors elle appela son mari, et l'ayant fait asseoir au chevet de son lit: „Cher époux, lui dit-elle après avoir imploré la miséricorde divine, je crois devoir en mourant vous supplier de me pardonner les fautes que j'ai commises à votre égard. Hélas! je ne vous ai pas toujours été fidèle: je le confesse à ma honte; et pour expier en quelque sorte mes infidélités, je veux exposer devant vous les remords qui déchirent mon cœur.

Non, madame, lui dit l'avocat, cela est inutile. Je n'ignorais pas que vous me trahissiez, et j'en étais si persuadé, que c'est moi qui pour vous en punir, vous ai mise en l'état où vous êtes. Je vous fais à mon tour cet aveu, ajouta-t-il. Pardonnez-moi, s'il vous plaît aussi, ce petit trait de vengeance, et séparons-nous à l'amiable.“

Page 91. *Il fit venir de Paris un très habile homme* .. Jean-Jacques Rousseau se rappelait ce passage quand il écrivait dans une note de la Nouvelle Héloïse (IV, 11) où il parle des faiseurs de jardins:

„Combien de fois, dans un lieu rustique, le crayon leur tomberait des mains, comme à Le Nostre dans le parc de Saint-James, s'ils connaissaient comme lui ce qui donne la vie à la nature et de l'intérêt à son spectacle!“

Page 94. *... la hache dont on avait coupé la tête à une reine d'Angleterre.*

Le roi Henri VIII avait fait décapiter sa seconde femme, Anne Boleyn, en 1536; et en 1542, sa cinquième femme, Catherine Howard.

Page 95. ... *le grand embrasement.* Le grand incendie de Londres avait eu lieu en 1666.

Page 102. *Le chevalier Temple ...*

„Temple était un philosophe qui joignait les lettres aux affaires; homme de bien, malgré les reproches que l'évêque Burnet lui a fait d'athéisme; né avec le génie d'un sage républicain; aimant la Hollande comme son propre pays, parce qu'elle était libre.“ (Voltaire, *Siècle de Louis XIV,* ch. 9.)

Page 102. *Je me trouvai dans le voisinage de ce célèbre négociateur et philosophe ...*

Le château de Moor Park, propriété du chevalier Temple, était situé près de Farnham, dans le comté de Surrey, à quinze lieues au sud-ouest de Londres.

Page 102. ... *ce que j'avais lu dans un de ses livres ...*

„Notre pays est généralement décrié par les étrangers, qui n'y ont jamais été, ou qui, s'ils y ont été, n'en savent le plus souvent que ce qu'ils en ont vu dans les pensions et dans les hôtelleries. Ils imputent en général à tout le pays les défauts qu'ils ont trouvés dans leurs auberges, et ils parlent avec mépris, non seulement de nos jardins et de nos logements, mais aussi de l'humeur de la nation, de notre manger et de nos manières de vivre, n'en jugeant que par ce qu'ils en ont vu parmi les gens du commun, qu'ils ont fréquentés; mais ils en parleraient tout autrement, s'ils avaient assez de bien pour faire de la dépense, ou s'ils étaient d'une naissance, ou d'un mérite à se pouvoir introduire chez les personnes de qualité.“

(*Oeuvres mêlées* du chevalier Temple, seconde partie: *Du jardin d'Epicure, ou du jardinage.*)

Page 112. *Il est vrai néammoins qu'il y a une liberté française.* . Joachim Du Bellay, dans un sonnet des *Regrets* (le 85e) a parlé de cette liberté:

Ne dire à tous venans tout cela que l'on pense, ...
Ne suivre en son parler *la liberté de France,*
Et pour respondre un mot, un quart d'heure y songer . . .
Voilà, mon cher Morel, dont je rougis de honte,
Tout le bien qu'en trois ans à Rome j'ay appris.

Et Voltaire, dans une lettre à Goldoni, du 24 septembre 1760: „J'use, mon cher monsieur, de la liberté française, en vous protestant sans cérémonie que vous avez en moi le partisan le plus dévoué, l'admirateur le plus sincère, et déjà le meilleur ami que vous puissiez avoir en France.“

Je citerai encore une conversation que Voltaire eut avec Sherlock, en avril 1776; rapportée page 102 des *Lettres d'un voyageur anglais* (Neuchâtel, 1781). „J'ai trouvé, disait Sherlock, les Français plus libres que je ne l'avais cru. — Oui, repartit Voltaire, quant à se promener, à manger tout ce qu'il veut, à se reposer sur un fauteuil, le Français est assez libre; mais quant aux impôts, ah! monsieur, vous êtes heureux, . . . nous ne pouvons pas même mourir comme nous voulons; il faut avoir un prêtre.“

Page 115. *On a ses lettres écrites au roi.* Le comte de Bussy mourut le 9 avril 1693, et la première édition de ses *Lettres* est de 1697.

Page 132. *Il ne savait point, dit le poète, . . .*
Aemilium circa ludum faber unus et ungues
Exprimet, et molles imitabitur aere capillos:
Infelix operis summa, quia ponere totum
Nesciet.

Horace, *Art poétique,* vers 32 et suivants.

Page 144. *Ses manières le rendent, pour ainsi dire, transparent . . .*

„J'ai lu dans Muralt que l'honnête homme est transparent: je tiens qu'il est invisible. Je veux dire qu'il est infiniment difficile de faire sentir au public les principes qui nous animent. Dès qu'il faut présider à l'exécution des lois, gêner celui-ci, punir un autre, on ne saurait manquer de heurter. Ce n'est qu'à la longue, et après dix-sept ans, qu'à Gœttingue, j'étais parvenu à être sans ennemis et sans contradicteurs. D'heureux hasards doivent nous amener les occasions de faire voir que c'est malgré nous que nous gênons, malgré nous que nous punissons, et qu'abandonnés à nous-mêmes, nous revenons au charme de faire du bien, qui est la gravitation de notre âme."

(Haller. Lettre à Charles Bonnet, 22 février 1762.)

Page 175. *La question de la préférence entre les anciens et les modernes* . . .

M. Hippolyte Rigault a publié en 1856 une *Histoire de la querelle des anciens et des modernes.* Elle avait pris naissance en 1687, et elle se prolongea pendant une trentaine d'années.

Page 177. *On raconte de la foudre qu'elle fond l'or dans une bourse sans la brûler.* C'est Pline qui dit cela:

Aurum et aes et argentum liquatur intus, sacculis ipsis nullo modo ambustis. *(Histoire naturelle, II, 51.)*

Page 183. *L'Homme de cour.* C'est sous ce titre qu' Amelot de la Houssaye avait publié en 1684 une traduction de l'*Oraculo Manual* de Balthasar Gracian. L'original espagnol avait paru en 1647.

Page 183. Les *Conversations galantes* de Mademoiselle de Scudéry.

Le vrai titre de cet ouvrage est: *Conversations morales, Conversations sur divers sujets de morale,*

Entretiens de morale. Elles ont paru en dix volumes, de 1680 à 1692.

„Il n'est pas rare, a dit Sainte-Beuve, d'entendre dire que les romans de Mlle de Scudéry sont détestables et illisibles, mais qu'il n'en est pas ainsi de ses *Conversations.* Il est bon pourtant de savoir que ces *Conversations,* au moins toutes les premières, sont textuellement tirées de *Cyrus,* de *Clélie,* et de ses autres romans.“

Page 185. ... *ils en font* (de l'amour) *une des qualités, ou des circonstances ordinaires à l'homme, et dont il n'a pas autrement sujet de se cacher, ou de sentir quelque confusion.*

„ . . . tant que la dernière source, la dernière goutte du vieux sang de nos pères n'aura pas tari dans nos veines, tant que notre triste pays n'aura par été totalement *régénéré* comme l'entendent les constituants et les sectaires, il ne sera jamais humiliant pour un homme, même vieux, d'avoir aimé, d'avoir été aimé, fût-ce dans moment d'erreur.“

(Sainte-Beuve. *Madame de Krüdner et ce qu'en aurait dit Saint-Evremond.* 15 septembre 1849.)

Page 189. . . . *vel coelo possunt deducere lunam* . . . . *et vertere sidera retro.*

Ce sont deux vers de Virgile: Eglogues, VIII, 69, et Enéïde, IV, 489.

Page 190. *Aussi ont-ils leur historien.*

L'Histoire générale des Larrons, par F. D. C. [François de Calvi] Lyonnais, dont la première partie parut en 1623, et les deux autres en 1625, avait été maintes fois réimprimée dans le 17e siècle.

Page 194. . . . *semblable à ce Romain dont l'histoire nous apprend que sa vigueur le soutint* . . . .

C'est Tite-Live qui raconte l'aventure arrivée aux jeux *isthmiques*, à T. Quintius Flamininus, qui venait de faire proclamer par un héraut la liberté de la Grèce:

Ludis vero dimissis, cursu prope omnes tendere ad imperatorem romanum: ut, ruente turba in unum, adire, contingere dextram cupientium, coronas lemniscosque jacientium, haud procul periculo fuit. Sed erat trium fere et triginta annorum; et cum robur juventae, tum gaudium ex tam insigni gloriae fructu, vires suppeditabant. (XXXIII, 33).

Page 196. *Ambubajarum collegia, pharmacopolae, Mendici, mimae, balatrones: hoc genus omne* . . .

Ce sont des vers d'Horace, au commencement de la seconde satire (livre premier).

Page 203. *Les Anglais vaudraient par le nombre des caractères* . . .

„Les Anglais sont bien étranges; chaque individu est un original; il n'y en a pas deux du même modèle. Nous sommes tout le contraire: chez nous, tous ceux du même état se ressemblent; qui voit un courtisan, les voit tous.“

(Madame du Deffant. Lettre à Walpole, 18 décembre 1776.)

Page 210. *Le bon sens . . . est une qualité essentielle de l'homme.*

Tout le développement qui suit, sur le bon sens et l'esprit, semble avoir un écho dans quelques pages de l'*Emile*, à la fin du quatrième livre: „Emile est un homme de bon sens, et ne veut pas être autre chose . . . Ne courant jamais après les idées neuves, il ne saurait se piquer d'esprit.“

Page 233. *. . . un écrivain à qui le titre de bel esprit convient . . . Il s'élève à l'aide des ouvrages de bon sens, que d'autres lui fournissent.*

„On a de la peine, dit l'abbé Desfontaines, à reconnaître M. de Fontenelle dans le portrait qu'il en fait; et comme il ne le nomme point, il est presque incertain si c'est lui qu'il a en vue."

Dans l'édition de 1728, Muralt parle des œuvres de Fontenelle avec plus de détail, et met hors de doute que ce soit de lui qu'il s'agit. Les *Entretiens sur la pluralité des mondes* avaient paru en 1686; cet écrit spirituel avait initié le grand public aux découvertes de Copernic, de Galilée, et des savants qui les avaient suivis.

Page 235. Le lecteur reconnaîtra Bayle; page 238, La Bruyère; page 239, l'auteur du *Télémaque;* et page 240, La Fontaine. Page 231, il avait reconnu Boileau.

Page 242. *Le livre des Réflexions morales . . .* Ce sont les *Maximes* de la Rochefoucauld, que Muralt désigne sous ce titre.

Page 244. *Les femmes en France . . .* J'ai dit que cette cinquième lettre a été retouchée; on le voit notamment par la mention du *Télémaque,* qui a vu le jour en 1699, quand déjà Muralt était établi en Suisse. Néanmoins, au nombre des *dix ou douze femmes qui se sont mises à écrire,* Muralt comptait sans doute madame de la Fayette, morte en mai 1693, et madame Des Houlières, morte le 17 février 1694. Mademoiselle de Scudéry, madame d'Aulnoy, madame Dacier, mademoiselle Des Houlières étaient au centre du groupe qu'il avait en vue; il faut signaler après elles quelques autres notabilités dont la renommée a tout à fait pâli: madame Durand, par exemple, mademoiselle de la Force, la comtesse de Murat, qui sais-je encore? quelques *Deae minores* dont le nom importe peu. Il faut écarter mesdemoiselles de la Suse et de Villedieu, qui étaient mortes avant que Muralt vînt en France; madame de Motteville et mademoiselle de Montpensier, dont les *Mémoires* ne furent publiés qu'en 1723 et 1729; madame de Lambert, dont les *Avis d'une mère* restèrent manuscrits jusqu'en 1727. Quand à mesdames de Sévigné et de Maintenon, il est clair qu'il ne faut pas songer à elles.

Page 245. *Le je ne sais quoi* . . .

Dans les *Entretiens d'Ariste et d'Eugène,* du père Bouhours, qui parurent en 1671, le cinquième Entretien roule sur le *Je ne sais quoi.* „Les Italiens, remarque un des interlocuteurs, emploient en toutes rencontres leur *non sò che;* on ne voit rien de plus commun dans leurs poètes . . . Les Espagnols ont aussi leur *no seque,* dont ils usent à toute heure."

Il semble que l'usage de cette expression soit en français un emprunt fait aux langues du Midi.

Page 253. A la suite de son *Apologie du caractère des Anglais et des Français,* l'abbé Desfontaines a inséré une *Défense de la sixième satire de monsieur Despréaux,* par le père Brumoy. C'est un opuscule très judicieux et modéré: la critique de Muralt y est quelquefois victorieusement réfutée.

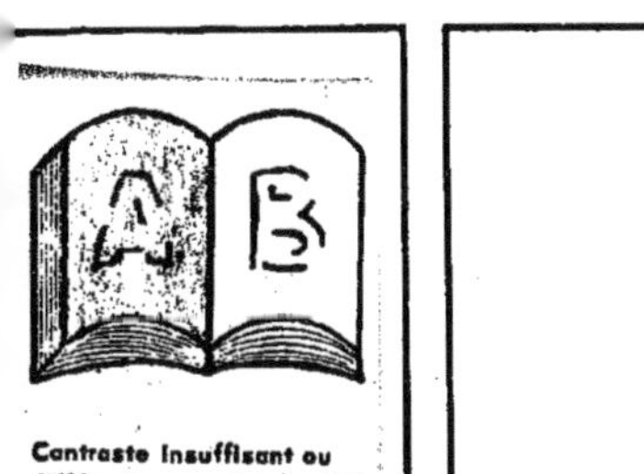

Contraste insuffisant ou
différent, mauvaise qualité
d'impression

Under-contrast or different,
bad printing quality

www.ingramcontent.com/pod-product-compliance
Ingram Content Group UK Ltd.
Pitfield, Milton Keynes, MK11 3LW, UK
UKHW022103120726
13694UKWH00001B/307